U0922370

# 低温霜冻

1月7～16日，广东省出现10天左右低温霜(冰)冻过程。广州、惠州、云浮、韶关、肇庆、梅州等市受灾，农业受灾面积2.467万公顷，直接经济总损失1.546亿元。

广州市从化市荔枝树严重受冻。(省气象局提供)

广州市增城市派潭镇香蕉树大部分冻死。(省气象局提供)

增城派潭镇已成熟的秋玉米受冻，影响玉米产量与品质。(省气象局提供)

增城市派潭镇木瓜树受冻情形。(省气象局提供)

增城派潭镇茄子受冻，大量死亡。(省气象局提供)

# 暴雨洪涝

5月22～25日，珠江三角洲地区和粤西南沿海地区普降暴雨到大暴雨，共60.92万人受灾，直接经济总损失1.919亿元。

江门市部分农作物受强降水影响出现倒伏。（省气象局提供）

受暴雨影响，5月24日上午9时许，东莞市寮步镇泉塘村一靠山工厂遭遇山体滑坡，两名工人被埋遇难。（来源：南方都市报）

江门市城郊一片汪洋。（省气象局提供）

暴雨致江门市出现城市内涝。左图为该市被水淹浸的街道（省气象局提供），上图为市民家中进水受淹（来源：江门新闻网）。

6月7～17日，受高空槽、切变线和南海季风云团共同影响，广东省出现持续性强降水过程，粤西和粤东相继出现洪涝灾情。阳江、茂名、梅州3市共32.32万人受灾，直接经济总损失4.98亿元。

6月7日，湛江市因强降水导致部分低洼路段出现水浸，给市民出行和车辆行驶带来不便。（省气象局提供）

6月上中旬暴雨期间，阳江市阳西县沙扒镇村道被洪水冲毁（左图），该县沙扒镇烟墩岭发生山体滑坡，房屋、树木被毁（右图）。（省气象局提供）

6月14日，梅州市平远县泗水镇房屋被暴雨洪水冲毁。（来源：广东新闻网）

6月14日，平远县泗水镇被洪水冲击倒伏的玉米。（省气象局提供）

# 热带气旋

6月22～23日，受强热带风暴“莲花”外围云系和西南季风影响，粤东地区出现暴雨到特大暴雨。梅州市出现严重洪涝灾害，全市9.58万人受灾，直接经济总损失7.53亿元。

6月22日，梅州市平远县城一片汪洋（左图），两辆汽车浸泡在洪水中（右图）。（来源：平远论坛）

6月22日，梅州市大埔县山洪爆发（上图）。该县光德镇砂坪村发生山体滑坡，造成1人死亡、1人失踪（左图）。（来源：新华网）

第 0906 号台风“莫拉菲”7 月 19 日零时 50 分在深圳市南澳镇登陆，登陆时中心附近最大风力 13 级（38 米 / 秒），中心最低气压 965 百帕。全省共 104.6 万人受灾，直接经济总损失 4.65 亿元。

受“莫拉菲”影响，大亚湾港口部分渔船损毁。（国家海洋局南海分局提供）

茂名市电白县街道受浸。（省气象局提供）

广州市南沙区大树被风吹倾倒。（省气象局提供）

广州市南沙区玉米被风吹倒伏。（省气象局提供）

8月5日9时10分，强热带风暴“天鹅”在台山市海宴镇沿海地区登陆，登陆时中心最低气压980百帕，中心附近最大风力10级（25米/秒）。受其影响，粤西及珠江三角洲共有88.8万人受灾，直接经济总损失10.41亿元。

广州市员村四横路一号大院遭水浸。左图为居民往屋外泼水，右图为消防员在抽水排涝。（来源：大洋网）

云浮市被洪水淹没的稻田。（省气象局提供）

云浮市木桥被洪水冲垮。（省气象局提供）

化州市农作物被水淹浸。（省气象局提供）

第0915号台风“巨爵”于9月15日7时在广东省台山市北陡镇登陆，登陆时中心最低气压970百帕，中心附近最大风力12级，风速35米/秒。粤西及珠江三角洲地区167.8万人受灾，直接经济总损失23.93亿元。

台山市北陡镇农田一片汪洋。（省气象局提供）

新会市农舍遭水浸。（省气象局提供）

罗定市船步镇某篮球场被淹。（省气象局提供）

罗定市船步镇民房被淹。（省气象局提供）

受“巨爵”影响，一油轮在高栏岛海域搁浅泄油。左图为搁浅的油轮，右图为人们在被污染的高栏岛飞沙滩清理油污。（来源：新华网）

# 强对流天气

3月6日，惠来县仙庵镇出现冰雹。图为当地被冰雹打坏的卷心菜。（省气象局提供）

5月17日下午5时20分左右，中山市黄圃镇吴栏村旁太澳高速公路第二十合同段预制件工场附近发生雷雨大风天气，导致1人死亡、3人受伤。图为大风过后工地宿舍棚里的景象。（省气象局提供）

7月4日下午约3时08分，广州市番禺区东涌镇南涌、鱼窝头、东深等村因遇龙卷风袭击受灾。图为该镇一鱼塘边铁栅栏被龙卷风刮倒。（省气象局提供）

6月3日15时，佛山市顺德区容桂街道高黎村，周某等8人在建筑工地工棚中避雨时遭雷击，5人死亡，1人轻伤。图为雷灾现场。（省气象局提供）

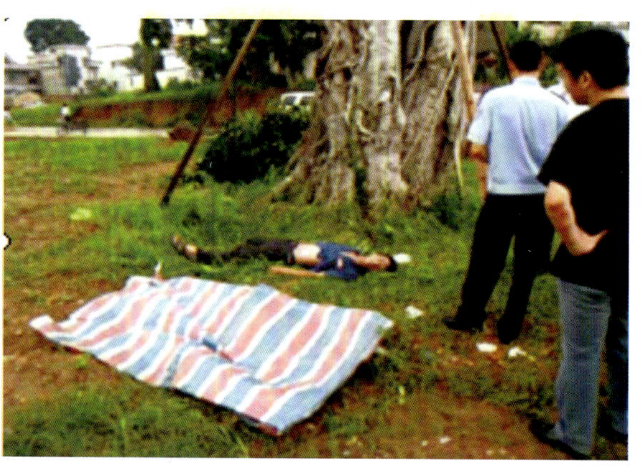

6月25日10时，广州市番禺区石基镇莲塘村后岗公园内，因栽树遇雨的居民李某等3人躲在一大榕树底下避雨时遭雷击，造成1人死亡、2人受伤。图为雷灾现场。（省气象局提供）

# 干旱

8～11月，粤北、粤东出现较严重的夏秋连旱，受灾人口32.5万人，农业受灾面积14.4万公顷。

韶关市因旱导致莲藕产量受影响。图为9月2日，该市曲江区干涸的莲塘。（省气象局提供）

9月2日，韶关市曲江区部分山塘干涸。（省气象局提供）

9月下旬，翁源县一六镇部分水稻田因缺水干裂。（省气象局提供）

# 火灾

1月30日，珠海市香洲区南屏镇黑面将军山顶部东南侧发生森林火灾。至2月2日11时20分，明火被扑灭。此起森林火灾过火面积230公顷，森林受害面积约96公顷，无人员伤亡。火灾系因登山人员上山玩擦炮引燃可燃物所致。（省林业局提供）

# 抗灾救灾

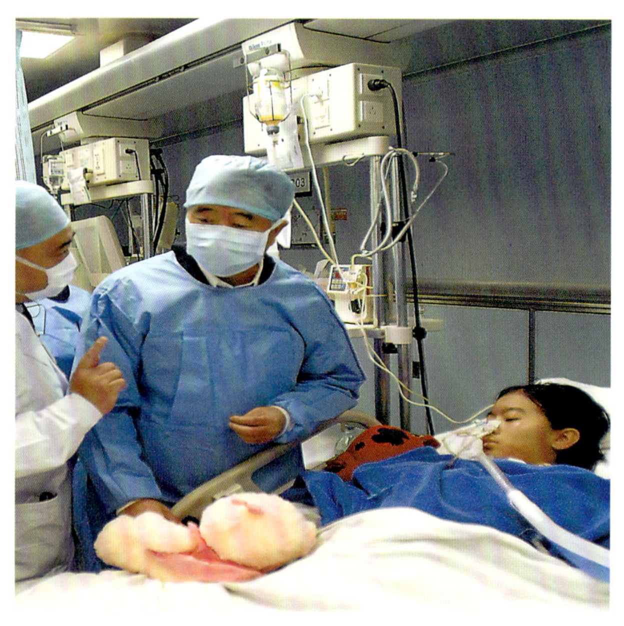

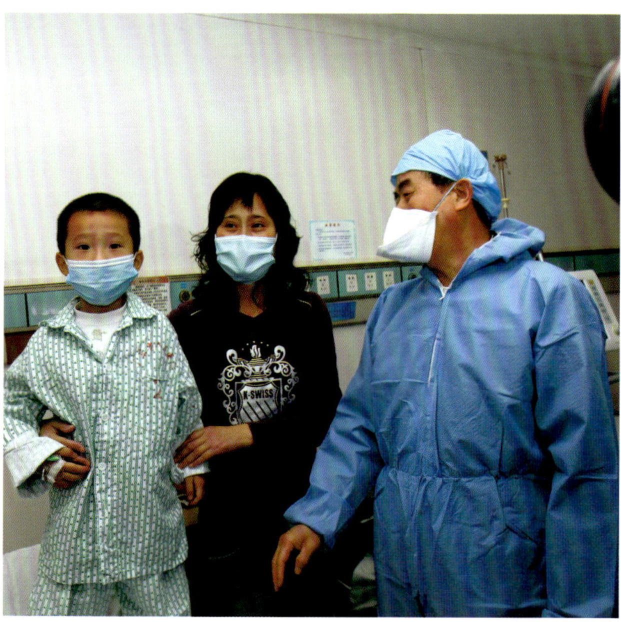



省委、省政府领导十分重视抓好甲型H1N1流感防治工作。左图为11月18日，中共中央政治局委员、省委书记汪洋（中）到广州医学院第一附属医院调研甲流防治工作；右图为12月2日，省委副书记、省长黄华华（右）在省人民医院看望甲流患者。（省卫生厅提供）

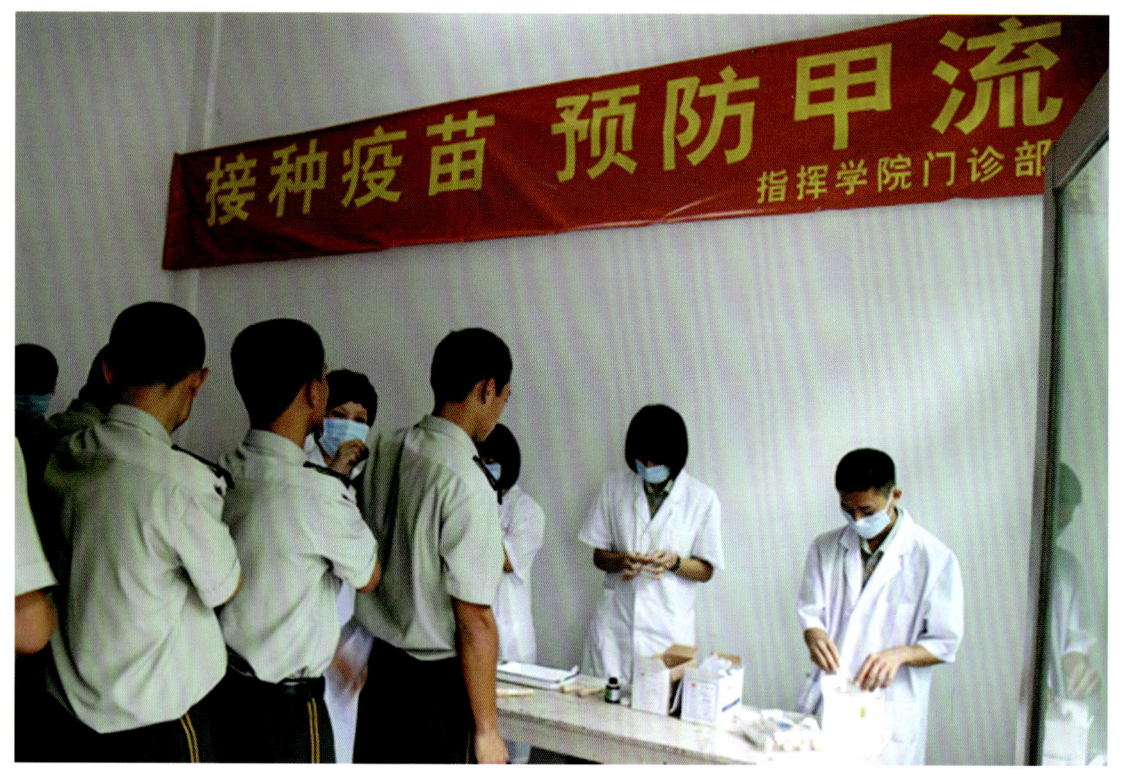



省武警总队全力做好甲流防控工作。图为武警广州指挥学院为学员和干部战士接种甲流疫苗。（省武警总队政治部提供）

6月14日，梅州市平远县泗水镇降特大暴雨，灾情严重。图为平远县政府组织挖土机疏通洪水灾区道路。（来源：广东新闻网）

6月22日，受强热带风暴“莲花”影响，梅州市平远县遭遇百年一遇特大洪灾。图为平远县人武部组织民兵应急分队转移群众。（省军区政治部提供）

6月23日，省武警总队梅州市支队官兵积极参加平远县城抗洪抢险。图为官兵转移被洪水围困群众。（省武警总队政治部提供）

6月22日，梅州市大埔县光德镇砂坪村暴雨导致山体滑坡，一民房受损倒塌。图为灾害救援现场。（来源：新华网）

9月15日，受台风“巨爵”影响，一艘船在广东珠海香洲渔港撞岸。图为救援人员协力把1 名受伤船员抬下船。（来源：网易新闻）

1月10日上午，省武警总队河源市支队官兵参加河源市源城区埔前镇森林大火灭火战斗。图为官兵在扑救山火。（省武警总队政治部提供）

1月31日，珠海市南屏黑面将军山发生山火，珠海警备区组织部队和民兵预备役人员前往灭火。图为灭火现场。（省军区政治部提供）

3月1日凌晨，一辆由河南南阳开往东莞市的大客车在京珠高速公路乳源段发生重大交通事故，省武警总队韶关市支队积极参与救援。图为官兵在清理事故现场。（省武警总队政治部提供）

5月21日上午7时20分，汕头市潮阳区谷饶镇上堡社区一生产内衣和耳机护套的家庭作坊发生重大火灾事故，造成13人死亡、16人受伤。图为消防人员在救援现场对伤者进行人工呼吸。（省消防总队提供）

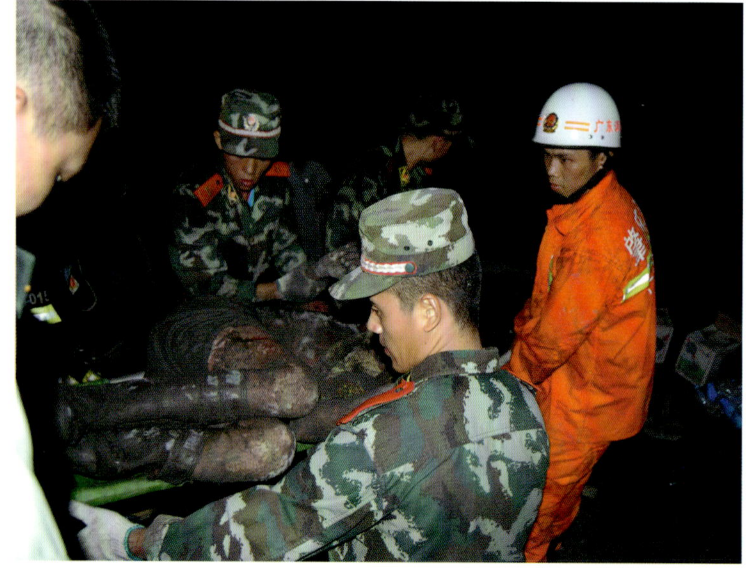

8月24日，肇庆市怀集县连麦镇凤凰村一在建民房突然倒塌，14名施工人员被埋，省武警总队肇庆市支队怀集县中队迅速参与抢救。图为抢救现场。（省武警总队政治部提供）

# 基层防灾减灾

12月10日上午，《粤湘北江流域防汛抗旱应急管理合作框架协议》在长沙市签署。图为仪式签订现场。（来源：广东省水利厅网站）

9月18日，广州、佛山动物卫生（防疫）与畜产品质量安全管理合作协议签订仪式在佛山举行。图为仪式签订现场。（来源：广州市政府门户网站）

1月22日上午，省防总在韶关市乳源县组织开展广东省防御低温冰冻灾害综合演练。图为“除冰保交通”演练现场。（来源：广东省水利厅网站）

5月12日是全国首个“防灾减灾日”。当天，省减灾委员会办公室、省公安厅在广州新电视塔举行超高层建筑灭火救援演习。（省消防总队提供）

5月24～27日，省军区会同省防总在佛山南海组织召开全省机动抢险救灾专业队伍比武竞赛演练。图为赛场“百舸争流”场景。（省军区政治部提供）

7月22～23日，全省公安消防部队打造消防铁军暨灭火救援专业攻坚队建设和合同制消防员规范化管理现场会在佛山召开。图为消防队员在进行高空救援汇报表演。（省消防总队提供）

在江门市首届农业博览会上，省政府副秘书长颜学亮、省农业厅厅长谢悦新由江门市领导陈继兴、王南健、聂党权等陪同，观看农博会锦江水库模型。（江门市水务局提供）

江门市台山石花水库与文化广场。（江门市水务局提供）

江门天沙河江咀水闸。（江门市水务局提供）

江门江新联围与滨江大道和绿道相结合，发挥新效益。（江门市水务局提供）

# 广东省防灾减灾年鉴

## （2010 年卷）

广东省防灾减灾年鉴编纂委员会　编

嶺南美術出版社

**图书在版编目（CIP）数据**

广东省防灾减灾年鉴．2010年卷/《广东省防灾减灾年鉴》编纂委员会编．—广州：岭南美术出版社，2010.10

1SBN 978－7－5362－4452－8

Ⅰ.①广…　Ⅱ.①广…　Ⅲ.①自然灾害－防治－广东省－2010－年鉴　Ⅳ.X432.65－54

中国版本图书馆CIP数据核字（2010）第205777号

**责任编辑：刘向上　杨国昕　高爽秋**
**责任技编：许伟群**

## 广东省防灾减灾年鉴．2010年卷

出版、总发行：岭南美术出版社　网址 www.lnaph.com
（广州市文德北路170号3楼　邮编：510045）
经　　销：全国新华书店
印　　刷：广州市艺洋彩印有限公司
版　　次：2010年10月第1版
2010年10月第1次印刷
开　　本：889mm×1194mm　1/16
印　　张：15.5
印　　数：1—1000册
ISBN 978－7－5362－4452－8

定　　价：120.00元

## 《广东省防灾减灾年鉴》编纂委员会

**主　任**：颜学亮　广东省人民政府副秘书长
**副主任**：陈　强　梁建茵　邱德华
**委　员**（以姓氏笔画为序）：

王子葵　广东省环保厅党组副书记、巡视员
吴焕泉　广东省科学技术协会副主席
张超群　广东省国土资源厅副巡视员
李建设　广东省海洋与渔业局副局长
邱德华　广东省水利厅副厅长
陈俊勤　广东省林业局巡视员
陈　强　广东省人民政府地方志办公室主任
欧卫东　广东省统计局副局长
骆招群　广东省民政厅副厅长
钱宏林　国家海洋局南海分局副局长
梁建茵　广东省气象局副局长
黄　飞　广东省卫生厅副厅长
黄剑涛　广东省地震局局长
黄棕棕　广东省海上搜寻救助中心副主任
谢社光　广东省军区政治部副主任
谢悦新　广东省农业厅厅长
谭礼和　武警广东省总队政治部副主任
颜学亮　广东省人民政府副秘书长
黎文豪　广东省公安消防总队副总队长
霍凤鸣　中国人民财产保险股份有限公司广东省分公司副总经理

## 《广东省防灾减灾年鉴》编辑部

**总 编 辑**：陈　强
**副总编辑**：侯月祥　宋丽莉　汤海燕
**编　　辑**（以姓氏笔画为序）：

汤海燕　刘锦銮　宋丽莉　侯月祥

# 《广东省防灾减灾年鉴》编写组

| | |
|---|---|
| 广东省三防办公室 | 贺国庆　章雪萍　凌宏森<br>王　奇 |
| 广东省气象局 | 潘蔚娟　黄珍珠　宋丽莉<br>汤海燕　刘爱君　刘运策<br>翁向宇　魏　青　游积平 |
| 广东省地震局 | 刘　佳　王维亮 |
| 广东省水利厅 | 胡　建 |
| 国家海洋局南海分局 | 邓　松　沈东芳　汤超莲<br>邓文君 |
| 广东省国土资源厅 | 梁俊平　罗　娟 |
| 广东省海洋与渔业局 | 钟晓庆 |
| 广东省民政厅 | 韩　明　徐建利　董　浩<br>刘　梅 |
| 广东省农业厅 | 刘付启荣 郑　洪　屈源泉<br>蒋启荣　杨伟新　黄斌民<br>邹永春　何杰娣 |
| 广东省环保厅 | 郑希元 |
| 广东省林业局 | 谢伟忠　叶燕华　罗和国<br>曾庆峰 |
| 广东省卫生厅 | 吴圣明　张一愚　严汉平<br>王慧雅 |
| 广东省海上搜寻救助中心 | 庄振荣 |
| 广东省军区政治部 | 黄星会　史日升 |
| 武警广东省总队政治部 | 吴木蔚　杜　勇 |
| 广东省公安消防总队 | 潘燕红　董　丹 |

# 序

广东地处“典型气候脆弱区”，是自然灾害多发省，主要灾害有暴雨洪涝、热带气旋、干旱、寒冷、地震、泥石流、滑坡、赤潮和病虫害等，灾种多，灾期长，发生频率高，灾害重。据统计，20世纪90年代全省因自然灾害造成的经济损失平均每年达120亿元，占全省国内生产总值的3%～5%，重灾年损失超过200亿元。随着广东省社会经济的发展和社会财富的增加，自然灾害造成的经济损失有增大的趋势。

建国后，全省兴建了一大批水利工程，具备了防御中等洪水、暴潮的能力，85%的易涝面积得到整治。珠江三角洲建成了十大联围，可抵御50年一遇的洪水。灾害的监测、预测、预警得到重视，在20世纪末基本上建成了覆盖全省各种自然灾害的监测网络和自然灾害预测、预警系统。同时加强了防灾减灾法制化建设，全省防灾减灾工作逐步走向法制化、规范化、社会化。从20世纪80年代后期起，以行政首长负责制为主要内容的防灾减灾措施不断得到加强和完善，主要防灾部门都建立了防灾预案。建国后，特别是改革开放后，由于采取了上述种种防灾减灾措施，灾害损失和人员伤亡大大减少。据专家研究，采取适当的防灾减灾措施可减少经济损失30%以上。

广东是经济大省，同时也是自然灾害多发省，防灾减灾任务十分紧迫而繁重，是一项长期的、艰巨的任务，各级领导要认真贯彻中共十七大精神，深入学习与实践科学发展观，把防灾减灾工作与经济建设、环境保护、城市规划、“三农”工作等有机结合起来，与实现全面发展、协调发展、可持续发展结合起来，真正为人民群众办好事、办实事。要进一步加强行政首长负责制，建立和健全各种切实可行的防灾预案，加强自然灾害防御管理体系建设，进一步提高自然灾害监测、预测、预警能力，做好公众宣传，提高全社会忧患意识和防灾减灾意识。

省政府自1995年批准组织编写《广东省防灾减灾年鉴》（以下简称《年鉴》）以后，已出版了1995年卷至2010年卷，共16卷，约480万字，整理和保存了丰富而宝贵的历史资料，总结了经验和教训，对全省防灾减灾工作起到了宣传、指导和推动作用，意义重大，受到各界欢迎，产生了明显的社会效益。省政府将继续支持《年鉴》的编写和出版工作。希望有关单位和工作人员不断总结经验，与时俱进，努力工作，提高《年鉴》质量，进一步扩大《年鉴》发行量，为在全省防灾减灾工作中发挥更大作用作出新贡献。

谨向所有参加《年鉴》编写的有关单位和同志致以衷心的感谢。

李容根

2010年7月

※ 李容根同志为广东省副省长。

# 凡　例

一、《广东省防灾减灾年鉴》是一部反映广东省自然灾害和防灾减灾状况的大型工具书。

二、本《年鉴》采取分类编辑法，设立基本栏目，栏目下为条目。本卷分别设立概述、大事记、灾害分述、部分省直部门防灾减灾工作、部分市防灾减灾工作、附录。

三、本卷所载有关内容和资料，均经供稿单位审核同意，由本《年鉴》首次公开发表。

四、本卷各项灾害数据，一般采用各主管部门或主办单位正式提供的数字。雨量资料主要采用气象站记录，部分来源于水文站。

五、数字书写，按国务院1984年2月27日颁布的《中华人民共和国法定计量单位》和国家技术监督局1996年6月1日起实施的《出版物上数字用法的规定》执行。

六、全卷记述的地名除经国务院和地方政府正式命名或更名的外，一律沿用历史或习惯称谓，必要时加注乡名。科技术语、专业名词一律采用中文名称。机构名称第一次出现一般以印鉴为准，以后使用规范简称。

七、本卷中字体，除必要时使用繁体字外，一律采用国务院1956年公布的《汉字简化方案》中的简化字和1964年批准的《简化字总表》。

八、本卷中的简称均在第一次使用全称时予以注明。卷中凡称“党的”均指中国共产党；凡称省委、市委、县委、镇（区）委，均指中国共产党相应地方组织；相关部门、单位卷中概以“省……厅”、“省……局”出现，省略“广东”二字。

九、全卷除引用原文外，均以第三人称记述。文体采用现代汉语的记叙体或说明文。

十、本卷注释一般采用括注方式或在表格下面编码脚注的方式，不编通码。

《广东省防灾减灾年鉴》编辑部

2010年7月

# 目　录

## 概　述



## 大　事　记



## 重大自然灾害事件

## 自然灾害分述

# 省直部分单位防灾减灾工作

## 部分市防灾减灾工作



## 附 录



## 编 后 记

# 概　　述

# 自然灾害

2009年广东省热带气旋与暴雨洪涝灾害呈现热带气旋登陆影响偏多、江河水势总体平稳、局部影响较大等主要特点。

热带气旋登陆和影响次数偏多。从6月中旬起，广东省分别受到热带风暴“浪卡”、“苏迪罗”、强热带风暴“天鹅”和台风“莫拉菲”、“巨爵”等5个热带气旋正面袭击，受到强热带风暴“莲花”、热带风暴“彩虹”、超强台风“芭玛”严重影响。其中“莲花”、“天鹅”、“巨爵”带来的强降雨引发严重山洪及地质灾害。受“莲花”影响，6月22日，梅州市平远县、大埔县出现严重洪涝灾害。“天鹅”于8月5日9时10分在江门台山沿海地区登陆，和台风“莫拉克”相互影响，形成“双台风”效应，带来特大暴雨。台风“巨爵”于9月15日7时在江门台山市沿海地区登陆，是年内登陆广东省风力最强、海浪最大、风暴潮最严重、山洪地质次生灾害最重的台风。受其影响，罗定市、阳春市、信宜市部分山区镇发生严重山洪及地质灾害，造成多宗人员失踪和伤亡事件。

江河水势总体平稳。西江、北江、东江、韩江四大江河水势总体平稳，主要控制站均未出现超警戒水位，仅7月7日21时，西江高要站出现8.66米洪峰水位，流量3.64万立方米/秒，接近5年一遇。

洪涝灾害损失局部较严重。据省三防办公室统计，入汛以后，全省有21个地级市、98个县（市、区）、721个镇、469.75万人受灾，倒塌房屋1.94万间，死亡30人，失踪6人，转移人员77万人，直接经济损失56.34亿元，其中水利设施损失10.53亿元。全年因灾损失最严重地区是阳江市，直接经济总损失达11.1亿元。造成灾害最严重的台风是9月中旬的“巨爵”，直接经济损失达24亿元，死亡、失踪19人。在全年洪涝灾害死亡人员中，因山洪地质灾害死亡19人，江河洪水冲淹死亡5人，其他原因死亡6人，没有发生海上船只作业人员、渔民和渔业人员死亡事故。尽管热带气旋登陆和影响较多，但与近10年平均水平相比较，2009年各项灾情指标均在较低水平，洪涝灾害总体损失相对较小。

春旱和秋旱明显。2008年10月至2009年2月出现较长时间连旱，湛江、茂名、梅州、韶关、云浮等市受灾较严重。8月上旬开始，由于降雨量和江河来水量持续偏少，加上高温持续时间长，粤北局部地区显露旱象，随即迅速蔓延至全省大部分地区，导致在主汛期就发生罕见大范围旱情并延续到年底，粤北、粤东的韶关、清远、梅州、潮州、惠州等地受灾。旱情最严重时，全省农作物受旱面积达216万亩（注：1亩=1/15公顷），其中相对较重的55万亩、干枯8.6万亩，饮水受影响群众有32.5万人，其中饮水困难群众16.75万人。

全年共发生雷击致人伤亡事件30宗，死亡28人，伤30人。雷电灾害直接经济损失0.974亿元。

全省陆地及近海地震活动频次总体上仍维持在较低水平，地震活动空间分布主要集中在河源、南澳、阳江以及三个老震区，最大地震为阳江$M_L$3.3级地震。

全年共发生突发性地质灾害238起，直接经济损失0.866亿元，因地质灾害死亡19人、受伤2人。

全年共发生海难事故287宗，死亡、失踪96人。

农作物受早春干旱、暴雨洪涝、热带气旋和秋旱等自然灾害影响，造成一定损失。全省累计农作物和果树受灾面积1569.2万亩，成灾459.7万亩，绝收62.4万亩，其中粮食作物受灾847.4万亩，经济作物受灾约721.8万亩。农作物生物灾害发生面积2334.67万公顷次，绝收面积0.42万公顷，因病、虫、草、鼠、螺害损失粮食90.22万吨、蔬菜42.87万吨、荔枝8.6万吨、柑橘10.49万吨、玉米4.31万吨。

全省共发生森林火灾188次，过火面积2631公顷，其中受害森林面积1267公顷，造成2人死亡、4人受伤。全省城乡火灾发生4548起，死亡107人，受伤76人，直接财产损失1.26亿元。

表1　　2009年广东省主要自然灾害灾情统计表

| 灾情<br>灾别 | 发生时间 | 受灾人口（万人） | 农业受灾面积（万公顷次） | 倒塌房屋（万间） | 人员（人） | | 直接经济损失（亿元） |
|---|---|---|---|---|---|---|---|
| | | | | | 伤 | 亡 | |
| 低温霜（冰）冻 | 1月7~16日 | | 2.467 | | | | 1.546 |
| 暴雨洪涝 | 4月13~16日 | | 0.021 | | | | |
| | 4月24~27日 | 3.29 | 0.156 | 0.01 | | 3 | 0.238 |
| | 5月22~25日 | 60.92 | 3.631 | 0.005 | | 4 | 1.919 |
| | 6月7~17日 | 32.32 | 1.568 | 0.076 | | 3 | 4.98 |
| | 7月3~5日 | 6.675 | 0.392 | 0.067 | | 2 | 0.625 |
| | 7月14~15日 | 5.25 | 0.105 | 0.03 | | | 0.46 |
| 热带气旋 | 6月22~23日（强热带风暴“莲花”） | 9.58 | 0.237 | 0.56 | | 5 | 7.53 |
| | 6月26~29日（热带风暴“浪卡”） | 3.5 | 0.33 | 0.004 | | | 0.367 |
| | 7月18~20日（台风“莫拉菲”） | 104.6 | 4.24 | 0.045 | | | 4.65 |
| | 8月4~7日（强热带风暴“天鹅”） | 88.8 | 11.422 | 0.135 | | 2 | 10.41 |
| | 9月11日（热带风暴“彩虹”） | 0.312 | 0.214 | | | | 0.186 |
| | 9月14~17日（台风“巨爵”） | 167.8 | 11.74 | 0.451 | | 19(含失踪) | 23.93 |
| | 10月12~13日（超强台风“芭玛”） | | 0.1 | | | | |

续上表

| 灾情<br>灾别 | 发生时间 | 受灾人口（万人） | 农业受灾面积（万公顷次） | 倒塌房屋（万间） | 人员（人） | | 直接经济损失（亿元） |
|---|---|---|---|---|---|---|---|
| | | | | | 伤 | 亡 | |
| 干旱 | 8月上旬至11月 | 32.5 | 14.4 | | | | |
| 强对流 | 3月6日（冰雹） | | 0.027 | | | | 0.013 |
| | 3月29日（冰雹） | 1.23 | 0.085 | | | | 0.11 |
| | 5月17日（雷雨大风、龙卷风） | | 0.007 | | 3 | 1 | 0.06 |
| | 7月4日（龙卷风） | | | | 9 | | 0.084 |
| 雷击 | 1～12月 | | | | 30 | 28 | 0.974 |
| 地质灾害 | 1～12月（暴雨洪涝和热带气旋中已统计者此处不重复） | | | | | 1 | 0.866 |
| 海难 | 1～12月 | | | | | 96（含失踪） | |
| 病虫害 | 农业 1～12月 | | 2334.67 | | | | 粮食90.22万吨，经济作物66.27万吨，共折合人民币31.889亿元 |
| | 渔业 1～12月 | | 1.59 | | | | 7.03 |
| | 林业 1～12月 | | 140.3 | | | | |
| 森林火灾 | 1～12月 | | 0.263 | | | | |
| 城乡火灾 | 1～12月 | | | | 76 | 107 | 1.261 |
| 合计 | 全年 | 516.777 | 2527.965 | 1.383 | 118 | 271 | 99.127 |

# 防灾减灾

## 【防灾减灾概况】

2009年广东省自然灾害影响属一般年景，自然灾害较频繁，局部影响较大，灾害损失小于2008年。各级党委、政府认真落实中共中央、国务院防灾救灾工作指示，及时启动应急响应，周密安排部署，果断决策指挥，广泛动员群众，有效组织抗灾。

全省三防部门不断创新三防工作思路和方法，组织干部群众战胜接踵而来的多次热带气旋袭击和局部特大暴雨山洪地质灾害，有效应对粤北和粤东地区干旱和珠海、澳门供水严峻形势，三防工作取得显著成效。2009年省防总会商及视频会议达20次，启动应急响应15次。其中，在抗击自2003年以后对珠江口影响最大的台风“莫拉菲”时，全省21个地级市共有13个市启动防风应急响应，深圳、珠海、中山、惠州等市共开放450多个避风场所，妥善安置危险区域人员，省防总派出3个督导组，全省有7市共派出35个市级工作组、258个县级工作组赶赴防风一线进行督导，确保防台措施落实。

省军区与省三防、气象、水文等部门加强联系，及时掌握汛（灾）情动态，有针对性地采取安全防范措施。省军区全年共协调驻粤部队官兵、组织民兵预备役人员9万多人次参加抢险救灾，出动车辆6000多台次、舟艇2000多艘次，调拨救生衣1500多件，抢救遇险群众近3万人，转移受灾群众23万人，抢运救灾物资500多吨，围堵管涌50多处，加固堤坝2千米。在协助地方灾后生产自救中，省军区先后出动部队、民兵预备役官兵1万多人次、车辆2000多台次，修整水毁场地30多万平方米、道路200多千米，修补塌方2000多处，清理垃圾17万多吨，清扫街道800多千米，收割水稻5000多亩，搭建简易民房2500多间。

省武警部队官兵积极参加抗洪救灾、灭火战斗、交通事故抢险、民房倒塌抢险、甲型H1N1流感防控等抗灾救灾战斗。6月14～22日，梅州市平远县城被洪水淹浸，省武警总队梅州市支队积极组织部队配合当地党委、政府和有关部门抗洪抢险，共派出官兵170名、车辆20多台次、冲锋舟9艘，解救被洪水围困群众1100多人，抢救伤员30多人，挖掘出遇难群众尸体1具，抢修道路7千米，搬运沙包1200多个，抢救重要物资4.5吨。在扑救珠海市南屏水库将军山“1.30”大火中，省武警总队珠海市支队紧急抽调350多名官兵投入灭火战斗，连续奋战72小时，扑灭了山火。

省气象局认真做好灾害性、关键性天气预报服务，准确预报主要暴雨过程和热带气旋等灾害性天气趋势，同时做好预报服务。全年各级气象台站共发布灾害性天气预警信号5599次，发布各类警报多次。年内省气象台共为省委、省政府等和相关部门制作《重大天气气象信息快报》117份、《重大天气气象信息专报》16份、《天气报告》389份。全年完成省委、省政府及相关部门专项气象保障任务138项。分区域、有所侧重地开展6个市、县级公共气象服务体系试点建设，其中深圳市气象局被誉为全国公共气象服务“目标模式”。

省民政部门积极为灾民排忧解难。2009 年全省各级安排灾害救助资金 1.9 亿元及折款 1713 万元的应急救灾物资，下拨救灾帐篷、衣被等救灾物资一大批，全省安排救济粮食 9130 吨，救济口粮 113 万人，发放衣被 24 万件，解决 30 万人衣被困难，安排好受灾群众基本生活，确保灾区社会稳定。全省共计投入资金 20401.4 万元帮助灾民重建家园。至 2009 年底，全省重建家园工作全部完成。

省国土资源部门切实加强地质灾害预报防治工作，年内全省成功预报地质灾害 5 起，避免人员伤亡 2283 人。全省有 5 县（区）首批达到地质灾害群测群防“十有县”标准。全省所有地质灾害隐患点均建立监测预报小组，参与群测群防人员 85378 人（次），并建立 4358 处地质灾害隐患点群测群防信息数据。全省已经安装地质灾害简易监测报警器 1611 个，安装位移监测仪 32 处、GPS 定位系统监测 8 处。汛前，全省完成勘查治理和搬迁避让安置地质灾害隐患点近 60 处。全省共发放地质灾害防灾及避险明白卡 12.6 万多份，印制、发放地质灾害宣传画 97.3 万张、宣传册 43.7 万册。

省农业部门积极筹备和组织救灾农资支援灾区，做好救灾复产所需种子种苗、肥料、农药和农机具等调剂调拨和管理。全省农作物防治面积 2877.86 万公顷次，挽回粮食损失 464.08 万吨，挽回果蔬等经济作物损失 829.16 万吨。切实加强免疫工作，2009 年全省累计使用禽流感疫苗 7.102 亿毫升、口蹄疫疫苗 9570.6 万毫升、高致病性猪蓝耳病疫苗 5830 万毫升、猪瘟疫苗 5571.61 万毫升、新城疫疫苗 8.5633 亿羽份。扎实有效的免疫工作，使 2009 年全省畜禽发病数和病死数大幅下降。

省海洋与渔业局在全省范围内组织开展大规模水产品质量安全专项整治工作。通过近 7 个月专项整治，全省水产品质量安全状况得到明显改善，完成 2155 家种苗场登记注册，水产健康养殖示范场、出口原料备案基地、无公害水产养殖基地、水产苗种场等四类生产单位全部建立生产记录、用药记录和销售记录，生产过程中使用硝基呋喃类、孔雀石绿、氯霉素等违法行为基本得到遏制，水产品质量安全水平进一步提高。渔业保险全年为 920 名出事渔民、125 艘出事渔船支付互助补偿金共 1182 万元。

省政府建立松材线虫病和薇甘菊除治联席会议制度，明确病虫除治责任。省林业局落实措施，认真做好有害生物灾害防控工作，全省实施监测调查面积 2490.77 万公顷次，测报准确率达 91.1%；组织实施林业有害生物防控体系建设，配置一批车辆及防治设备；以压缩松材线虫病和薇甘菊发生面积为重点，把好重大有害生物灾害除治质量关，全省林业有害生物成灾率远远低于国家林业局下达广东省 5% 的指标。省森林防火办抓好森林防火指挥信息系统建设和森林消防队伍装备建设。省财政投入 2600 多万元，用于省森林防火指挥中心功能升级改造。年内投入省级专项资金 216 万元，用于补助重点地区建设森林防火指挥信息系统。投入 1252 万元省级专项资金，购置 15 辆森林消防水罐车、28 辆森林消防工具车等一批消防设施设备分拨给重点地区。森林消防专业队伍发挥主力军作用，科学、安全、有效地扑灭肇庆市鼎湖区“1.12”森林火灾、珠海市香洲区“1.30”森林火灾和英德市“11.2”森林火灾这 3 起较大森林火灾。

全省公安机关消防机构与各部门和社会单位共同努力，消防工作取得显著成效。全省火灾起数、人员伤亡数均比 2008 年有较大幅度下降，开创广东省近 17 年火灾死亡人数最少、火灾形势最稳定局面。全省新建专职消防队 31 个，新增合同制消防员 1219 名，消防重点单位连续 8 年实现火灾“零死亡”。省公安消防总队全年共接警出动 3.4 万起，解救遇险群众 6236 人，抢救保护财产价值 89.7 亿元。成功扑救和处置广州“2.20”富力盈泰广场高层建筑火灾和茂名“6.3”乙烯厂石油化工火灾，出色完成云浮“9.16”抗洪抢险任务。

省海上搜救中心全年共接报有关海上安全事件486宗，协调组织内地参救船舶1060艘次、直升机24架次；协调利用香港救援船舶12艘次、直升机14架次、固定翼飞机14架次；协调利用台湾船舶4艘次；协调澳门救援船舶5艘次；协调外籍船舶1艘次。救起遇险生还者1838人。

省地震局开通12322防震减灾公益热线，组织并指导全省各地开展首个“防灾减灾日”（5月12日）宣传活动，指导全省各地开展地震应急疏散演练100多次。2009年共有13个科普教育场馆被认定为广东省防震减灾科普教育基地。加强地震应急救援队伍和避难场所建设。全省新建成珠海、梅州、韶关等地3支地震应急志愿者队伍。至2009年底，全省共组建21支、5600人的地震应急志愿者队伍，建成18个避难场所。

国家海洋局南海分局认真做好海洋灾害应急管理与预警预报工作，南海预报中心全年向广东省、市、县三防部门和渔业、海事、部队等多个政府有关单位发布风暴潮预（警）报共73次。灾害性风暴潮发生期间，发布海浪警报消息共计115条。年内预报台还为省海上搜寻救助中心提供海难搜救预报22份，通过各类媒体和平台共提供南海海域大面海浪预报700多份次，提供海水浴场、旅游区及广州市海洋环境预报300多份次，发布赤潮旬预测产品30份次，向广东省沿海渔民免费发布海洋灾害预警手机短信160万条以上。

省环保部门积极促进污染减排，年内全省新建成污水处理项目75个，新增日处理能力263.5万吨，新建污水处理设施配套管网1200多千米，累计建成污水处理设施239座，日处理能力1354.7万吨，配套管网超过3600千米，县县建成污水处理设施的目标已基本实现。加快推进大气污染治理，全省二氧化硫和可吸入颗粒物年平均浓度分别比2008年下降8.0%和8.6%，酸雨频率下降3.4个百分点。至2009年底，全省已关闭小火电1096万千瓦，淘汰落后水泥产能4629万吨、落后钢铁产能1035万吨和落后造纸产能30万吨以上。

省水利厅认真落实水土保持措施。年内全省共治理水土流失面积454平方公里，其中建设基本农田23平方公里，种植水保林47平方公里，种植经济林53平方公里，种草27平方公里，封育治理285平方公里，其他措施治理19平方公里，建造塘、坝、池等小型水保工程434座，当年竣工小流域26条，共投入经费20826万元。经治理，共减少土壤流失量3165万吨，增加降水有效利用量6158万立方米，受益人口达618万人。

省卫生系统参与各种安全生产事故救援8026起，出动医疗救援人员48274人次，出动救援车辆13647次，共救援安全生产事故伤员40997人次。积极救治甲型H1N1流感患者，重点加强重症救治工作，成立专门救治专家小组，及时组织专家会诊。此外，继续做好四川汶川地震灾区对口支援，全年累计派出医疗卫生人员290人次，为村民体检2500多人次，培训乡村医生80多人次，在岗培训县乡医疗机构卫生技术人员135人次。

# 防灾减灾组织体系

广东省各类自然灾害的防灾减灾工作由省政府统一管理，并通过下属机构和有关职能部门具体执行，实行行政首长负责制。

## 【省级主要防灾减灾机构及其负责人】

1. **广东省防汛防旱防风总指挥部**

   总指挥：李容根
   办公室主任：邱德华

2. **广东省森林防火指挥部**

   总指挥：李容根
   专职副总指挥：杨胜强

3. **广东省海上搜寻救助中心**

   主任：佟星
   常务副主任：陈建辉
   副主任：韩鹏　黄棕棕

4. **广东省防震抗震救灾工作联席会议**

## 【广东省防灾减灾系统】

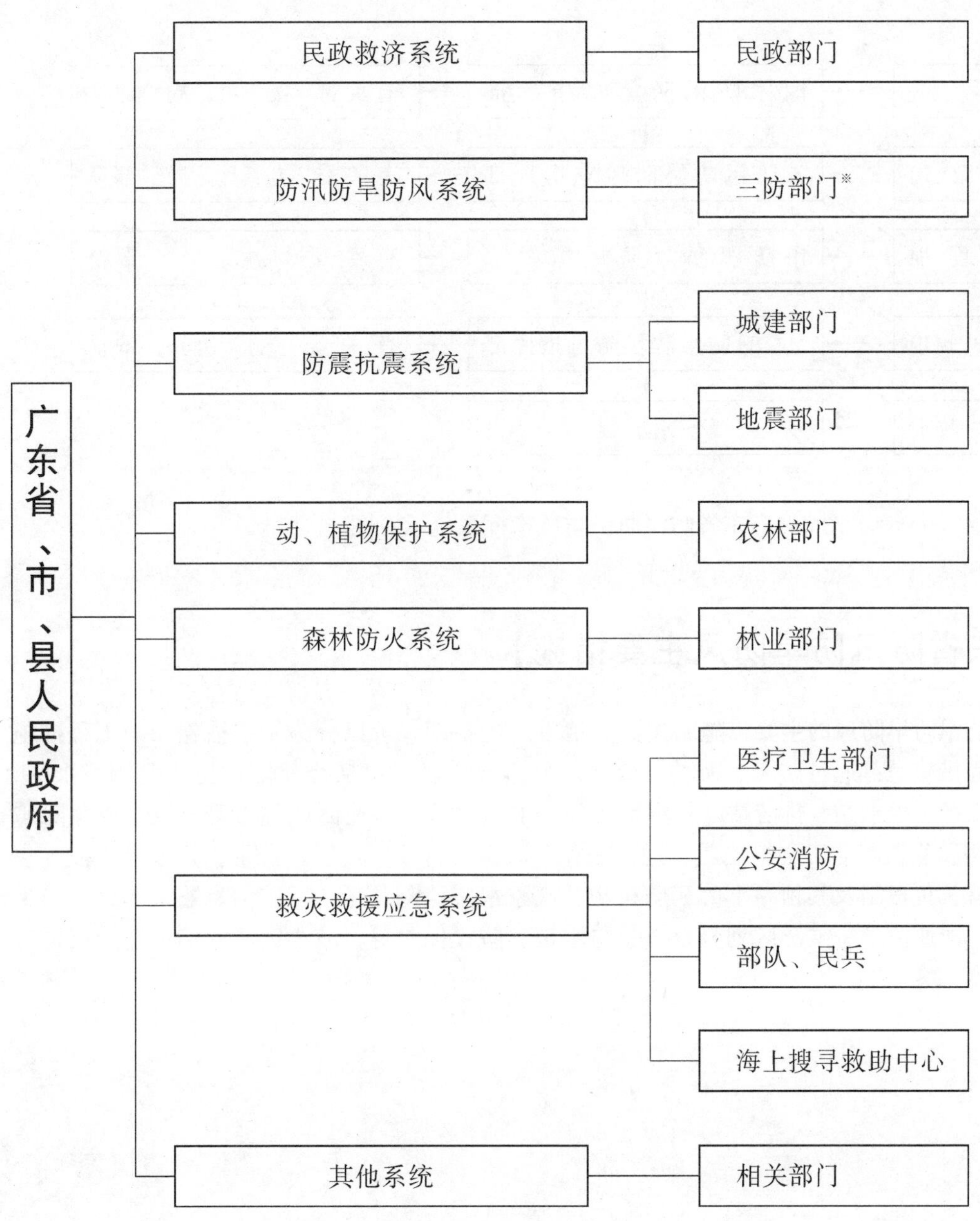


图1 广东省防灾减灾系统示意图

※广东省三防总指挥部成员单位：省军区、中共广东省委宣传部、省农办、省计委、省经委、省建委、省外经贸委、省水利厅、省财政厅、省民政厅、省交通厅、省公安厅、省农业厅、省卫生厅、省气象局、省邮电局、省电力工业局、省海洋与水产厅、民航中南管理局、国家海洋局南海分局、省无线电管理委员会、省物资总公司、省石油企业集团公司、中国人民财产保险股份有限公司广东省分公司。

## 【广东省防汛防旱防风指挥系统】

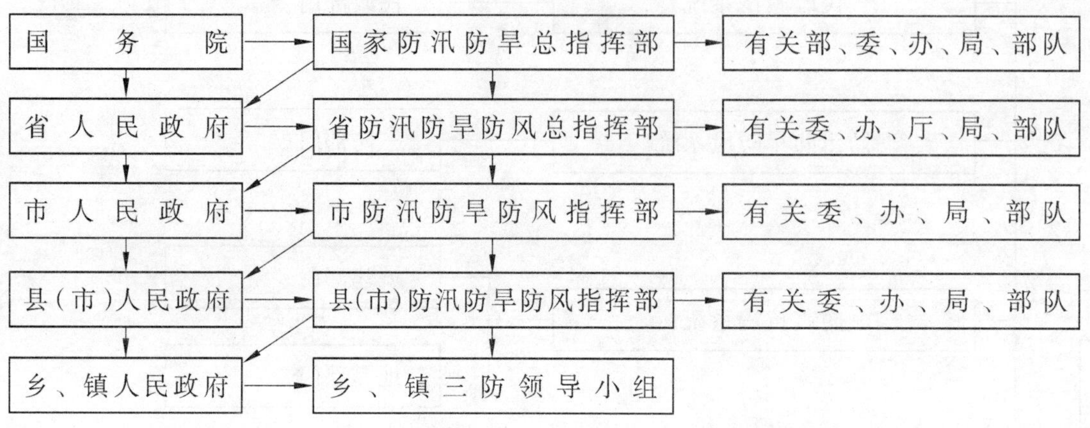


图2 广东省防汛防旱防风指挥系统示意图

## 【广东省防汛防旱防风主要措施】

广东省防汛防旱防风的主要措施，按其防治方式的不同，可以分为工程措施和非工程措施两大类。工程措施是：通过防御、调蓄、疏导、分泄等手段，包括修建防洪防潮堤围、水闸、水库、蓄滞洪区、提水站、排涝站以及修渠打井、水土保持、营造防风林带等，减小或免除水旱风灾的威胁和危害。非工程措施是：通过法律、政策、行政、经济、技术、管理等手段，包括建立行政首长负责制及其领导下的三防机构、气象水文监测预报、三防信息系统和预案、土地使用管理、河通清障、洪泛区划分以及抢险救援、防灾保险等，减小灾害影响，把受灾损失减至最低限度。

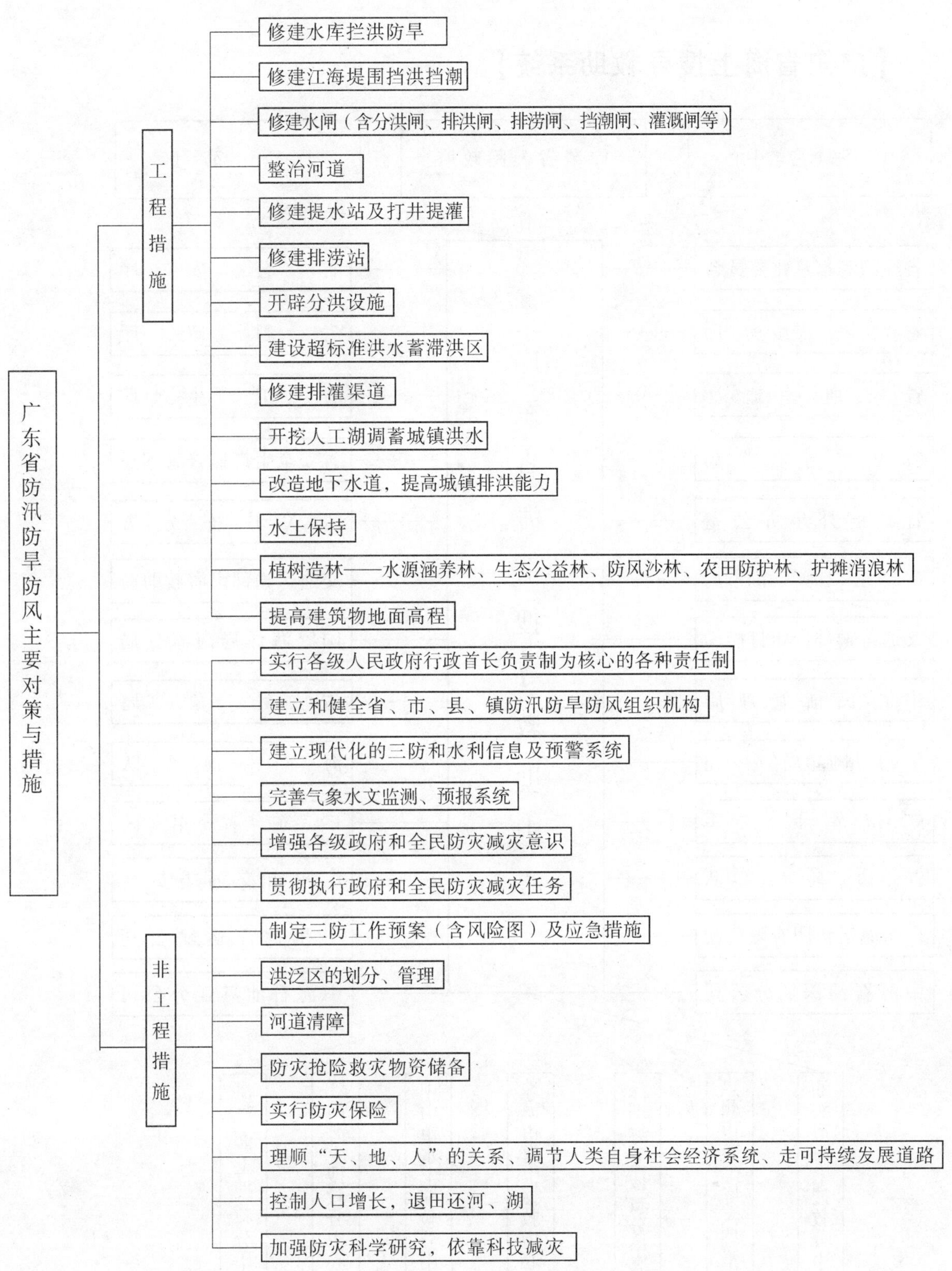


图3　广东省防汛防旱防风主要措施示意图

## 【广东省海上搜寻救助系统】

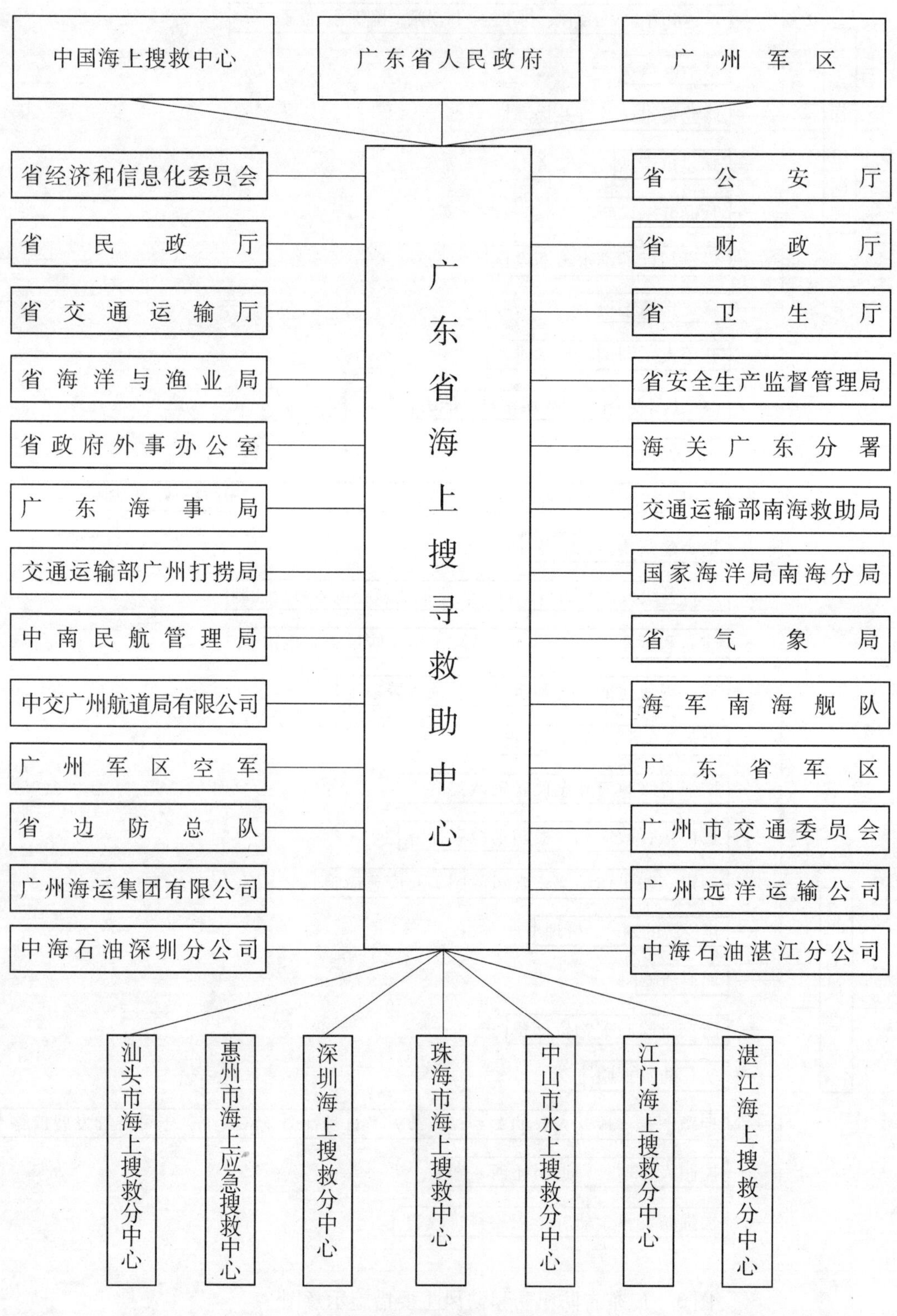


图4 广东省海上搜寻救助组织系统示意图

## 【广东省防震抗震救灾系统】

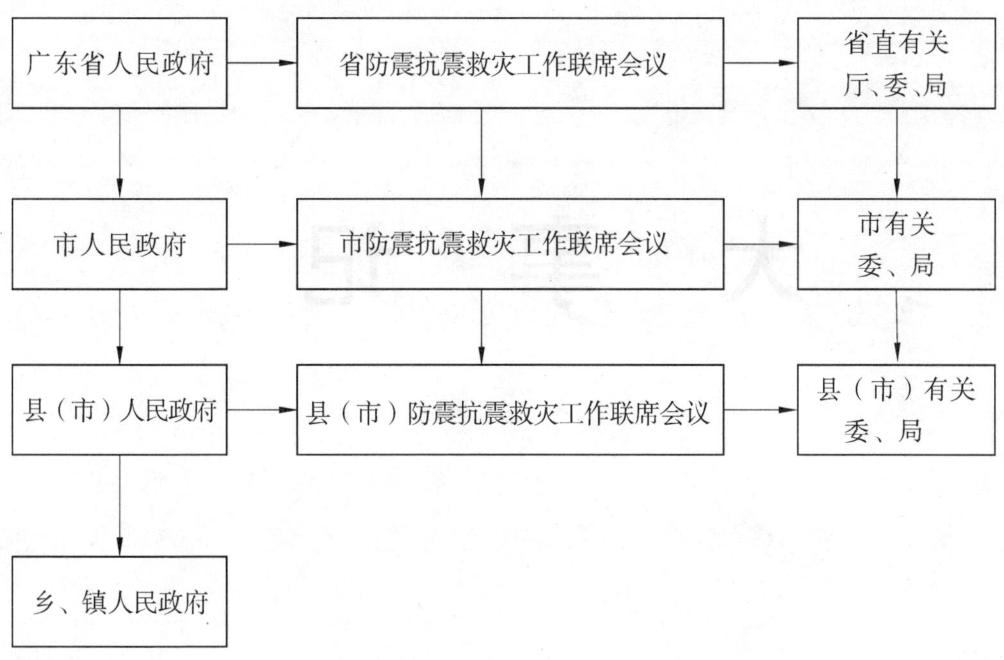


图5 广东省防震抗震救灾系统示意图

※省防震抗震救灾工作联席会议成员单位：省军区、省地震局、中共广东省委宣传部、省发展和改革委员会、省经济贸易委员会、省教育厅、省科学技术厅、省公安厅、省民政厅、省财政厅、省国土资源厅、省建设厅、省交通厅、省信息产业厅、省水利厅、省农业厅、省卫生厅、省广播电影电视局、省气象局、省通信管理局、省公安消防局、省物资集团公司、广东电网公司、中国人民财产保险股份有限公司广东省分公司。

# 大　事　记

# 大事记

## 【1月】

2日，省三防办印发《关于切实做好低温冻害防御工作的通知》。

7日，广东省下达对口支援四川省汶川县地震灾后恢复重建第2批项目计划。

8日，省林业局和农业厅联合发出通知，开展薇甘菊冬季除治行动情况检查。

9日，省防总印发《关于切实做好雨雪冰冻灾害防范工作的紧急通知》。

12日15时至14日17时，肇庆鼎湖区沙浦镇省属西江林业局高要林场发生森林火灾，过火面积约67公顷。火灾系因伐木工人野外做饭余留火种复燃所致。

17～18日，国家林业局副局长孙扎根带领国家森林防火检查组到广州市白云区、惠州市博罗县检查森林防火工作。

22日上午，省防总举行模拟防御低温冰冻灾害Ⅱ级应急响应综合演练。副省长、省防总总指挥李容根参加演习并讲话，省政府副秘书长、省防总副总指挥颜学亮在韶关市乳源瑶族自治县前线指挥部参加演习。

22日上午，珠江防总召开会商会，研究优化珠江枯水期水量调度方案，保障澳门及珠海市春节供水安全。

23日，省政府办公厅印发《关于切实加强2009年春节期间森林防火工作的通知》。

23日，省农业厅印发《关于切实做好农业防御冻害工作的紧急通知》。

30日，省森林防火指挥部召开全省森林防火工作电视电话会议。副省长、省森林防火指挥部总指挥李容根出席会议并讲话。

1月30日，珠海市香洲区南屏镇黑面将军山顶部东南侧发生森林火灾。2月2日上午11时20分，明火被扑灭。森林过火面积230公顷，受害面积约96公顷。火灾系因登山人员上山玩擦炮引燃可燃物所致。

## 【2月】

9日上午，省政府召开全省春耕生产和抗旱工作电视电话会议。副省长李容根出席会议并讲话。

10日，省委副书记、省长、省应急委主任黄华华，副省长李容根等到省水利厅调研水利工作。

11日，揭阳市政府印发《关于印发揭阳市突发公共事件现场处置工作规范的通知》。

12日，省林业局发出《关于将桉树枝瘿蚁列为广东省补充林业检疫性有害生物的通知》，将桉树枝瘿姬小蜂纳入全省林业检疫范围。

13日，省防总印发《关于切实做好当前防旱保春耕工作的通知》。

15日下午4时左右，深圳市下坪固体废弃物填埋场3号污泥坑发生管涌，布吉河受污染。在省环保厅组织下，深圳市环保局立即启动应急机制，至19日，该起事件得到妥善处理。

19日上午，省政府召开全省水利与三防工作会议，副省长李容根出席会议并讲话。

24日，中国气象局副局长矫梅燕到东莞市调研气象工作。

25日，省政府转发《省人大常委会关于批准省人民政府〈关于加快营造生物防火林带工程建设议案办理情况的报告〉决议的通知》。

25~26日，副省长李容根到清远市检查指导水利防灾减灾工程建设。

26日，韶关、河源、梅州、茂名、清远、云浮等6个山区市地质灾害防治工作座谈会在云浮市召开。省人大常委会副主任陈小川主持会议并讲话。

26日，省森林防火指挥部、省林业局转发《国家森林防火指挥部国家林业局关于贯彻落实国务院部署进一步做好近期森林防火工作的通知》。

26日，省国土资源厅印发《关于设立地质灾害危险区警示标志牌的通知》、《广东省地质灾害群测群防建设指导意见》。

27日起，省地震局受四川省汶川县政府委托开展汶川县地震小区划工作。6月5日，《汶川地震小区划报告》通过中国地震局评审。7月28日，省地震局副局长梁干一行赴汶川县威州镇向汶川县政府提交汶川县地震小区划工作成果报告。

## 【3月】

2日下午，省政府召开全省消防安全专项整治工作电视电话会议。副省长、省应急委员会副主任李容根出席会议并讲话。

2日，省政府派出6个检查组到全省各地开展汛前防汛安全大检查。

2日，省公安厅、省文化厅、省工商局、省安全监管局印发《广东省公众聚集场所易燃可燃装修材料消防安全专项整治工作方案》。

3日上午，省政府召开全省应急管理工作会议。副省长李容根出席会议并讲话。

3日，省林业局印发《关于加强野生动物疫源疫病监测防控工作的紧急通知》。

5日，深圳市首支消防志愿者（义工）服务总队成立。

11日上午，深圳市政府审议通过《深圳市火灾公众责任保险试点工作实施方案》。

14日，广东省下达对口支援四川省汶川县灾后恢复重建第3批项目计划。

17日，省国土资源厅转发《国土资源部办公厅关于做好2009年地质灾害防治工作的通知》。

20日，省政府召开2009年汛前防汛安全检查汇报暨三防形势分析专题会议。副省长李容根出席会议并讲话。

22日，省国土资源厅转发《国土资源部办公厅关于做好2009年地质灾害防治工作的通知》。

27日，省编办印发《关于明确省三防办承担防范应对低温冰冻灾害职责的函》。

28日，省民政厅下拨省级补助资金1595万元，专项补助梅州、惠州、茂名、清远等市建设4个省级区域救灾物资储备仓库。

30日上午，珠江三角洲地区应急管理合作联席会议第一次会议在广州市召开。受市政府委托，珠江三角洲地区9市应急管理办事机构主要负责人在会上签订《珠江三角洲地区应急管理合作协议》。

30 日下午，省政府召开全省造林绿化和森林防火工作电视电话会议。副省长、省绿化委员会主任、省森林防火指挥部总指挥李容根出席会议并讲话。

30 日，省卫生厅印发《广东省手足口病现场检查工作指引》、《广东省手足口病实验室检测技术指引》、《广东省手足口病消毒技术指引》。

30 日，湛江市政府应急办印发《湛江市突发事件典型案例分析汇编》。

下旬，省防震抗震救灾工作领导小组改名为省防震抗震救灾工作联席会议。

## 【4 月】

1 日，省气象局在全国率先开展地质灾害短时临近预警预报。

2 日，省国土资源厅印发《广东省 2009 年度地质灾害防治方案》。

5 日，省卫生厅派出 7 名临床专家组成手足口病临床救治医疗队，赴山东省支援该省手足口病医疗救治工作。

5 ~ 7 日，省委副书记、深圳市委书记、省应急委副主任刘玉浦率深圳市党政代表团到该市对口援建的甘肃省“3 县 1 区”（陇南市文县、康县、武都区和甘南藏族自治州舟曲县）检查指导援建工作，看望慰问灾区群众和该市援建工作人员。

8 日上午 10 时，省政府应急办、省气象局通过省突发事件预警信息发布平台，协助湛江市政府向当地群众发布里氏 2.0 级地震应急信息。

8 日上午，副省长、省减灾委主任李容根到省地震局调研城乡防震减灾工作。

9 日上午，省政府举行广东省、广州市《中华人民共和国消防法》宣传月启动仪式。副省长、省应急委副主任李容根出席仪式并讲话，省政府副秘书长颜学亮主持仪式，省公安厅副厅长郑东、广州市副市长陈国等参加仪式。

11 日，省国土资源厅成立 9 个地质灾害防治工作检查组，分赴各地检查指导汛期地质灾害防治。

13 日上午，广州警备区召开广州市民兵抢险救灾和应急维稳大队成立大会。省委常委、省军区司令员辛荣国出席会议并讲话，广州警备区副司令员吴炳钿主持会议。

15 日上午，省政府召开全省防震减灾工作会议。副省长、省减灾委主任李容根，中国地震局副局长修济刚出席会议并讲话。

15 日上午，泛珠三角区域内地 9 省（区）应急管理合作联席会议筹备会在广州市召开。省政府副秘书长罗欧、国务院应急办副主任王文阳出席会议并讲话，省政府应急办主任纪家琪主持会议。

15 ~ 16 日，珠海市政府举行各镇（街道）基层综合应急救援队伍应急技能竞赛决赛。

17 日，省国土资源厅印发《关于做好防范强降雨可能引发地质灾害有关工作的紧急通知》。

20 ~ 24 日，省委组织部、省政府办公厅在暨南大学举办广东省第一期厅（局）级领导干部应急管理工作培训班。副省长、省应急委副主任李容根，省委组织部副部长林存德出席开班仪式并讲话，省政府副秘书长罗欧主持开班仪式。

20 日至 5 月 20 日，省政府应急办网站开展全国首个“防灾减灾日”（5 月 12 日）系列宣传活动。

21 日，省防总在《南方日报》公布省管水利工程、十大堤围、大中型水库行政责任人。

23 日上午，全国第一所应急管理学院在暨南大学挂牌成立。副省长李容根被聘为暨南大学应急管理学院名誉院长。

27日，省国土资源厅转发《国土资源部关于开展地质灾害群测群防“十有县”建设的通知》。

27～29日，副省长李容根率广州、东莞市政府及省有关单位负责人赴四川省汶川县检查广东省对口援建工作。

28日下午，省卫生厅成立防控流感大流行领导小组、省流感大流行防控专家组和医疗救治专家组，组长分别由省政协副主席、省卫生厅厅长姚志彬，中国工程院院士钟南山和中山大学副校长黎孟枫担任。

28日，卫生部督导组到东莞市督导手足口病防治工作。

29日下午，省政府召开省防控人感染猪流感工作会议。副省长雷于蓝，省政协副主席、省卫生厅厅长姚志彬出席会议并讲话，省政府副秘书长李捍东主持会议。

29日，省三防办在广州市举办全省水旱灾情统计培训班。

29～30日，省民政厅在珠海市召开全省救灾救济工作会议。

30日，广东省成立应对A（H1N1）流感（5月1日起改称甲型H1N1流感）联防联控工作机制（简称省联防联控工作机制），省政协副主席、省卫生厅厅长姚志彬担任召集人。

## 【5月】

1日，《广东省珠江三角洲大气污染防治办法》正式实施。

1日，省卫生厅印发《广东省流感大流行卫生应急预案（试行）》。

2日，省卫生厅转发《卫生部关于进一步加强甲型H1N1流感密切接触者所在地区防控工作的通知》，全省实行甲型H1N1流感密切接触者隔离观察日报告和零报告制度。

2～3日，卫生部督导组到广东省督导甲型H1N1流感密切接触者追踪调查和医学隔离观察工作。

4日，省国土资源厅印发《关于贯彻全国汛期地质灾害防治工作视频会议精神切实做好我省地质灾害防治工作的通知》。

4日，省卫生厅印发《甲型H1N1流感密切接触者隔离医学观察简明指引（试行）》。

4～10日，省卫生厅组织全省有关医疗机构开展甲型H1N1流感医疗救治演练。

5～6日，国家发展改革委副主任、国家防总成员杜鹰率国家防总检查组到广东省检查指导防汛工作。

6日，省国土资源厅印发《关于开展2009年汛期地质灾害防治工作检查的通知》。

6～7日，省委常委、广州市委书记朱小丹率检查团到该市对口援建的汶川县威州镇检查指导援建工作。

7日上午，省政府召开省防控甲型H1N1流感专家组组长座谈会。副省长雷于蓝主持会议并讲话。

8日上午，省减灾委举行广东省暨广州市“防灾减灾日”活动启动仪式和减灾知识现场咨询活动。副省长李容根出席仪式并讲话。

8日下午，省政府召开全省重大动物疫病防控工作会议。副省长、省防治重大动物疫病指挥部总指挥李容根出席会议并讲话。

8日，省减灾委印发《关于推进全国综合减灾示范社区创建活动的通知》。

8日，省公安厅、省劳动保障厅、省卫生厅、省工商局、省质监局、省安全监管局印发《关于开展有毒有害化学品职业病危害专项检查工作的紧急通知》。

8日，省防震减灾公益服务热线12322开通。

8日，东莞市召开防震减灾科普教育学校创建暨防灾减灾日系列活动动员大会。

9日，省联防联控工作机制印发《广东省口岸检验检疫机构转送留观人员处置工作指引（试行）》。

9日，省卫生厅转发《卫生部关于做好甲型H1N1流感医学观察人员信息报送工作的通知》。

11日，省卫生厅转发《卫生部办公厅关于开展甲型H1N1流感防控措施落实情况监督检查的通知》。

11~15日，省委组织部、省政府办公厅在暨南大学举办广东省首期副县（市、区）长应急管理工作培训班（第一批）。

12日上午，省减灾委员会办公室、省公安厅在广州新电视塔举行超高层建筑灭火救援演习。这是广东省演习建筑楼层最高（同时也是国内最高）、火场供水难度最大、参演联动单位最多的消防安全演习。省政府副秘书长、省减灾委副主任颜学亮观摩演习。

12日上午，东莞市举行全市领导干部防震减灾学习报告会。中国地震局原副局长何永年做主题报告。

14日，省政府印发《关于同意广东省应对甲型H1N1流感联防联控工作机制工作方案的批复》。

15日，省公安厅、省建设厅转发《公安部、住房和城乡建设部关于进一步加强建设工程施工现场消防安全工作的通知》。

15日，省国土资源厅转发《国土资源部办公厅关于配合实施好全国中小学校舍安全工程的通知》。

18日上午，省政府在佛山市召开2009年北江大堤防汛工作会议。省长黄华华出席会议并讲话，省军区司令员辛荣国出席会议，副省长李容根主持会议。会前，黄华华、辛荣国等检查北江大堤长潭段、芦苞堤段和芦苞水闸防汛工作。

18日下午，副省长雷于蓝到省卫生厅检查指导甲型H1N1流感防控工作，并到广州市第八人民医院看望甲型H1N1流感疑似病例和医护人员。省政协副主席、省卫生厅厅长姚志彬等陪同。

18日，省通信管理局依托中国电信广东公司组建通信应急抢险队。

19日上午，卫生部通报广东省首例甲型H1N1流感疑似病例被确诊，这是广东省首例输入性甲型H1N1流感确诊病例。省政府召开省应对甲型H1N1流感联防联控工作机制联席会议第一次会议，副省长雷于蓝，省卫生厅厅长、省联防联控工作机制召集人姚志彬出席会议并讲话；同日，省政府印发《关于我省发现首例甲型H1N1流感病例的情况报告》。

19日上午，省政府举办广东省防灾减灾专家访谈暨全省中小学生防灾减灾知识竞赛抽奖活动。

19日，省国土资源厅印发《关于切实加强台风强降雨期间地质灾害防范工作的通知》。

20日，副省长李容根到省气象局调研应急管理工作。

20日，省卫生厅印发《广东省甲型H1N1流感监测方案（第一版）》，并派出6名临床专家组成手足口病临床救治医疗队，赴河南省支援该省手足口病医疗救治工作。

21日上午7时20分，汕头市潮阳区谷饶镇上堡社区一生产内衣和耳机护套的家庭作坊发生重大火灾事故，造成13人死亡，16人受伤。汪洋、黄华华、刘玉浦、梁伟发、李容根、雷于蓝、佟星等领导分别就应急工作做出批示。副省长李容根率有关负责人赶赴事故现场，检查指导处置工作。

21日，省政府办公厅发出《关于加强薇甘菊防治工作的通知》，提出力争用3～4年实现全省基本控制薇甘菊灾害的目标。

22日下午，省政府召开省应对甲型H1N1流感联防联控工作机制联席会议第二次会议。副省长雷于蓝主持会议并讲话。

22日，省防总印发《关于成立广东省三防机动抢险三队和四队及广东省防汛机动抢险队与抢险二队更名的通知》。

22日，河源市政府办公室印发《河源市应急管理信息员工作规则》。

22日，省林业局印发《广东省薇甘菊防治总体规划（2009－2010年）》。

23日下午5时20分，省气象局启动气象灾害暴雨Ⅲ级应急响应。

23日，省三防办印发《关于认真贯彻落实李容根副省长重要指示精神切实做好防御暴雨工作的紧急通知》。

24日，省政府办公厅印发《关于深刻吸取汕头市潮阳区“5·21”重大火灾事故教训深入开展“三合一”场所火灾隐患整治行动的紧急通知》。

25日，省政府常务会议审议通过《关于我省对口支援地震灾区灾后恢复重建资金总量及安排建议》。

25日，省国土资源厅印发《关于做好当前地质灾害防治工作的紧急通知》。

25日，省交通厅印发《广东省交通运输自然灾害应急预案》。

25～29日，省委组织部、省政府办公厅在暨南大学举办广东省首期副县（市、区）长应急管理工作培训班（第二批）。省政府副秘书长罗欧出席开班仪式并讲话，省政府应急办主任纪家琪主持开班仪式。

26日上午8时30分，省气象局结束气象灾害暴雨Ⅲ级应急响应。26日，揭阳市惠来县葵潭镇陂美村被省地震局定为首个地震安全农居示范工程省级示范点。

27日上午，省防总、省军区在佛山市南海区联合举行省三防机动抢险队专业技能综合演练。副省长李容根、省军区副司令员张建洪、国家防总副巡视员张旭、省政府副秘书长颜学亮等观摩演练。

28日，省卫生厅印发《关于进一步做好甲型H1N1流感防治工作的紧急通知》。

29日上午，广州市发现中国内地首例甲型H1N1流感输入性二代病例；东莞市发现广东省首例甲型H1N1流感无症状带毒者。

29～31日，卫生部甲型H1N1流感防控领导小组派出卫生部防控甲型H1N1流感专家组到广东省指导甲型H1N1流感防控工作。

30日，省国土资源厅印发《广东省国土资源厅突发地质灾害应急响应工作方案》。

31日，副省长雷于蓝先后到省疾控中心、江门台山市检查甲型H1N1流感防控工作，并在省疾控中心与卫生部防控专家组座谈。

31日，省公安厅印发《火灾隐患重点地区整治工作验收标准》。

## 【6月】

1日上午，省人大常委会副主任陈用志到省气象局调研应对气候变化和加强气象防灾减灾能力建设工作。

2~3日，省政府召开全省第七次消防安全责任人会议，并举办新《消防法》培训班。副省长李容根与各地级以上市消防安全责任人签订消防安全工作目标管理责任书。

7~16日，粤西、粤东部分地区出现暴雨洪涝。阳江、茂名、梅州3个市受灾，死亡3人，直接经济总损失4.98亿元。

9日，湖北、湖南、广西、广东、海南等中南五省（区）开展地震应急技术系统联动演练。

12日上午，省军区在佛山市三水区对驻粤部队支援北江大堤、西江景丰联围抗洪抢险任务进行实地部署。省军区副司令员倪善学出席。

14日上午，中共中央政治局委员、省委书记汪洋到省水利厅检查指导防汛抗灾工作。副省长李容根等陪同。

15日，汕尾市政府成立市突发公共事件应急管理专家组。

16~17日，省政协副主席周天鸿率省政协调研组到广州市、佛山市调研海上溢油应急处置工作。

17~18日，副省长李容根到惠州市调研三防等工作。

18日下午，粤港应急管理联动机制专责小组第一次会议在广州市召开。省政府副秘书长罗欧出席会议并讲话，省政府应急办主任、粤方专责小组组长纪家琪主持会议。香港特区政府保安局副秘书长、港方专责小组组长袁小惠，粤港双方专责小组成员及有关应急管理专家参加会议。

18日，省公安厅印发《广东省公安机关金融突发事件应急预案》。

18~19日，国家安全生产应急救援指挥中心副主任李万疆到广东省检查指导安全生产应急管理综合试点工作。

19日上午，省防总召开全省防御热带风暴“莲花”视频会商会。副省长李容根出席会议并讲话。11时，省防总启动防风Ⅳ级应急响应，珠江防总启动防汛Ⅲ级应急响应；12时，省气象局启动气象灾害台风Ⅳ级应急响应。省民政厅印发《关于切实做好防御热带风暴“莲花”准备工作的紧急通知》。

19日上午，湛江市举行“湛联—09”军地联合实兵演习。湛江市公安、消防、水利、卫生等有关单位和驻湛部队参加演习。

19~27日，东莞市石排中心小学出现广东省首起甲型H1N1流感聚集性病例，确诊病例56例。

20日上午10时30分，省气象局宣布气象灾害台风应急响应从Ⅳ级提升到Ⅲ级；11时，国家海洋局南海分局启动海浪Ⅱ级预警；下午3时，省防总宣布防风应急响应从Ⅳ级提升到Ⅲ级。

20~21日，卫生部副部长尹力率国家甲型H1N1流感联防联控工作机制督导组到广东省督导甲型H1N1流感防控工作。21日中午，副省长雷于蓝与尹力一行座谈。

21日晚10时50分，第0903号强热带风暴“莲花”在福建省晋江市东石镇沿海地区登陆（登陆时强度为热带风暴）。受其影响，粤东地区普降大雨，梅州市降特大暴雨并出现洪涝灾害。梅州市平远、大埔、蕉岭及汕尾华侨管理区等地受灾，死亡5人，直接经济损失7.53亿元。

22 日，省防总印发《广东省防汛防旱防风总指挥部防汛防风督导工作暂行规定》。

22 日至 7 月 2 日，省海洋与渔业局组织开展全省渔船安全大检查。

23 日上午，省政府召开全省甲型 H1N1 流感防控工作第一次会议。副省长雷于蓝、省卫生厅厅长姚志彬出席会议并讲话，省政府副秘书长李捍东主持会议。

25 日下午 4 时，省气象局启动气象灾害Ⅲ级应急响应；下午 5 时，省防总启动防风Ⅳ级应急响应；晚上 7 时，珠江防总启动防汛Ⅲ级应急响应。

26 日上午，省防总召开全省防御热带风暴“浪卡”视频会商会，副省长李容根出席会议并讲话。省防总印发《关于做好暴雨防御工作的紧急通知》，并于 9 时宣布防风应急响应从Ⅳ级提升到Ⅲ级。省国土资源厅印发《关于做好热带风暴“浪卡”可能引发地质灾害防范工作的紧急通知》。

26 日晚上 10 时 50 分，第 0904 号热带风暴“浪卡”在惠东县平海镇沿海地区登陆。受热带风暴“浪卡”影响，广东省东部沿海地区、珠江三角洲地区及雷州半岛普降大雨到暴雨，局部大暴雨。

26～27 日，国家防总派出防风工作组，省防总派出防风督导工作第一组（韩江组）、第四组（东江组）赴深圳、汕头、惠州、汕尾、东莞、揭阳等市一线督导防风工作。

29 日上午，粤澳应急管理联动机制专责小组第一次会议在广州市召开。

29 日，省政府办公厅印发《突发事件信息处理办法》。

30 日，省国土资源厅印发《广东省国土资源厅突发地质灾害应急响应工作方案》。

## 【7 月】

2 日，省政府、中国气象局在广州市共同签署《广东省人民政府中国气象局共同推进珠江三角洲地区气象防灾减灾工作合作协议》。

2 日，副省长雷于蓝到阳江市检查指导甲型 H1N1 流感防控工作。

2 日，省科技厅召开甲型 H1N1 流感防控科技攻关动员座谈会。

2～15 日，省粮食局组织开展全省粮食应急演练。

3 日，省三防办转发《国家防办关于进一步加强病险水库除险加固工程防洪安全工作的紧急通知》。

6 日上午 12 时，省防总启动西江流域防洪Ⅳ级预警响应。

7 日，省卫生厅印发《广东省甲型 H1N1 流感社区防控系列指引》。

7 日，省国土资源厅印发《广东省地质灾害防灾减灾“十一五”实施方案》和《全省威胁 100 人以上地质灾害隐患点搬迁避让与勘察治理工程方案》。

8 日，省政府转发省人大常委会《关于批准省人民政府＜关于解决小型水库安全隐患问题议案办理情况的报告＞的决议》。

9 日，南海舰队某快艇支队、交通部南海救助局、国家海洋局南海分局、海关总署广东分署等单位在珠江口海域联合举行军地海上联合搜救演习。

12 日凌晨 5 时 30 分，第 0905 号热带风暴“苏迪罗”在海南省文昌县沿海地区登陆；上午 8 时 20 分，在广东省湛江市徐闻县沿海地区再次登陆。受其影响，广东省各地普降小到中雨，高温天气得到暂时缓解。

12 日，广东省对口支援汶川灾区医疗卫生工作队驻汶川县威州镇工作组共 15 人抵达威州，与原有工作队员完成工作交接。

14日8时至15日8时，韶关、梅州、河源、潮州等地出现大到暴雨，韶关、梅州局部地区因短时强降雨引发灾情。

14日，珠海、中山、江门等市共同签署《珠中江区域医疗卫生服务紧密合作框架协议》。

17日，省防总印发《关于做好防御热带风暴“莫拉菲”的紧急通知》。上午9时，省气象局启动气象灾害台风Ⅲ级应急响应；下午4时，省防总启动防风Ⅲ级应急响应。

17日，省政府办公厅印发《关于进一步加强气象台站探测环境保护工作的意见》。

18日上午，省防总召开全省防御台风“莫拉菲”视频会商会。副省长李容根出席会议并讲话，省水利厅厅长、省防总副总指挥黄柏青主持会议。上午8时，省气象局宣布气象灾害台风应急响应从Ⅲ级提高到Ⅰ级；上午9时，省防总宣布防风应急响应从Ⅲ级提高到Ⅱ级。晚上8时，李容根坐镇省三防办指挥台风“莫拉菲”防御工作。省防总印发《关于进一步做好“莫拉菲”及强降雨防御工作的紧急通知》。省国土资源厅印发《关于做好防御台风“莫拉菲”可能引发地质灾害防范工作的紧急通知》。

19日凌晨零时50分，第0906号台风“莫拉菲”在深圳市大鹏半岛沿海地区登陆。受台风“莫拉菲”影响，粤西大部分地区、珠江三角洲地区南部、粤东地区普降暴雨到大暴雨，局部特大暴雨。全省有惠州等11个市、36个县（市、区）、213个乡镇、104.6万人受灾，直接经济总损失4.65亿元。

19日上午9时30分，省气象局宣布将气象灾害台风Ⅰ级应急响应降为Ⅲ级，下午3时30分，结束气象灾害台风Ⅲ级应急响应；下午5时，省防总结束防风Ⅱ级应急响应。

21日，省政府向省人大常委会报送《关于应对气候变化加强气象防灾减灾能力建设情况的报告》。

21日，省卫生厅印发《关于做好暑期夏令营等学生高度聚集活动甲型H1N1流感防控工作的通知》。

22~23日，全省公安消防部队打造消防铁军暨灭火救援专业攻坚队建设和合同制消防员规范化管理现场会在佛山召开。

25日，省应急管理专家、暨南大学医学院伤害预防与控制中心主任王声涌获中国流行病学杰出贡献奖。

29日，省森林防火指挥部印发《广东省划定森林防火区指导意见》。

30日，副省长李容根到东莞市调研消防安全工作。

30日，省国土资源厅召开全省汛期地质灾害防治工作会议。

31日，深圳市委、市政府联合召开政府机构改革动员大会，宣布组建深圳市人民政府应急管理办公室（加挂深圳市安全管理委员会办公室、深圳市安全生产监督管理局、深圳市民防委员会办公室、深圳市地震局牌子）。

## 【8月】

3日，省三防办转发《国家防办关于做好南海热带低压防御工作的通知》。

3日，省林业局主持召开松材线虫病防治工作座谈会，省发改委、法制办、财政、交通、建设、广电、旅游、林业、邮政、民航、通信、工商、出入境检验检疫、电力、铁路等部门和单位共同商讨松材线虫病防控工作内容和任务。

4日上午9时，省防总启动防风Ⅲ级应急响应。

4日，省长黄华华、副省长李容根到省森林防火指挥中心检查指导工作。

5日上午9时10分，第0907号强热带风暴“天鹅”在江门台山市海宴镇附近沿海地区登陆，粤西地区普降大雨到暴雨。珠海、东莞、江门、阳江、湛江、茂名、云浮等市受灾较为严重。至7日，全省受灾人口88.8万人，死亡2人，直接经济总损失10.41亿元。

5日，省防总印发《关于继续做好第7号热带风暴“天鹅”防御工作的紧急通知》。

5日，省教育厅印发《关于组织中小学生进行应急演练和技能实训的通知》。

5日，东莞市政府办公室印发《市政府应急办办理突发事件领导批示件工作制度（试行）》。

7日，广东省火灾隐患重点地区整治工作推进会在惠州市召开。省政府副秘书长颜学亮出席会议并讲话，省公安厅副厅长郑东主持会议。

10日，省长黄华华主持召开省政府常务会议，讨论通过《广东省实施〈中华人民共和国突发事件应对法〉办法（草案）》。

11～13日，省防总召开全省山洪灾害防治试点工作会议。

12～14日，省劳动保障厅、南方电监局、省总工会和广东电网公司在江门开平市联合举办2009年广东省电力应急技能竞赛。

13日上午，省长黄华华到省民政厅调研镇级救灾应急预案体系、重大灾害抗灾救灾减灾综合协调机制建设工作。

14日，珠海、中山、江门等市森林防火指挥部共同签订《珠海市、中山市、江门市森林火灾扑救应急联动合作协议书》。

17日，省三防办转发《国家防办关于切实加强水库泄洪预警与游客防汛安全管理的紧急通知》。

18日，省安委会召开部署省安全生产应急救援演练及应急队伍检阅任务专题会议。副省长、省安委会主任佟星出席会议并讲话。

18日，湛江、茂名、阳江等市签订《湛江市、茂名市、阳江市应急联动框架协议》。

20日，省政府办公厅印发《广东省中小学校舍安全工程实施方案》。

21日，省林业局在佛山市南海区召开全省松材线虫病防治工作会议。省政府副秘书长颜学亮出席会议并讲话，同时代表省政府与各地级以上市政府签订市级《2009－2010年松材线虫病防治目标责任书》。

25日，省防总召开全省旱情会商会。省政府副秘书长颜学亮出席会议并讲话，省水利厅副厅长邱德华主持会议。

25～28日，省林业局举办全省野生动物疫源疫病培训班。

26日，黄华华、陈用志、李容根，宋海、汤炳权等省领导率承担对口援建工作的各市负责人和省有关单位负责人赴四川省汶川县检查广东省对口援建工作；召开广东省对口支援四川省汶川县恢复重建工作汇报会。27日上午，广东省政府与汶川县政府在汶川县第一中学隆重举行“新学校，新未来——广东省援建汶川县学校项目整体交钥匙仪式”。黄华华一行和教育部副部长陈小娅参加仪式；下午，黄华华一行到各镇（村）检查指导对口援建工作。

26日，省森林防火指挥部、省林业局印发《关于组织开展2009年森林防火宣传月活动的通知》。

28日，珠海市举办首届基层综合应急救援队伍应急技能竞赛。

31日至9月14日，省反恐怖工作协调小组办公室组织省及广州、佛山、东莞市反恐部门和专业应急力量举行2009广东省反恐演练。

## 【9月】

1日上午，省政府召开全省甲型H1N1流感防控工作第二次会议。副省长雷于蓝、省卫生厅厅长姚志彬出席会议并讲话。

1日下午，省政府召开全省中小学校舍安全工程动员部署会议。副省长、省校舍安全领导小组组长宋海出席会议并讲话，同时代表省政府与21个地级以上市政府签订《中小学校舍安全工程责任书》。

1~3日，国土资源部副部长贠小苏到广东省调研地质灾害治理等工作。省委常委、常务副省长黄龙云，省委常委、深圳市代市长王荣会见贠小苏一行，省政府副秘书长罗欧陪同调研。

2~4日，泛珠三角区域内地9省（区）应急管理合作联席会议第一次会议在南宁市召开，广西壮族自治区政府秘书长王跃飞到会致辞。受9省（区）政府委托，联席会议成员共同签署《泛珠三角区域内地9省（区）应急管理合作协议》。

3日下午，省教育厅召开全省中小学校秋季开学防控甲型H1N1流感工作视频会议和全省维护教育系统安全稳定工作会议。

4日，教育部、卫生部联合督导组到广东省检查教育系统甲型H1N1流感防控工作状况。

4日，广东、湖南、江西、福建、广西和海南等南方6省（区）甲型H1N1流感防控会议在广州市召开。

4日，省地质局项目“珠江三角洲地区应急水源地地下水资源勘查评价”通过专家评审。

7日，省政府办公厅印发《关于加强2009年秋冬季森林防火工作的通知》。

9日，省农业厅印发《关于切实抓好晚稻中后期病虫害防控工作的紧急通知》。

9日，省三防办转发《国家防办关于做好南海热带低压防御工作的通知》。

10日12时，省防总启动防风Ⅲ级应急响应；下午，省防总召开全省防御热带风暴“彩虹”视频会商会；同日，省防总印发《关于做好热带风暴“彩虹”防御工作的紧急通知》，省国土资源厅印发《关于做好今年第13号热带风暴“彩虹”强降雨可能引发地质灾害防治工作的通知》。

10日下午，省政府召开全省进一步做好甲型H1N1流感防控工作电视电话会议。

10日，广州市举行全市应急演练大比武活动。

10日，中山市水上搜救分中心正式挂牌成立。

11日，省政府办公厅转发《国务院办公厅关于进一步做好甲型H1N1流感疫情防控工作的通知》。

11日，第0913号热带风暴“彩虹”登陆海南文昌。受其外围云系影响，广东省中南部普降中到大雨，西南沿海出现大雨到特大暴雨。

13日上午8时30分，省气象局启动气象灾害台风Ⅲ级应急响应；下午1时，省防总启动防风Ⅲ级应急响应。同日，省防总印发《关于做好今年第14号、第15号热带风暴防御工作的通知》。

14日上午，省防总召开全省防御热带风暴“巨爵”视频会商会，副省长李容根出席会议并讲话；下午5时30分，省气象局宣布气象灾害台风应急响应从Ⅲ级提升到Ⅰ级；下午6时，省防总宣布防风应急响应从Ⅲ级提升到Ⅱ级。同日，省国土资源厅印发《关于做好今年第15号热带风暴“巨爵”可能引发地质灾害防范工作的紧急通知》。

15日上午7时，第0915号台风“巨爵”在江门台山市北陡镇沿海地区登陆。受台风“巨爵”影响，广东省部分地区因暴雨造成洪涝灾害，其中，阳江、茂名、云浮等市灾情严重。全省共有8个市、167.8万人受灾，死亡11人，失踪8人，直接经济总损失达23.93亿元。

15~16日，副省长李容根到韶关市检查指导抗旱复产工作。

16日，省国土资源厅印发《关于切实做好地质灾害防治有关工作的通知》。

16日，省畜牧兽医局召开全省秋季重大动物疫病防控工作会议。

16日下午6时，省民政厅启动救灾Ⅲ级应急响应。

17日，省防总印发《关于迅速开展救灾复产工作的紧急通知》。

17~18日，省林业局联合省农业、水利、建设、交通和铁路等部门和单位，在广州增城市、东莞市、深圳市开展薇甘菊除治现场检查活动。

18日，省林业局印发《关于加强秋冬季陆生野生动物疫源疫病监测工作的通知》。

19日下午6时，省民政厅结束救灾Ⅲ级应急响应。

20日，交通运输部南海救助局在珠江口海域举行2009年珠江口海空立体救助实战演练。

22日，省政府应急办编发省专项应急预案操作手册。

23日，省政府办公厅印发《关于切实做好当前水稻重大病虫害防控工作的紧急通知》。

23日，粤澳共同应对区域突发事件专题工作小组第一次会议在澳门召开。

25日，省公安厅举行互联网数据中心（IDC）安全管理平台启动仪式暨2009年度互联网应急处置演练。

25日，梅州市政府办公室印发《梅州市突发事件现场处置工作规范》。

25日，粤港共同应对区域突发事件专题工作小组第一次会议在广州召开。

26日，省防总印发《关于做好今年第16号热带风暴“凯萨娜”防御工作的紧急通知》。

27日下午，省防总召开全省防御热带风暴“凯萨娜”视频会商会；同日，省国土资源厅印发《关于切实做好今年第16号强热带风暴“凯萨娜”可能引发地质灾害防治工作的通知》。

27日，省政府办公厅印发《关于全面加强防震减灾工作的意见》。

29日下午，省政府召开全省防旱抗旱暨冬季森林防火工作电视电话会议。副省长李容根出席会议并讲话。

29日，省政府办公厅印发《关于加快城乡水利防灾减灾工程和病险水库除险加固工程建设的通知》。

30日，省防总印发《关于切实做好今冬明春防旱抗旱工作的通知》。

9月底至11月底，西江、北江和东江珠江三角洲段多次遭遇咸潮入侵。

## 【10月】

4日，省防总印发《关于做好台风“芭玛”防御工作的通知》。

8日，中共中央政治局委员、省委书记汪洋到清远市检查指导抗旱工作。省委常委、省委秘书长、省委办公厅主任徐少华，副省长李容根等陪同。

8日，省森林防火指挥部转发《国家森林防火指挥部关于认真贯彻落实回良玉副总理批示精神进一步做好当前森林防火工作的紧急通知》。

10日上午8时30分，为防御热带气旋“芭玛”，省气象局启动气象灾害台风Ⅳ级应急响应；下午3时，省防总启动防风Ⅳ级应急响应。

11 日上午 11 时 10 分左右，汕头市水利水电勘测设计院测量人员秦春利，在四川省汶川县草坡乡两河村金波河下游河口开展测量作业时不幸遇难，因公殉职。

12 日晚上 9 时，广州辐照技术研究开发中心发生卡源事故。中共中央、国务院，省委、省政府对此高度重视。中共中央政治局常委、国务院副总理李克强，中共中央政治局委员、省委书记汪洋，省长黄华华等先后批示。广东省认真贯彻落实领导批示精神，在国家环保部指导下，全力以赴做好处置工作。11 月 28 日中午 12 时 48 分，被卡放射源安全降入储源井内，处置工作取得圆满成功。整个事故处置过程未发生放射性物质泄漏，未造成环境辐射污染、人员伤害和社会影响，社会舆情平稳。

14 日，广州市环保局、佛山市环保局在广州市番禺区联合举行“2009 年广佛突发环境事件应急监测演习”。

16 日，省发展改革委印发《关于下达对口支援映秀镇恢复重建项目总体计划的通知》，安排对口支援映秀镇恢复重建项目总体计划资金 9.95 亿元。

16～30 日，珠江防总实施珠江枯水期调度第一次集中补水调度。

17 日，省政府办公厅印发《关于加快推进我省中小学校舍排查鉴定工作的通知》。

20 日 21 时，韶关市翁源县坝仔镇发生一起装载发烟硫酸的江西籍槽罐车翻车致水污染事故。翁源县政府启动应急处置预案。至 24 日，该起污染事件得以妥善处置。

26 日，交通运输部南海第一救助飞行队、珠海市政府在珠海市万山海洋开发试验区举行“中国南海陆岛救援网暨桂山岛起降点启动仪式”。

26～27 日，省政府在江门市召开全省冬修农田水利暨抗旱工作现场会。副省长李容根出席会议并讲话。

27 日至 11 月 9 日，珠海淇澳岛附近海域出现赤潮，最大面积 280 平方公里，主要赤潮生物为多环旋沟藻和红色裸甲藻。

## 【11 月】

2 日上午 9 时 40 分左右，清远市英德辖区长江坝国营林场农队桉树林地因受强风影响，树冠与高压线碰撞引发森林火灾。至 5 日早上 6 时，火场外线明火全部扑灭。此起森林火灾过火面积 446.7 公顷，受害森林面积 86.7 公顷。

2 日，省政府办公厅转发《国务院办公厅关于切实做好当前甲型 H1N1 流感防控工作的通知》。

2 日，省长黄华华到韶关市检查指导防旱抗旱工作。

2 日，海南籍“琼文昌 33042”渔船在 22°34′N、116°39′E（惠来石碑山角以南 23 海里）处遭遇大风浪后被打翻沉没，船上有 15 人遇险。经过组织救援，6 人获救，9 人失踪。

3 日，国务院应急办副主任郭晓光率国务院办公厅联合调研组到广东省重点调研台风防御工作。

3 日，省森林防火指挥部转发《国家森林防火指挥部关于切实做好当前森林防火工作的紧急通知》。

5 日下午，省政府召开全省防范重特大安全事故工作会议。副省长、省安委会主任佟星出席会议并讲话。

5 日，省森林防火指挥部印发《关于近期我省森林火灾的情况通报》。

6日，省政府办公厅印发《关于全省火灾隐患重点地区整治情况的通报》。

6日，省教育厅召开全省高校防控甲型H1N1流感工作会议。

6日，省海洋与渔业局印发《关于做好冬季寒潮大风期间渔业安全生产工作的通知》。

11月6日至2010年4月30日，省森林防火指挥部派出巡查组深入镇、村及国有林场开展森林防火巡查。

7日，省防总印发《关于做好2009－2010年枯水期珠江水量调度期间有关工作的通知》。

9日上午，省政府召开全省冬季防火工作会议。省政府副秘书长、省森林防火指挥部副总指挥颜学亮出席会议并讲话，省公安厅副厅长郑东主持会议。

9日，省卫生厅召开新闻发布会，通报甲型H1N1流感防控工作状况。

9～11日，江苏省政府副秘书长、省政府办公厅主任李一宁率江苏省应急管理考察团到广东省交流应急管理工作经验。

9～13日，云南省委托暨南大学应急管理学院举办云南省政府系统领导干部应急管理工作培训班。

10日，省气象局举行“广州2010年亚运气象保障服务演练”。

10～20日，省林业局派出11个工作组赴各地督查森林防火工作。

11日，河源市政府应急管理办公室网站开通。

13日，卫生部办公厅印发《关于加强甲型H1N1流感医疗救治工作的通知》，要求建立甲型H1N1流感医疗救治省际对口支援机制。广东省对口支援江西、广西、海南等3省（区）。

14日，东莞1例甲型H1N1流感重症病例因抢救无效死亡，成为广东省第一例甲型H1N1流感重症死亡病例。

15日，省防总印发《关于加强防御低温灾害和蓄水抗旱工作的通知》。

16日，粤闽赣区域地级市（福建省龙岩市，江西省赣州市，广东省汕头、韶关、河源、梅州、惠州、汕尾、江门、阳江、茂名、肇庆、清远、潮州、揭阳、云浮市等3省16市）疾控中心甲型H1N1流感防控工作经验交流会在梅州市召开。

18日上午，中共中央政治局委员、省委书记汪洋，副省长雷于蓝在省政协副主席、省卫生厅厅长姚志彬和副厅长黄飞等陪同下，到广州医学院第一附属医院视察甲型H1N1流感防控工作。

18日，受北方强冷空气南下影响，广东省出现入冬以后最大范围低温天气。汪洋、黄华华、黄龙云、梁伟发、李容根、佟星等省领导分别就防御低温做出批示（指示）。下午，省防总召开会商会，研究部署防范和应对工作。同日，省农业厅印发《关于做好农业防寒工作的紧急通知》；南方电监局印发《关于做好冰雪灾害防范应对工作，确保电力可靠供应的紧急通知》。

19日，惠州市举行危险化学品事故应急救援综合演练和海岸溢油应急救援综合演习。

20日，省农业厅在珠海市举行“广东省2009年人禽流感防控应急演练”。

23日，梅州市政府组织由市应急管理专家、市应急办有关人员、各县（市、区）应急办负责人等组成的督查组到全市各县（市、区）督查应急管理工作。

24日，省农业厅、省畜牧兽医局和汕尾市政府在汕尾市联合举办“广东省粤东地区重大动物疫情应急演练”。

## 【12 月】

1 日下午，中共中央政治局委员、省委书记汪洋率广东省党政代表团在成都市与四川省委书记刘奇葆、省长蒋巨峰座谈，就进一步做好广东省对口支援四川灾区灾后恢复重建工作进行交流。黄龙云、朱小丹、陈用志、宋海、汤炳权等省领导参加座谈。

1 日下午，省政府召开省甲型 H1N1 流感防控和救治专家会议。副省长雷于蓝主持会议并讲话，省政协副主席、省卫生厅厅长姚志彬参加会议。

1 日，省海洋与渔业局举办全省海洋与渔业系统安全生产应急管理信息员培训班。

1 日，省安委办印发《关于近期全省连续发生较大以上事故的情况通报》。

2 日上午，省长黄华华到省人民医院检查甲型 H1N1 流感防控工作。副省长雷于蓝，省政协副主席、省卫生厅厅长姚志彬等陪同。

2 日，省农业厅、省畜牧兽医局和湛江市政府在湛江市联合举办“广东省粤西地区重大动物疫情应急演练”。

3 ~4 日，副省长雷于蓝到梅州市检查指导甲型 H1N1 流感防控工作。

5 日，广东省、广州市消防志愿者冬季防火百日宣传活动在广州市举行启动仪式。副省长李容根出席。

7 日，省政府召开全省中医药防治甲流专题会议。副省长雷于蓝出席会议并讲话。

10 日，广东省与湖南省签署《粤湘北江流域防汛抗旱应急管理合作框架协议》。

10 日，广东省地震局与福建省地震局在福建省漳州市云霄县联合举办“2009 年度粤闽交界地震应急联动演练”。

17 日，广州市举办地震应急综合演练。

18 日，汕头、潮州、揭阳、梅州等市环保局在汕头市联合举行韩江流域重金属污染事件应急监测演习。

20 ~22 日，国务院应急办主任陆俊华率国务院贯彻实施突发事件应对法检查工作组到广东省检查贯彻实施《突发事件应对法》有关工作。

23 日，省政府在东莞市召开全省地级以上市应急办主任座谈会。

23 日，省纪委、省监察厅、省安全监管局向社会公布深圳市龙岗区“9・20“特大火灾事故、汕头市潮阳区“5・21”重大火灾事故处理结果。

24 日，省政府应急办、省气象局召开全省气象灾害应急管理工作座谈会。

24 日，省水利厅召开全省整治隐患小水电站工作视频会议。

29 日，省卫生厅印发《广东省禽类职业暴露人群高致病性禽流感病毒感染风险监测方案（试行）》和《广东省哨点医院重症肺炎监测方案（试行）》。

30 日，省国土资源厅印发《关于加快推进地质灾害群测群防“十有县”建设有关事项的通知》。

# 重大自然灾害事件

# 1月上中旬低温霜（冰）冻

1月7~16日，广东省出现10天左右低温霜（冰）冻过程。1月7日起，受冷空气影响，各地气温逐日下降，出现持续低温霜冻、冰冻天气。1月7~15日，全省平均气温10.3℃，较常年同期平均偏低2.9℃；过程极端最低气温-4.1℃（连山）~8.6℃（上川岛），极端最低气温多出现在1月11日。11日，大部分地区出现年内最低气温，有61个县（市）最低气温在5℃以下，其中24个县（市）最低气温在0℃以下，而连山最低气温低至-4.1℃，始兴和连州最低气温低于-3℃，期间有46个县（市）气象站观测到霜冻或冰冻（27个市县监测到冰冻）。

这是一次干型寒害过程，最低气温比较低，农作物、果树和蔬菜等都一定程度受害，尤其是香蕉、木瓜、茄瓜受害严重，荔枝、龙眼、甘蔗、番茄和马铃薯等受害较重，其他一些苗木、绿化树也一定程度受影响，梅州市等部分地区水管冻裂。但过程日平均温度不是很低，多数都在8℃以上，因此水产养殖受影响较小。

受这次冷空气过程影响，至1月15日，全省农业受灾面积36.984万亩，其中成灾8.2万亩，绝收2.5万亩，主要受灾地区为惠州、云浮、韶关、肇庆、梅州等市。惠州马铃薯、番茄、甜玉米、蔬菜等农作物受灾面积16.829万亩，绝收1.535万亩；果树受灾8.0万亩，绝收0.826万亩；全市直接经济损失7156.5万元。云浮蔬菜、马铃薯和其他农作物受灾面积5.065万亩，成灾2.935万亩，绝收0.83万亩，损失产量2.062万吨，农业经济损失3389.45万元，柑橘、香蕉等水果受灾面积1.079万亩，绝收0.01万亩，损失产量1.033万吨，经济损失163.1万元。韶关农作物受灾面积2.47万亩，绝收0.07万亩，农业直接经济损失2456万元。肇庆农作物受灾2.1万亩，农业直接经济损失1302万元。梅州市农业受灾面积967公顷，农业直接经济损失988万元。此次寒害过程全省农业受灾面积967公顷，农林牧渔业经济损失约1.546亿元。

# 5月下旬暴雨洪涝

5月22～25日，受热带低槽影响，广东省珠江三角洲和阳江市连续出现暴雨到大暴雨，其中江门的台山和上川岛普降特大暴雨。23日，台山日降雨量263.0毫米，为全省最大值，居历史第3位，重现期达30年一遇；开平日雨量为239.4毫米，居历史第2位，重现期为26年一遇。23～24日，台山两日最大雨量421.0毫米；开平两日最大雨量352.0毫米，均为历史次大值，重现期达到50年一遇。

至25日，暴雨过程造成东莞、中山、江门、阳江、茂名共5个市、9个县（市、区）、76个乡镇、60.92万人受灾，倒塌房屋53间，转移人员116人；造成农作物受灾面积3.631万公顷，直接经济总损失1.919亿元。据省国土资源厅报告，此次“龙舟水”引发的地质灾害共造成4人死亡。

# 6月上中旬暴雨

6月7～17日，广东省持续降雨，部分市县相继出现强降水过程，其特点是降水时间长，降水范围广，局地雨强大，面雨量较小，部分市县发生洪涝灾情。

6月7～17日，受高空槽、切变线和南海季风云团共同影响，广东省出现持续性强降水过程，其特点是持续时间长、降水范围广、局地雨强大。8日粤西开始出现强降水，其后雨区自西向东转移，9日珠江三角洲南部出现大暴雨，11日强降水区移到珠三角北部和粤东北一带，14日强降水位于粤东，15～16日降雨逐渐减弱。据全省气象监测站网资料，期间全省出现暴雨以上降水51站次，其中大暴雨以上8站次，过程最大日雨量273.4毫米出现在阳江。降水主要集中在阳江～恩平、增城和斗门一带，过程雨量阳江522毫米为全省最多，增城、斗门和恩平250～300毫米。

据水文部门监测资料，6月8日8时至16日8时，全省累计雨量大于300毫米站点有13个，大于200毫米站点有95个，大于100毫米站点有461个。全省累计平均面雨量为109毫米。雨量较大站点为：江门市台山市赤溪镇大坑水库559毫米，茂名市电白县电城镇西麻站414毫米，清远市阳山县太平站386毫米。1小时雨量较大站点为：8日17时高州市沙田站102毫米，超20年一遇；8日10时茂名市电白县电城镇西麻站97.5毫米，超20年一遇；9日10时，珠海市斗门区井岸镇黄金站96.5毫米，近10年一遇；14日8时平远泗水镇泗水村坳下站96.5毫米，超50年一遇。3小时雨量较大站点为：9日9～12时，珠海市斗门区井岸镇黄金站194.5毫米，超20年一遇；14日7～9时，梅州市平远县泗水镇泗水村191.5毫米，超100年一遇；13日7～9时，清远市阳山县太平站176毫米，超50年一遇。

受降雨影响，广东省四大江河水位有所上涨，但各控制站水位均在警戒水位以下，各大型水库除长潭、镇海水库略有超汛限水位外，其他都在汛限水位以下。

强降水导致粤西和粤东相继出现洪涝灾情。6月7～9日，茂名高州市、电白县，阳江江城区、阳东县、阳西县受灾；13～14日，梅州降特大暴雨，平远、蕉岭两县受灾，平远县泗水镇3人死亡。此次过程中，阳江、茂名、梅州3个市共7个县（市、区）、37个乡镇、32.32万人受灾，死亡3人，倒塌房屋761间，转移人员11769人，农作物受灾1.568万公顷，直接经济总损失4.98亿元，其中水利设施直接经济损失1.07亿元。阳江市损失最严重，直接经济总损失2.41亿元。

# 强热带风暴“莲花”

原位于南海中部的热带扰动于6月17日14时加强为热带低压，18日14时加强为第0903号热带风暴，并命名为“莲花”；其后缓慢少动，19日起转向东北方向移动，20日03时加强为强热带风暴，21日零时减弱为热带风暴，21日晚上10时50分在福建省晋江市东石镇沿海地区登陆，登陆时中心附近最大风力10级，达到26米/秒，中心最低气压985百帕。受其外围环流影响，南海东北部海面、粤东海面、台湾海峡出现6~8级大风，阵风9级。强热带风暴“莲花”虽未登陆广东，但仍给粤东局部带来强降水。受“莲花”外围云系和西南季风影响，22~23日，粤东地区出现暴雨到特大暴雨，其余地区出现中到大雨、局部暴雨，梅州市出现较为严重的洪涝灾害。

“莲花”的结构和风雨分布极其不对称，降水具有局地性等特点。“莲花”给广东东部带来局地强降水过程，主要降水中心在河源、梅州偏北地区以及汕尾、揭阳南部沿海地区，梅州、汕头、潮州、揭阳等地区出现大雨到暴雨。22日06~15时，梅州平远县气象观测站9小时录得412毫米的特大暴雨，其中22日08~09时一小时雨量达138.9毫米。粤东其他地区降水量级较小，部分地区雨量仅数毫米或为零。另外，受“莲花”外围下沉气流影响，全省有54个市县出现35~37℃高温。

据水文部门监测资料，受“莲花”影响，22日0时至23日14时，全省过程雨量超过150毫米站点有18个，超过100毫米有32个，超过50毫米有134个。24小时降雨量较大的站点有：梅州市大埔县桃源镇桃源村390.5毫米，梅州市平远县大柘镇385.5毫米，其雨量均超百年一遇。6小时降雨量较大的站点有：梅州市大埔县桃源镇桃源村384.5毫米，平远县大拓镇310.5毫米、石正镇富石水库202毫米，揭阳市惠来县葵潭镇磁窑村251.5毫米、隆江镇石榴潭水库200.5毫米，均超百年一遇。3小时雨量较大的站点有：梅州市大埔县桃源镇桃源村307毫米、高陂镇乌槎村151毫米；平远县大拓镇210.5毫米，石正镇安南村175.5毫米、富石水库170.5毫米，均超百年一遇；1小时雨量较大的站点有：梅州市大埔县桃源镇桃源村192毫米，平远县大柘镇121毫米，均超百年一遇；平远县石正镇安南村107毫米，达百年一遇。

“莲花”登陆前后，粤东沿海风暴潮站点没有明显增水，粤东梅江支流石窟河新铺水文站于22日21时出现79.91米洪峰水位，相应流量1270立方米/秒，洪水位涨幅达3.70米。

梅州市平远、大埔、蕉岭及汕尾华侨管理区等4个县（区）、22个镇、9.58万人受灾，死亡5人，倒塌房屋5602间，紧急转移群众15734人，农作物受灾面积3.56万亩，中断公路30条（次），损坏堤防644处计18.2千米，损坏护岸6处、水电站10座、灌溉设施1633处，灾害造成直接经济总损失7.53亿元，其中农林渔业损失1.11亿元，工业交通运输业损失2.23亿元，水利设施损失1.51亿元。

其中平远县灾情最为严重，县城一些机关、学校、厂矿企业等受浸，县城及周边农村房屋大部分受淹，县城及城郊曾一度全部停水、停电，县城沿街商店、居住底层群众财产损失严重。全县受灾人口7.5万人，转移人口0.65万人，被洪水围困1.2万人，倒塌房屋5516间，损坏堤防644处共18.2千米，直接经济总损失6.68亿元，水利工程损失1.35亿元。

# 热带风暴“浪卡”

6月22日下午14时，原位于菲律宾东部洋面的热带扰动加强为热带低压，并于23日下午14时加强为第0904号热带风暴，命名为“浪卡”。“浪卡”在进入南海前以15~20千米时速向西北方向移动，25日凌晨进入南海中部海面，进入南海后以20~25千米时速向北北西方向移动。26日晚上10时50分在惠州市惠东县平海镇沿海地区登陆，登陆时中心最低气压994百帕，中心附近最大风力8级，风速达20米/秒。凌晨2时，“浪卡”减弱为热带低压，上午8时在博罗境内减弱为低压区。“浪卡”是年内首个登陆广东省的热带气旋，具有“移速较快、路径稳定、风小雨大、影响范围广”的特点。

受“浪卡”影响，珠江口两侧及粤东地区出现6~8级大风；南部及珠江三角洲地区降暴雨到大暴雨、局部特大暴雨。据全省气象监测站记录显示，26日08时至29日08时，全省平均累积降水量达51.3毫米，全省有844个气象站录得25毫米以上累积降水，其中，13个站点超过250毫米，江门金鸡中学达396.4毫米（全省最大）；124个气象站在100~250毫米之间，357个气象站在50~100毫米之间，350个气象站在25~50毫米之间。

据水文部门监测资料，阳江、江门等地降暴雨到大暴雨、局部特大暴雨，梅州、汕尾、河源、惠州和清远等地降大到暴雨、局部大暴雨；粤西和珠江三角洲部分江河水位有所上涨，但均在警戒水位以下。27日0时至29日0时，过程雨量大于300毫米站点有3个，分别为阳江市合山镇黑湾站375.5毫米、阳江市程村新湖水库339.1毫米、阳东县合山镇合山站314毫米；大于200毫米站点有16个，主要分布在阳江、江门等地；大于100毫米站点有170个；大于50毫米站点有621个。

“浪卡”带来的强降雨造成阳江市的阳东、阳西两县共12个乡镇、3.5万人受灾，倒塌房屋4间，转移人员2400人，农作物受灾面积3300公顷，直接经济总损失0.367亿元，其中水利设施直接经济损失0.087亿元。

“浪卡”为2009年登陆广东省的初台，由于全省上下高度重视，防灾救灾部署及时，使灾害损失得到有效控制，未出现人员伤亡现象。

# 7月上旬暴雨

7月上旬前期，受西南季风和副热带高压边缘不稳定气流影响，粤北、粤西和南部沿海部分市县出现局地性暴雨到大暴雨过程，降水主要集中在韶关、清远、茂名、阳江、江门和惠州等地，武江上游湖南宜章、临武县也出现大暴雨。7月3~5日，出现暴雨以上降水18站日，其中大暴雨以上5站日。同时，西江流域广西境内出现大暴雨、局部特大暴雨。据省水文部门监测资料，7月4日0时至18时，时段雨量超过100毫米站点有26个，时段雨量超过200毫米站点有6个，降雨量最大站点为江门恩平大田站350.5毫米。

受广东省暴雨及上游来水共同作用，西江、北江和漠阳江水位持续上涨，北江武江乐昌站4日7时24分出现洪峰水位87.83米；4日18时，北江石角站水位7.26米，西江梧州站水位16.31米、高要站18时水位达4.22米（相应流量1.95万立方米/秒），7日西江中下游出现5年一遇洪水。由于正值天文高潮期，加上西、北两江洪水叠加，珠江广州段乃至珠江三角洲下游江河出现年内前期最高潮位。

受暴雨洪涝影响，全省6.675万人受灾，死亡2人，农业受灾面积3923公顷，倒塌房屋667间，直接经济损失6251万元。粤北清远、韶关两市灾情较重，封开县西江沿岸4个镇也出现不同程度洪涝灾害。

3日夜间至4日08时，清远英德市下肽、连江口、黎溪镇普降大暴雨，其中下肽镇202.4毫米、连江口镇123毫米，黎溪镇107.2毫米。暴雨造成英德市2个乡镇、250人受灾，倒塌房屋6间，农作物受灾面积60公顷，成灾面积13公顷，堤围决口1处（新联灯塔河堤，保护耕地面积200亩）计100米，损坏灌溉设施13处，造成直接经济损失52万元。

韶关市出现强降水且受灾严重。2日20时至3日20时，乐昌市降水量为64.2毫米，白石镇、三溪镇录到大暴雨，分别为143.2毫米和130.4毫米，该市部分农田水塘被淹被浸、水利设施受损，农业受灾面积396公顷，直接经济损失553.36万元。至3日16时，南雄市有5个站次录得雨量超过100毫米，其中乌径140.8毫米、坪田105.4毫米、黄坑123.2毫米、珠玑108毫米，全市17个乡镇、6.3万人受灾，死亡2人，造成4.9万亩农作物被淹，房屋受损3456间，其中倒塌638间，损坏公路94处，总长达34.29千米，山塘受损116宗（其中决口10宗），水毁水圳101处、6.5千米，河堤塌方89处、4.2千米，冲毁简易桥梁14宗，直接经济损失达4500万元，其中乌迳、油山、珠玑、湖口、全安、邓坊、黄坑、帽子峰等乡镇灾情较重。2日20时至3日20时，仁化县雨量127.5毫米，该县闻韶镇157.0毫米，另有5镇达到暴雨，全县有7个乡镇受灾，受灾人口0.35万人，倒塌房屋12间，受浸房屋36间，直接经济损失1145.836万元。

# 7月中旬暴雨

受14日登陆福建省的热带低压外围环流影响，7月14日8时至15日8时，广东省韶关、梅州、河源、潮州等地出现大到暴雨，韶关、梅州局部地区因短时强降雨引发灾情。饶平、南澳和龙川3个气象观测站录得暴雨。14日20时至15日08时，南雄市北部自动气象站录得暴雨、局部大暴雨的强降水，其中乌迳113.3毫米、黄坑129.5毫米、帽子峰63.9毫米、坪田88.7毫米。14日22时至15日01时，乐昌市东部的东洛水库、廊田镇自动气象站录得暴雨到大暴雨，其中东洛水库累计降水173.1毫米、1小时最大雨强达87.0毫米，并伴有雷暴天气。

据水文部门监测资料，14日8时至15日8时，全省雨量超过50毫米的站点有87个，超过100毫米的站点有4个，降雨主要分布在韶关、梅州、河源、潮州等地。日雨量较大的站点有：韶关市乐昌东洛水库173.1毫米，南雄市乌迳镇150毫米。14日23时至15日0时，乐昌市东洛水库录得1小时最大雨量87毫米。3小时雨量较大的站点有：14日19~22时，南雄市乌迳镇117.5毫米；14日12~15时，丰顺县黄金镇99.2毫米、大龙华镇95.7毫米、龙岗镇77.5毫米。

韶关、梅州2市、4个县（市、区）、14个乡镇、5.25万人受灾，倒塌房屋303间，转移659人，农作物受灾面积1052公顷，成灾面积450公顷，绝收面积90公顷，减产粮食0.41万吨，水产养殖损失5吨，公路中断17条次，损坏堤防62处、3.68千米，堤防决口21处、2.56千米，损坏灌溉设施181处，损坏水电站1座，直接经济总损失0.46亿元，其中农林牧渔业损失0.12亿元、工业交通运输业损失0.17亿元、水利设施损失0.16亿元。

# 台风“莫拉菲”

原位于菲律宾东部的热带扰动7月15日20时加强为热带低压，16日20时加强为第0906号热带风暴，并命名为“莫拉菲”，17日11时加强为强热带风暴，18日05时加强为台风，19日零时50分在深圳市南澳镇登陆，登陆时中心附近最大风力13级（38米/秒），中心最低气压965百帕。登陆后，“莫拉菲”继续向偏西北方向移动，强度逐渐减弱，相继穿过东莞、广州、佛山、肇庆等市，于19日13时40分进入广西，15时减弱为热带低压，20日凌晨在广西境内减弱消失。

台风“莫拉菲”是2003年以后对珠江口影响最严重的台风，具有“强度强、发展快、移速快、风雨影响范围广”的特点。受其影响，广东中部和东部海面、珠江三角洲和粤东沿海出现9~11级、阵风12~14级大风，其中惠东港口镇海龟湾自动站于19日0时27分出现最大阵风45.8米/秒（14级）。“莫拉菲”在20小时内中心风力从8级增强到12级，17日半夜进入南海，移动速度一直保持25千米/小时，不到两天就在深圳登陆。“莫拉菲”在广东境内期间风力一直保持在热带风暴量级以上，并给珠江三角洲、粤东和粤西大部分地区带来降雨过程。

珠江三角洲和粤西、粤东地区普遍出现暴雨到大暴雨、局部特大暴雨，粤北地区降雨较小。据全省气象监测网资料分析，18日08时至20日08时，全省平均降水量达62.6毫米，有591个气象站录得25毫米以上降水，其中有3个站录得超过250毫米特大暴雨，电白沙院镇录得全省最大雨量294.1毫米；有148个站录得100~250毫米大暴雨；有226个气象站录得50~100毫米暴雨，有214个站录得25~50毫米大雨。广州市也普降大雨到暴雨。

据水文部门监测资料，18日14时至20日8时，全省降雨超过100毫米站点为257个，超过200毫米站点为24个，最大雨量站点为茂名市电白站322毫米。受台风暴雨影响，珠江三角洲部分潮位站最高潮位陆续出现超警戒潮位。

受“莫拉菲”影响，全省有惠州、茂名、汕尾、深圳、中山、汕头、广州、珠海、肇庆、云浮、东莞共11个市、36个县（市、区）、213个乡镇、104.6万人受灾，倒塌房屋445间；农作物受灾面积4.24万公顷（其中粮食作物2.097万公顷），成灾面积2.956万公顷，绝收面积640公顷，减产粮食4.49万吨，水产养殖损失0.32万吨；因灾停产工矿企业1358个，公路中断49条次，机场、港口关停9个次，损坏堤防177处、21.35千米，堤防决口4处、0.12千米，损坏水闸85座、水文测站4个，冲毁塘坝34座，损坏灌溉设施339处。全省直接经济总损失4.65亿元，其中农林牧渔业损失2.57亿元，工业交通运输业损失0.65亿元，水利设施损失1.21亿元。惠州受灾最严重，直接经济损失达2亿元。

# 强热带风暴“天鹅”

7月31日08时，位于菲律宾东部洋面的热带云团发展成热带低压，生成后向西北方向移动，8月2日早晨，进入南海东北部海面，先沿偏西方向移动，3日早晨折向西北方向移动，3日晚上发展为热带风暴并命名为“天鹅”。之后“天鹅”一直沿西北方向移动，4日下午加强为强热带风暴，5日上午9时10分在台山海宴镇沿海地区登陆，登陆时中心最低气压980百帕，中心附近最大风力有10级（25米/秒），登陆后先沿偏西方向移动，于6日凌晨02时在阳江境内减弱为热带低压后折向西南方向移动，7日早晨“天鹅”在穿过雷州半岛后进入北部湾海面，并于当日下午14时在北部湾海面再次加强为热带风暴；8日晚上又折向偏东方向移动，9日凌晨从海南三亚以南海域穿过，早晨减弱为低压后进入南海西北部海面，下午14时“天鹅”在南海北部海面上继续减弱成低气压。“天鹅”具有移动速度缓慢、路径曲折多变、影响时间长、累积降水量大的特点。

由于“天鹅”和台风“莫拉克”相互影响，“双台风”效应明显。“天鹅”登陆后，在登陆点台山市徘徊近20小时，期间仅移动50千米，风力一直保持8级；6日2时后，以7级风力相继缓慢穿过江门、阳江、茂名、湛江等市，7日8时移入北部湾。7日14时，已移入北部湾的“天鹅”风力又加强至8级，此现象对以热带风暴量级登陆的热带气旋来说较为罕见。“天鹅”在南海的发展路径大致为西北方向，但登陆后改为西南方向，进入北部湾加强为热带风暴后又改为东南方向，路径复杂。

4日早晨以后，粤西及珠江口西侧各市县持续出现强降水，并伴有7~9级大风，最大阵风10~12级。雨区主要集中在江门、阳江、茂名和湛江等地。据全省气象监测记录显示，3~8日20时全省平均降水量达108.9毫米，阳江东平镇录得全省最大累积雨量达703.4毫米。8月6日，阳江日降雨量328.2毫米，为全省最大值，达到7年一遇；台山日雨量195.8毫米，达到6年一遇；徐闻日雨量231毫米，达到5年一遇。粤西和珠江口西侧过程累计降水量100~505毫米，其中徐闻过程雨量430.8毫米，达到13年一遇。

据水文部门监测资料，4日0时至7日11时，过程雨量大于500毫米站点有12个，集中在江门和阳江地区；大于300毫米站点有66个。过程雨量较大的站点有：江门市台山市北陡镇石井水库838.5毫米，阳江市阳东县东平镇北城站817.5毫米。24小时降雨量较大的有：江门市台山市北陡镇石井水库657.5毫米，阳江市阳东县东平镇北城站622.5毫米（均超50年一遇），阳江市江城区海陵镇潮表站610毫米。

“天鹅”登陆时适逢天文大潮。受风暴增水和天文大潮共同影响，5日8~12时，珠江三角洲一带沿海岸段潮位站相继出现当日最高潮位。其中，有3站出现超警戒水位潮位：官冲站10时35分高潮位2.17米，超警戒水位0.67米；泗盛围站10时40分高潮位1.95米，超警戒水位45厘米；横门站9时40分高潮位1.65米，超警戒水位0.15米。

受“天鹅”影响，江门、阳江、茂名、湛江、云浮、珠海、东莞等7市、29个县（市、区）、230个乡（镇）出现不同程度洪涝灾害，受灾人口88.8万人，倒塌房屋1353间，死亡2人，农作物受灾面积11.422万公顷，损失交通、水利等基础设施一批，因灾直接经济总损失10.41亿元，其中农林牧渔业损失7.59亿元，工业交通运输业损失0.62亿元，水利设施损失1.64亿元。灾情最严重的江门市损失3.68亿元。

# 热带风暴“彩虹”

9月11日2时20分，第0913号热带风暴“彩虹”登陆海南文昌龙楼镇沿海地区，登陆时中心最低气压992百帕，中心附近最大风力8级，最大风速20米/秒（相当于72千米/小时）。受其外围环流影响，粤西海面和沿海地区出现6~8级大风、阵风9级，其中徐闻南华农场自动气象站最大风力12级，最大风速34.4米/秒；广东省中南部普降中到大雨，西南沿海出现大雨到特大暴雨，上川岛降了181毫米大暴雨。徐闻县出现7~9级大风，并普降大到暴雨，当地出现一定程度灾情。据湛江市三防办报告，徐闻县共有13个镇、3119人受灾，农作物受灾面积2137公顷，水产养殖损失259公顷，损坏堤防21处、12.6千米，损坏灌溉设施41处，直接经济总损失0.186亿元，其中农林牧渔业直接经济损失1355万元，水利设施直接经济损失505万元。

受热带风暴“彩虹”外围环流影响，10日20时30分，徐闻县曲界镇仙安村委会廖家、后屯两个村受龙卷风袭击，导致39户、203间房屋受损，228人受灾。

# 台风“巨爵”

9月12日14时，位于菲律宾东部洋面的热带云团发展成热带低压，并向偏西北方向移动，13日02时加强为第0915号热带风暴，13日早晨到上午进入南海东北部海面，14日10时加强为强热带风暴，17时强度进一步升级成为台风，15日早晨7时在广东台山市北陡镇登陆，登陆时中心最低气压970百帕，中心附近最大风力12级，风速达35米/秒（相当于126千米/小时）。“巨爵”登陆后继续向西北偏西方向移动，强度逐渐减弱，15日14时在茂名境内减弱为热带风暴并移入广西，16日08时在广西境内减弱为低压区进而消失。台风“巨爵”具有移速快、影响范围广、时间较长等特点，给广东造成较严重损失，其中云浮市受灾最严重。

“巨爵”自生成以后，一直以20～25千米/小时的速度向西偏北方向移动，风力从热带风暴加强为13级台风仅用13小时，并在台风形成的最强盛时期以13级台风量级穿过广东省台山市上川岛和下川岛，以12级台风量级登陆广东省江门台山市的北陡镇，登陆时中心附近风速达到达到35米/秒，台风中心在广东省境内长达10个小时，风力强度都在强热带风暴量级以上，其中有5个小时在台风量级。受“巨爵”影响，14日夜间到15日，珠江口两侧及粤西地区出现暴雨到大暴雨降水过程和10～12级大风，其中上川岛站录得全省最大瞬时大风达50.4米/秒（15级）。

受“巨爵”影响，全省出现两次较明显的集中降雨过程。在“巨爵”即将登陆和中心穿过广东省期间，全省各地区不同程度出现降雨，特别是江门、阳江、茂名、湛江市等市局部地区出现大雨到大暴雨。台风中心移出广东省后，受其残留云系影响，云浮罗定市、阳江阳春市、茂名信宜市等与广西交界地区于16日凌晨降了特大暴雨。

据全省气象站网监测，14日08时至16日08时，全省共有396个气象站录得50毫米以上降水，有13个测站雨量超过250毫米，阳春三甲镇录得全省最大累积雨量352.1毫米。14～16日3天内有39个台站过程降雨量超过50毫米，25个台站过程降雨量超过100毫米，其中罗定362.2毫米，超百年一遇，创历史纪录。15日雨势最强，有28个台站录得暴雨以上级别降水。

据省水文部门监测资料，14日8时至17日8时，全省过程雨量有22个站点超300毫米；有303个站点超100毫米，主要分布在阳江、江门、云浮和湛江等地，最大过程雨量站点为阳江阳春市永宁镇马山圩马山站647毫米，超50年一遇。6小时雨量较大站点为罗定市山垌站264毫米（超200年一遇）、阳春市永宁镇马山站310毫米（超200年一遇），信宜市思贺镇合水口站231毫米（超100年一遇）。受强降雨影响，漠阳江上游、罗定江出现5～10年一遇洪水。

“巨爵”登陆时适逢天文高潮，导致严重风暴潮和狂浪。广东省大部分潮位站出现严重风暴潮。15日7时，中山横门站实测潮位2.50米、灯笼山站实测潮位2.35米，均达50年一遇；珠海三灶站实测潮位2.69米，黄金站实测潮位2.57米，均超200年一遇。珠江口出现约2～3米大浪，台风中心粤西海面近岸出现约5～7米狂浪。

受台风“巨爵”及其次生灾害影响，全省共有阳江、江门、茂名、湛江、云浮、肇庆、珠海、中山8个地级市38个县（市、区）、331个镇、167.8万人受灾，倒塌房屋4507间，死亡

13 人，失踪 6 人，8 市共转移人员 111852 人，农作物受灾面积 11. 74 万公顷，其中粮食作物 5. 766 万公顷，成灾面积 4. 74 万公顷，绝收面积 4398 公顷，减产粮食 4. 3 万吨，水产养殖损失 1. 59 万公顷、4. 1 万吨；因灾停产工矿企业 816 个，公路中断 64 条次，机场、港口关停 5 个次，供电中断 215 条次，通讯中断 106 条次，损坏中型水库 1 座、小型水库 11 座，损坏堤防 726 处、110. 08 千米，堤防决口 183 处、6. 9 千米，损坏护岸 768 处、水闸 180 座，冲毁塘坝 624 座，损坏灌溉设施 1496 处、水文测站 1 个、机电泵站 7 座、水电站 14 座。直接经济总损失达 23. 93 亿元，其中农林牧渔业直接经济损失 12. 84 亿元，工业交通运输业直接经济损失 2. 6 亿元，水利设施损失 3. 47 亿元。

# 自然灾害分述

# 气象和水文灾害

2009年广东省气候属一般年景。全省平均气温较常年偏高0.7℃，是1951年以后第7暖年；全省平均年降水量较常年偏少15%，是1951年以后第13个少雨年。年内气温变化起伏大，季节转换急剧，2月、9月全省平均气温创有记录以后同期新高；夏季和秋季高温突出，全省平均年高温日数27.6天，较常年偏多14.3天，仅比2003年略少；1月出现霜（冰）冻灾害，11月遭遇重度霜降风。3月5日全省开汛，较常年提早40天，仅比最早的1983年晚5天，“龙舟水”期间暴雨和强对流天气频发。8月至11月上旬的夏秋连旱影响严重。全年共5个热带气旋登陆广东省境内，较常年偏多，其中“莫拉菲”是珠三角自2003年以后登陆、也是自1951年以后7月登陆最强台风，“天鹅”创下有记录以后热带气旋停留广东省陆地最长时间记录，“巨爵”带来强降水、重创粤西和珠三角。全省平均灰霾日数为2003年以后最少。

## 【基本气候特点】

2009年广东省主要气候特点是“高温少雨台风多，局部异常旱涝重”。

一二月气温起伏大。1月气温偏低1.2℃，7~16日出现10天左右低温霜（冰）冻过程。2月全省平均气温高达20.0℃，较常年同期高5.9℃，创历史同期新高，85个县（市）打破当地历史同期最高纪录。全省出现冬旱，至2月底，全省有74个县（市）气象干旱等级达到重旱或特旱。

春季（3~5月）大部分地区气温正常，降水量珠江口偏多，北部和东南部偏少，其余大部分地区正常。3月5日全省开汛，较常年提前40天左右，仅比最早的1983年晚5天。期间出现6次较大降水过程，其中5月22~25日广东省降暴雨到大暴雨，局部降特大暴雨，上川岛和台山23日出现255.5毫米和255.4毫米特大暴雨，珠江三角洲和粤西沿海地区受灾严重。

夏季（6~8月）气温偏高，降水西南部偏多，其余大部分地区偏少。“莲花”、“浪卡”、“苏迪罗”、“莫拉菲”、“天鹅”等5个热带气旋登陆或严重影响广东省，其中“莫拉菲”正面袭击珠江三角洲、“天鹅”在广东省境内滞留超过48小时，对广东省造成巨大影响。

秋季（9~11月）气温偏高，降水偏少。台风“巨爵”9月15日登陆台山市，粤西和珠三角受灾严重。9月“秋老虎”天气现象异常严重，全省平均高温日数继2008年后再创历史同期新高。11月中旬，全省各地日平均气温≤18℃天数一般为8~10天，遭遇重度霜降风害。

12月气温偏高，降水粤东部分地区偏多，其余地区偏少。中旬中期到下旬前期，各地出现长时间低温天气。

### 1. 气温

●年平均气温

2009年全省平均气温22.2℃，北部地区20~21.5℃，中南部地区21.5~24℃。与常年相比，全省年平均气温较常年偏高0.7℃，是1951年以后第7暖年，阳山年平均气温为当地历史最高。西南部沿海、西北部偏西、中部偏东和东部偏东部分地区较常年正常略高0~0.5℃，其余地区偏高0.5~1.5℃，珠江口以西地区偏高明显。

年内气温变化起伏大，季节转换急剧。2月和8~10月平均气温较常年偏高1.0℃以上，1月和11月较常年偏低1.0℃以上，其余月份正常。2月全省平均气温高达20.0℃，较常年同期偏高5.9℃，创历史同期新高，85个县（市）破当地历史同期最高纪录；9月全省平均气温高达28.4℃，创历史同期新高，其中56个县（市）月平均气温为当地历史同期最高。

●年极端最高气温

全省年极端最高气温为34.7~39.7℃，徐闻出现在6月，普宁、潮阳出现在9月，其余地区出现在7月或8月。兴宁最高气温39.0℃，打破当地极端最高气温纪录。全年共有59站次月极端最高气温打破当地当月最高纪录。

●年极端最高气温

全省年极端最高气温34.7~40.0℃，大部地区出现在7月或8月，全年共有28站次月极端最高气温打破当地当月最高纪录。

●年极端最低气温

全省年极端最低气温-4.1~7.5℃，大多出现在1月11日。从化1月11日最低气温-2.9℃，打破当地极端最低气温记录。

2. **降水**

●年降水量

全省平均年降水量1530毫米，呈东北少西南多分布趋势。东部南澳、汕头等6个县（市）年降水量不足1000毫米；以恩平、阳江为中心的西南地区雨量最多，达1800~2800毫米，其余地区1000~1800毫米。与常年相比，全省平均年降水量偏少15%，是自1951年以后第13个少雨年份；汕头、始兴、连南、普宁、潮阳、广宁、潮州等7个县（市）为当地历史第2少雨年份。徐闻、罗定、上川岛、电白偏多两至四成，西北部和东部大部分地区偏少两至五成，其余地区正常。

年内月降水量3月、11月和12月偏多，6~9月正常，其余月份偏少。2月由于冷空气活动偏弱，锋面降水异常偏少，全省平均月降水量仅有3.3毫米，创历史同期新低；11个县（市）破历史同期最少纪录。10月冷空气不活跃，高温少雨，全省一半以上县（市）降水量不足10毫米，粤东和粤北有14个县（市）滴雨未下。

●最大日雨量

6月22日梅州市平远县雨量达427毫米，为年内全省最大日雨量。

●年雨日

全省年雨日96（南澳）~155天（化州），大部分地区较常年偏少10~40天。

3. **日照**

2009年全省年平均日照时数1852小时，东南部和西南部较多，日照时数一般在2000小时以上；肇庆和云浮东部和西北部偏西较少，日照时数在1600小时以下；其余地区1600~2000小时。与常年相比，全省平均年日照时数正常略偏多（距平为4.1%），西北部和东南部部分地区略多一两成，惠阳、番禺、从化、高要和翁源略偏少一两成，其余地区正常。

## 【热带气旋】

2009年西北太平洋和南海海域共生成22个编号热带气旋，9个登陆中国，其中5个登陆广东，较常年平均偏多1.2个。另有3个登陆外省的热带气旋对广东省影响较大。年内首个登陆广东省的热带气旋“浪卡”于6月26日登陆惠东，初旋时间接近常年；“巨爵”9月15日登陆台山，是年内最后登陆广东省的热带气旋，较常年略早4天。

### 1．“浪卡”：风小雨大灾损轻

第0904号热带风暴“浪卡”于6月26日晚10时50分在惠州市惠东县平海镇登陆，登陆时中心附近最大风力8级（风速20米/秒），登陆后继续向偏西北方向移动。受“浪卡”及其环流影响，26～28日，珠江口两侧及粤东地区出现6～8级大风，全省出现暴雨以上降水19站日，其中大暴雨4站日。暴雨造成阳江市的阳西、阳东两个县、12个镇、3.5万人受灾，倒塌房屋40间，直接经济损失3670万元，其中农作物受灾面积3300公顷，水产养殖受浸面积480公顷、损失0.2万吨，农林牧渔业直接经济损失2670万元；水利设施直接经济损失870万元；停产工矿企业11家，供电中断4条次，工业电力直接经济损失40万元。

表2　　2009年登陆中国的热带气旋（不含热带低压）统计表

| 编号 | 名称 | 登陆时间 | 登陆地点 | 登陆时中心气压（百帕） | 登陆时最大风速（米/秒） |
|---|---|---|---|---|---|
| 0903 | 莲花 | 6月21日22时50分 | 福建晋江 | 985 | 26 |
| 0904 | 浪卡 | 6月26日22时50分 | 广东惠东 | 994 | 20 |
| 0905 | 苏迪罗 | 7月12日5时30分<br>7月12日8时20分 | 海南文昌<br>广东徐闻 | 994<br>994 | 18<br>18 |
| 0906 | 莫拉菲 | 7月19日0时50分 | 广东深圳 | 965 | 38 |
| 0907 | 天鹅 | 8月5日9时10分 | 广东台山 | 980 | 25 |
| 0908 | 莫拉克 | 8月7日23时45分<br>8月9日17时30分 | 台湾花莲<br>福建霞浦 | 960<br>975 | 40<br>33 |
| 0913 | 彩虹 | 9月11日2时20分 | 海南文昌 | 992 | 20 |
| 0915 | 巨爵 | 9月15日7时00分 | 广东台山 | 970 | 35 |
| 0917 | 芭玛 | 10月12日9时50分 | 海南万宁 | 992 | 23 |

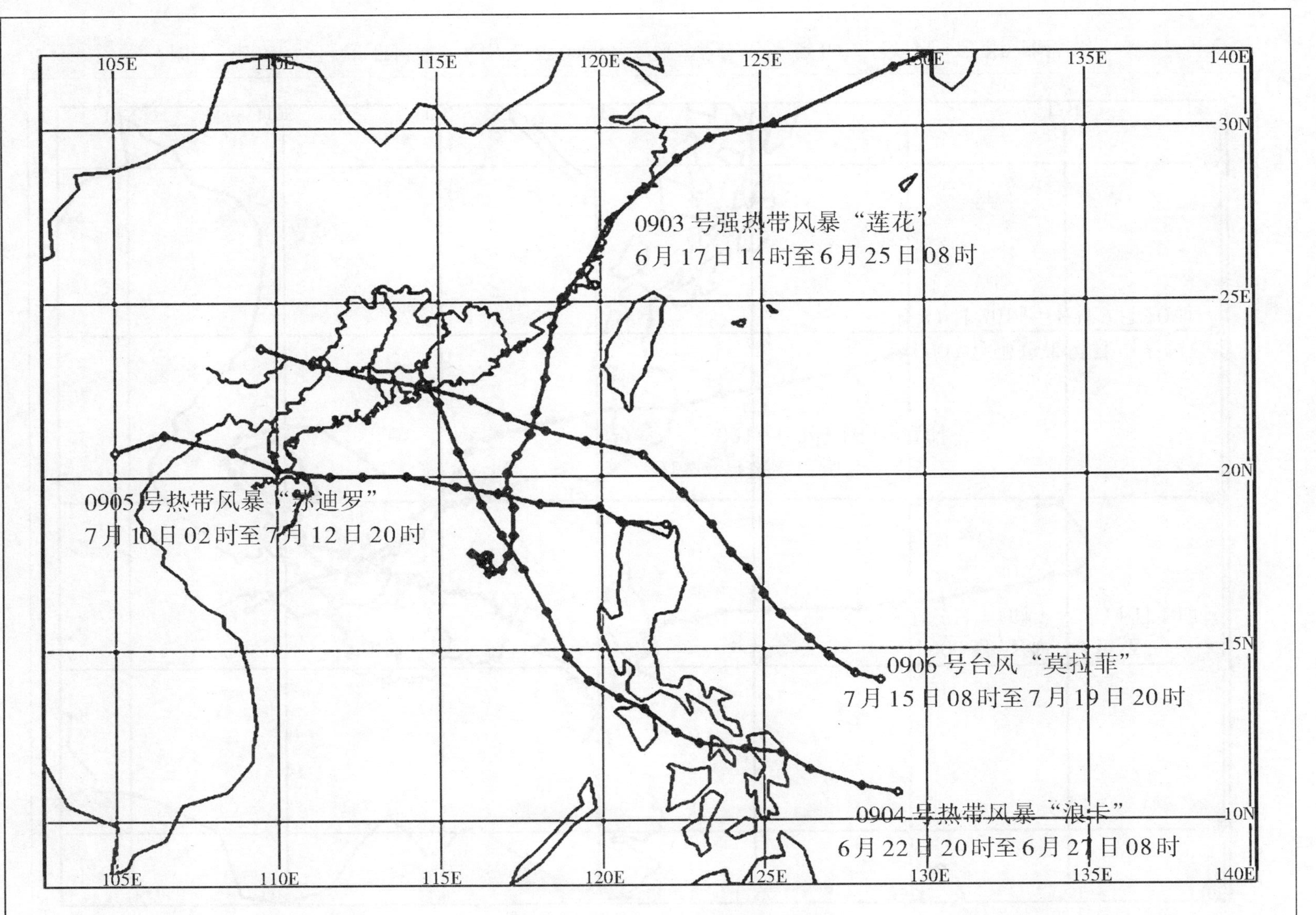


图 6 第 0903 号强热带风暴“莲花”、第 0904 号热带风暴“浪卡”、第 0905 号热带风暴“苏迪罗”、第 0906 号台风“莫拉菲”路径图

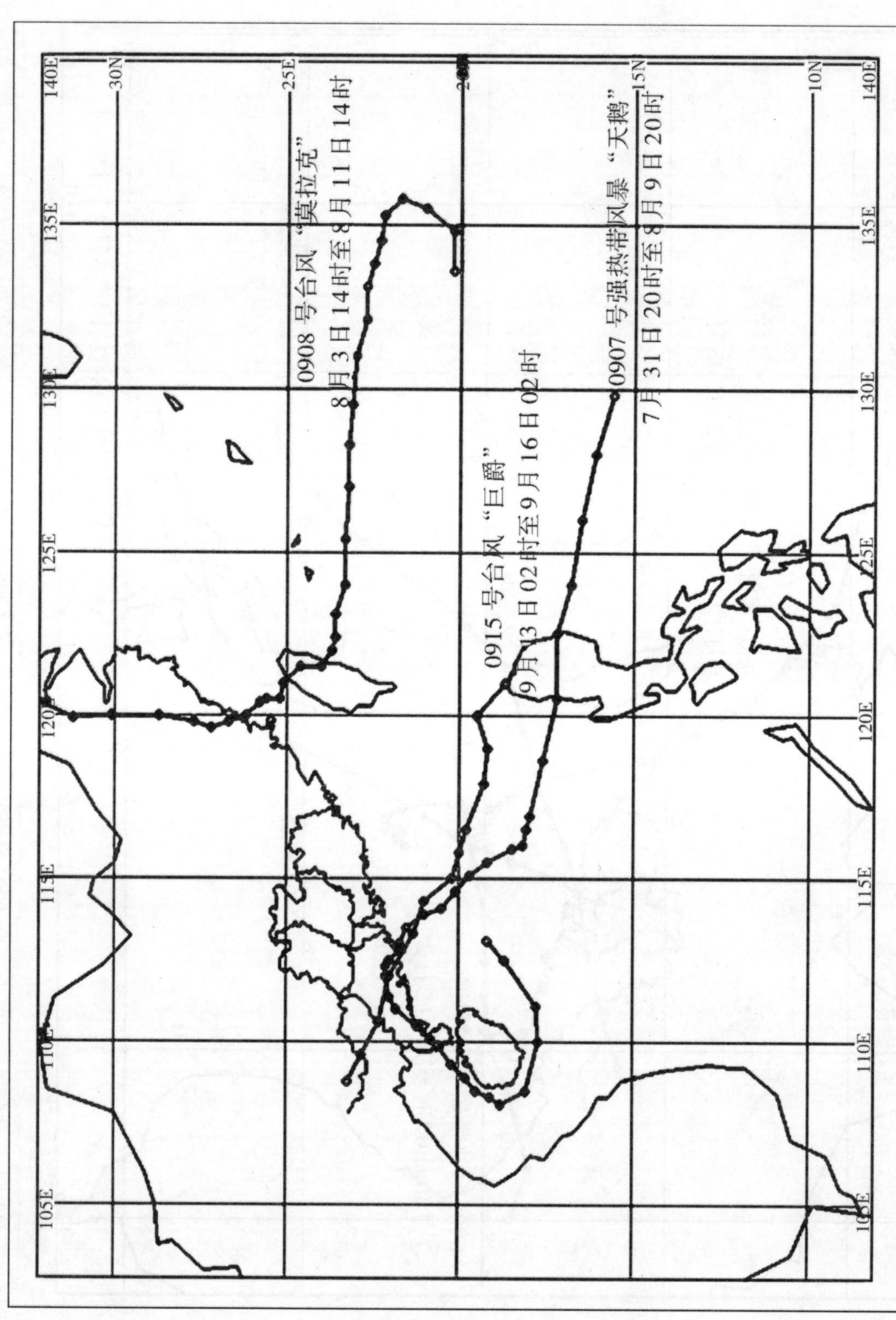


图 7 第 0907 号强热带风暴“天鹅”、第 0908 号台风“莫拉克”、第 0915 号台风“巨爵”路径图

表3　　2009年影响广东的热带气旋简况表

| 编号 | 名称 | 最大强度 | 影响起止日期 | 过程最大雨量（毫米） | 风速（最大/极大）（米/秒）（大风影响日期） |
|---|---|---|---|---|---|
| 0903 | 莲花 | 强热带风暴 | 6月17～23日 | 459（平远） | 14.2（连州）/27.2（连州）（6月21～22日） |
| 0904 | 浪卡 | 热带风暴 | 6月26～27日 | 115（上川岛） | 11（开平）/14（开平）（6月26～27日） |
| 0905 | 苏迪罗 | 热带风暴 | 7月10～13日 | 51（紫金） | 15（上川岛）/22（五华）（7月10～11日） |
| 0906 | 莫拉菲 | 台风 | 7月18～19日 | 280（电白） | 15.1（东莞）/26.3（惠来）（7月18～19日） |
| 0907 | 天鹅 | 强热带风暴 | 8月1～9日 | 482（阳江） | 23（上川岛）/37（上川岛）（8月4～7日） |
| 0913 | 彩虹 | 热带风暴 | 9月10～12日 | 181（上川岛） | 16（徐闻）/24（徐闻）（9月10～11日） |
| 0915 | 巨爵 | 台风 | 9月13～16日 | 356（罗定） | 38（上川岛）/50（上川岛）（9月14～16日） |
| 0917 | 芭玛 | 超强台风 | 10月3～15日 | 240（雷州） | 13（徐闻）/20（南澳）（10月5日、11～13日） |

**2．“苏迪罗”：降水降温利大于弊**

第0905号热带风暴“苏迪罗”于7月12日早晨5时30分在海南文昌沿海地区登陆，8时20分在广东徐闻西南部南山镇再次登陆，登陆时中心最低气压994百帕，中心附近最大风力8级，18时30分前后在越南北部广宁省第三次登陆。受“苏迪罗”影响，12日珠江口外海面、粤西海面出现6～8级大风，粤西沿海地区出现6～7级大风，其中徐闻最大风力9级（21.7米/秒），阵风10级（27.3米/秒）；11日、12日广东省各地降小到中雨，有3个县（市）出现25～29毫米降水，各地高温天气因此得到缓解。

**3．“莫拉菲”：正面袭击珠三角**

第0906号台风“莫拉菲”于7月19日零时50分登陆深圳市大鹏半岛（南澳镇）沿海地区，登陆时中心最低气压965百帕，中心附近最大风力13级（38米/秒）。“莫拉菲”是2009年登陆广东省的最强台风，也是1951年以后7月登陆珠三角的最强台风。受其影响，广东中部和东部海面、珠江三角洲和粤东沿海出现平均风力9～11级、阵风12～14级大风，其中惠东港口镇海龟湾自动气象站于19日0时27分录得极大阵风45.8米/秒。18～20日，珠江三角洲和粤西、粤东地区普遍出现暴雨到大暴雨、局部特大暴雨，粤北地区降雨较小；19日雨势最大，有35个县（市）出现暴雨以上降水，其中有16个县（市）雨量达大暴雨以上，其中电白19日降

280.4 毫米，是本次过程最大日雨量。“莫拉菲”造成全省 104.6 万人受灾，倒塌房屋 445 间，农作物受灾面积 4.24 万公顷，直接经济损失 4.65 亿元。

#### 4.“天鹅”：长时间滞留广东致灾

第 0907 号强热带风暴“天鹅”于 8 月 5 日 09 时 10 分在台山海宴镇沿海地区登陆，其后维持少动，并在江门地区停留超过 24 小时，之后缓慢向偏西方向移动，7 日 10 时进入北部湾。“天鹅”在广东境内停留超过 48 小时，是有记录以后在广东省陆地滞留时间最长的热带气旋。4 ~7 日，“天鹅”滞留期间，全省大部分地区出现明显降水，其中粤西地区普降大到暴雨。全省共出现暴雨以上降水 58 站日，其中大暴雨以上降水 23 站日，特大暴雨 2 站日。6 日降水范围最大、强度最强，全省有 33 个县（市）出现暴雨以上降水，其中有 15 个县（市）出现大暴雨以上降水，阳江出现雨量达 328 毫米的特大暴雨。珠海、东莞、江门、阳江、湛江、茂名、云浮等 7 个市、29 个县（市、区）、230 个镇、88.78 万人受灾，死亡 2 人，倒塌房屋 1353 间，农作物受灾面积 11.422 万公顷，水产养殖损失面积 1.052 万公顷，公路中断 32 条次，供电中断 23 条次，通讯中断 22 条次，水利工程受损 2717 宗，直接经济总损失 10.41 亿元，其中农林牧渔业直接经济损失 7.59 亿元，水利设施直接经济损失 1.64 亿元。

#### 5.“巨爵”：风大雨强暴潮严重，粤西和和珠三角受灾

第 0915 号台风“巨爵”于 9 月 15 日早晨 7 时在台山市北陡镇登陆，登陆时中心最低气压 970 百帕，中心附近最大风力 12 级（35 米/秒）。“巨爵”具有强度加强快、风雨影响大、风暴潮严重和移速变化大的特点。受“巨爵”影响，珠江口两侧及粤西地区出现 10 ~ 12 级大风，其中上川岛极大风速达 50.4 米/秒。14 ~ 16 日，粤西和珠三角地区出现暴雨以上降水 37 站日，其中大暴雨以上降水 11 站日，16 日罗定降雨 331.3 毫米，打破当地最大日雨量历史纪录。15 日雨势最强，28 个县（市）出现暴雨以上降水，其中 10 个县（市）降大暴雨。15 日广州市珠江口附近海面出现 80 ~ 160 厘米风暴潮增水，南沙和番禺沿海以及广州市区珠江河段普遍出现 2.3 ~ 2.7 米以上、20 年一遇高潮水位，其中黄埔站出现 2.50 米高潮位，超过 50 年一遇（2.41 米）。阳江、茂名、云浮、湛江、江门、肇庆、珠海、中山等 8 市、38 个县、331 个镇、167.8 万人受灾，直接经济损失达 23.93 亿元，因灾死亡、失踪 19 人。

#### 6.“莲花”：重创梅州

第 0903 号强热带风暴“莲花”于 6 月 21 日 22 时 50 分前后在福建省晋江市东石镇沿海地区登陆，受其外围环流影响，南海东北部海面、粤东海面、台湾海峡出现风力 6 ~ 8 级、阵风 9 级大风，梅州、汕头、潮州、揭阳等地区出现大雨到暴雨。21 ~ 23 日，全省出现暴雨以上降水 14 站日，其中大暴雨以上降水 3 站日，平远 22 日出现 427 毫米的特大暴雨，日最大雨量超过历史纪录（194.2 毫米），其中 08 ~ 09 时 1 小时雨量达 138.9 毫米。受“莲花”影响，全省 9.58 万人受灾，死亡 5 人，农作物受灾面积 3.56 万亩，倒塌房屋 5602 间，直接经济损失 7.53 亿元。其中梅州市是重灾区，平远县灾情最为严重。

#### 7.“彩虹”、“芭玛”：影响粤西

第 0913 号热带风暴“彩虹”于 9 月 11 日 2 时 20 分登陆海南文昌，受其外围云系影响，广东省中南部普降中到大雨，西南沿海降大雨到特大暴雨，上川岛降 178.6 毫米大暴雨。“彩虹”

造成徐闻直接经济损失1860万元，其中农作物受灾面积2137公顷，农作物经济损失798万元；水利工程受损505万元；水产养殖受损212万元；损坏房屋203间，全县房屋经济损失330多万元。

第0917号超强台风“芭玛”减弱为热带风暴后，于10月12日9时50分登陆海南万宁北部地区。受其外围环流影响，徐闻、雷州、遂溪和廉江等地相继出现暴雨或大暴雨。“芭玛”造成湛江市南部部分乡镇农田受浸，其中雷州市农作物受浸1000多公顷。“芭玛”对盐业、水产养殖业也造成不利影响。受其影响，徐闻县和安镇13日出现雷雨大风天气，造成房屋倒塌，树木倒地、刮断。

此外，受第0916号台风“凯萨娜”（9月29日15时30分在越南广义省北部沿海登陆）外围环流和弱冷空气共同影响，9月下旬后期，广东沿海地区出现7级大风和明显降水，全省普降小到中雨，南部沿海出现大到暴雨。9月28日，粤海铁路自海南三亚往返广州、上海、北京西的3对旅客列车被迫停开，或改在广州站始发终到。广州火车站一度有数百旅客滞留。

## 【暴雨洪水】

2009年全省平均暴雨以上降水日数5.7天，较常年偏少1.7天；平均大暴雨以上降水日数1.4天；共6个县（市）出现特大暴雨，其中平远6月22日降雨427毫米，是年内全省最大日雨量。平远、电白、罗定3个县（市）最大日雨量打破当地历史纪录。3月5日全省开汛，较常年提前40天左右，仅比最早的1983年晚5天。除热带气旋引起的降水外，全年影响较大的暴雨时段主要有3月上旬中期、3月下旬中后期、4月中旬、4月下旬中期、5月中旬后期、5月下旬前中期、6月上旬前期、6月上旬后期到中旬中期、7月上旬前期。

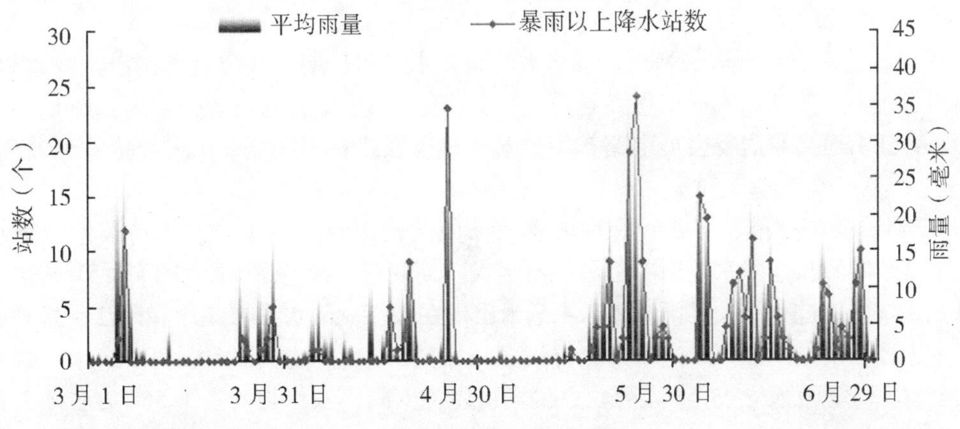


图8 2009年3～6月广东省逐日平均雨量和暴雨以上降水站数

### 1. 3月5～7日出现大到暴雨过程，全省提前开汛

3月5～7日，受高空槽和冷空气共同影响，雷州半岛以外大部分地区出现强降水和雷暴天气，有14个县（市）出现暴雨，普宁6日雨量90.1毫米，为此次过程最大日雨量。受其影响，全省于3月5日正式进入汛期，较常年提前40天左右。此次降水过程缓解了自2008年11月中旬以后的旱情。

3月6日01时左右，惠来县仙庵镇出现中到大雨，10多个村庄受冰雹袭击，蔬菜受灾面积4000多亩，经济损失128万元。

### 2. 4月中下旬多次暴雨袭击

受西南暖湿气流和高空槽、切变线和弱冷空气影响，4月中旬，广东省出现3次明显降水过程，并伴随出现冰雹、短时雷雨大风和强降水等强对流天气。13日广东省自西向东先后遭遇强雷雨袭击，出现短时强降水，粤东揭阳、潮州和梅州出现冰雹，梅州市大埔县烟叶损失约220亩；丰顺县潘田镇近700亩烟叶受到不同程度影响，其中有200多亩严重受损。15~16日，粤东、粤西和珠江三角洲地区出现大到暴雨，罗定市倒塌房屋6间，农作物受灾148公顷，成灾80公顷。18~20日，全省再次出现大范围大到暴雨、局部大暴雨。

4月24日夜间至27日，受弱冷空气和高空槽影响，广东省中部偏西、西北部大部和西南部局部普降暴雨到大暴雨。全省有26个县（市）出现暴雨，其中珠海、斗门、云浮、中山和恩平出现大暴雨，珠海日最大降雨量176.5毫米。25日全省平均降水量41毫米。肇庆市封开县罗董镇塘村因暴雨引起山体滑坡，造成3人死亡；封开县杏花镇圩镇旧街道受洪水淹浸，县城江口镇贺江沿岸东堤出现滑坡。云浮市云城区河口街较大面积受浸，324国道及河杨公路交通一度中断。全省有3.29万人受灾，农作物受灾面积1560公顷，倒塌房屋103间，直接经济损失2380万元。

### 3. 龙舟水

2009年“龙舟水”期间（5月21日至6月20日），全省平均雨量327毫米，属正常年景，出现暴雨以上降水140站日，影响较大的暴雨过程有3次。

5月22~25日，广东省出现暴雨到大暴雨、局部特大暴雨过程。暴雨主要发生在珠江口附近及其以西的江门、阳江地区。过程中出现暴雨以上降水54站次，其中大暴雨以上25站次，其中23日上川岛和台山分分别出现255.5毫米和255.4毫米特大暴雨。这次暴雨过程造成全省60.92万人受灾，4人死亡，直接经济总损失1.919亿元。

6月3~4日，广东省出现大到暴雨、局部大暴雨降水过程，期间共出现暴雨以上降水28站次，其中连州、海丰、曲江和阳江出现大暴雨。3日下午，佛山市普遍出现强雷雨，16时10分，佛山市顺德区容桂街道高黎居委会英宝路东街建筑工地低矮工棚遭雷击，4人经抢救无效死亡，2人受伤。

6月7~17日，受高空槽、切变线和南海季风云团共同影响，广东省出现持续性强降水过程，其特点是持续时间长、降水范围广、局地雨强大。期间全省出现暴雨以上降水51站次，其中大暴雨以上8站次，过程最大日雨量273.4毫米出现在阳江。降水主要集中在阳江~恩平、增城和斗门一带，过程雨量阳江522毫米为全省最多，增城、斗门和恩平250~300毫米。这次降水过程造成全省32.32万人受灾，3人死亡，倒塌房屋761间，农作物受灾1.568万公顷，直接经济损失4.98亿元。

### 4. 7月上旬暴雨袭击西部和南部沿海部分市县

7月上旬前期，受西南季风和副热带高压边缘不稳定气流影响，粤北、粤西和南部沿海部分市县出现局地性暴雨到大暴雨过程，降水主要集中在韶关、清远、茂名、阳江、江门和惠州等地，武江上游湖南宜章、临武县也出现大暴雨。7月3~5日，出现暴雨以上降水18站日，其中大暴雨以上5站日。同时，西江流域广西境内出现大暴雨、局部特大暴雨。受广东省暴雨和及上游来水共同作用，西江、北江和漠阳江水位持续上涨，部分地区出现洪涝。全省6.675万人受灾，死亡2人，农业受灾面积3923公顷，倒塌房屋667间，直接经济损失6251万元。粤北清远、韶关两市灾情较重，封开县西江沿岸4个镇也出现不同程度洪涝灾害。

## 【干旱】

2009年广东省干旱程度重、范围广、持续时间长。主要干旱过程有2008年11月中旬至3月初大范围秋冬连旱、4月下旬后期至5月中旬前期局部春旱和8月至11月上旬夏秋连旱，其中以夏秋连旱影响较大。

2008年11月11日至2009年2月28日，全省平均降水量31.8毫米，较常年同期偏少八成，有57个县（市）降水量为历史同期最少，8个县（市）为次少，全省有74个县（市）降水量不足50毫米，其中24个县（市）降水量不足20毫米。2月全省降水尤为稀少，而气温异常偏高，蒸发量偏大，致使土壤失墒迅速，干旱进一步发展。至2月28日，全省有74个县（市）气象干旱等级达到重旱或特旱。全省农作物受旱面积2.328万公顷（其中轻旱2.24万公顷），12.45万人饮水受到一定影响。2008年11月下旬开始，珠江咸潮影响显现，2009年1月下旬至2月上旬咸情最严重。自2008年11月24日起，联石湾水闸共有74天含氯度超标，超标时数达1164小时，最大连续超标天数28天。高温少雨致使森林火险气象等级持续偏高，林火频发，给林业防火带来压力。

4月下旬后期至5月中旬前期，广东大部分地区降水稀少，气温偏高，持续少雨天气导致汕头、茂名、梅州等地出现旱情，部分水库接近死库容，部分山塘干涸。梅州和茂名受旱面积3.54万公顷，其中重旱5300公顷，2.75万人饮水困难。汕头南澳县生活用水供应不足。

8月1日至11月10日，粤北大部分地区和东南部偏东地区雨量仅50~200毫米，比常年同期偏少五至八成，有5个县（市）雨量为有记录以后同期最少。期间全省平均气温达26.9℃，较常年同期偏高1.4℃，全省有58个县（市）平均气温为历史同期最高。由于高温少雨，蒸发量大，江河来水和水库蓄水锐减，土壤失墒日益加重，致使粤北和东南部局部地区旱情持续扩大和发展，北部局部地区晚稻干枯。旱情直到11月中旬出现2次明显降水过程后才得到缓解。受旱比较严重的主要有韶关、清远、潮州和汕头等地。全省农作物受旱面积14.4万公顷，其中重旱3.2万公顷、干枯4400公顷，饮水困难群众约32.5万人。受其影响，2009年秋冬咸潮来得早，程度重，平岗泵站9月15日即出现咸潮，比常年偏早约一个半月；至12月30日，平岗泵站累计超标时数达1207小时，联石湾水闸累计超标时数达2230小时，是常年同期的3~4倍。

## 【低温冷害】

2009年广东省寒冷灾害属一般年景，较大寒害过程有3次。

### 1. 1月上旬后期至中旬中期出现持续霜冻过程

1月7~16日，广东省出现10天左右低温霜（冰）冻过程。1月7日起，受冷空气影响，各地气温逐日下降，出现持续低温霜冻天气。11日，大部分地区出现年内最低气温，有61个县（市）最低气温在5℃以下，其中24个县（市）最低气温在0℃以下，而连山最低气温低至-4.1℃。期间有46个县（市）气象站观测到霜冻或冰冻，至18日霜冻过程才结束。此次寒害过程农作物受灾面积2.467万公顷，造成农业损失约1.546亿元。

2. 11 月中旬遭遇重度霜降风

11 月 12 日起，冷空气持续影响广东省，中旬至下旬前期，各地天气寒冷。霜降风过程前湿后干，11～13 日、15 日和 16 日，各地出现中到大雨，局部降暴雨。18 日早晨出现大范围低温，粤北地区最低气温 2～5℃，其余地区 5～9℃，信宜市局部出现霜冻。由于夜晚辐射降温较强，23 日早晨，西北部出现 3～5℃低温，韶关和清远北部出现霜冻。11 月中旬，全省有 50 个县（市）平均气温为历史同期最低，23 个县（市）旬最低气温为历史同期最低，各地日平均气温≤18℃天数为 8～10 天，达重度霜降风标准。霜降风天气对晚稻、喜温作物和蔬菜生长带来不利影响，但冷空气带来明显降水，缓解了全省尤其是粤北地区前期严重旱情。

3. 12 月中旬至下旬前期持续低温

12 月 15 日至下旬前期，受冷空气持续影响，广东省各地出现长时间低温天气。过程前湿后干。15～17 日，各地出现小到中雨，局部大雨，广东省自北向南受较强冷空气影响，气温大幅下降，大部分地区日平均气温降幅为 5～7℃。之后受冷空气补充影响，低温维持。17 日全省 46 个县（市）平均气温低于 10℃。19 日、20 日，北部分别有 21 个和 24 个县（市）出现 5℃以下低温天气，部分地方出现霜冻。

## 【高温】

2009 年广东省高温日数多，大范围高温事件频繁发生，且持续时间长、影响大。全省平均年高温日数 27.6 天，西北部、中部偏西及东北偏东地区较多，年高温日数在 40 天以上，阳山、始兴两县达 76 天，为全省最多。南部沿海地区较少，年高温日数不足 10 天。与常年相比，全省平均年高温日数偏多 14.3 天，仅比 2003 年略少；21 个县（市）年高温日数创历史新高。8 月和 9 月分别有 13 个和 34 个县（市）月高温日数创历史同期新高。

年内高温过程主要出现在 7 月上旬后期到中旬后期、8 月初、8 月中旬末到月末、9 月上旬中后期以及 9 月中旬。受副热带高压和“莫拉菲”外围气流下沉增温共同作用，7 月 17 日和 18 日，全省分别有 51 个和 60 个县（市）出现高温，其中 18 日有 32 个县（市）最高气温达 37℃以上，阳山最高气温 39.7℃，是 2009 年全省最高气温。8 月 19～29 日，全省出现长时间大范围高温天气，其中 28 日有 71 个县（市）日最高气温超过 35℃。9 月“秋老虎”天气严重，全省平均高温日数多达 6.9 天，比常年同期多 5.9 天，继 2008 年之后再创历史新高，其中 13 日有 64 个县（市）出现 35℃以上最高气温。

7 月以后，受高温天气影响，广东省用电负荷一再攀升，广东电网统调负荷保持高位运行，连创历史新高，广州、深圳、东莞、佛山等城市最高用电负荷也超过历史极值。广州市自来水供水量比 2008 年同期增加 3.7%。持续高温天气造成汽车自燃、爆胎等事故大增，人群“高温病”频发，叶菜类蔬菜减产，对日常生活以及社会经济造成严重影响。

## 【灰霾】

2009 年广东省平均灰霾日数 48 天，比 2008 年少 16 天，为 2003 年以后最少。全省分布为中部多两翼少，珠江三角洲、粤中和粤北偏北部分地区为 40～140 天，其余大部分地区不到 30 天。

11 月 23 ~29 日，广州市出现一次较强灰霾天气过程，其持续时间长，范围广，程度较严重。过程持续时间长达 7 天，在近 10 年中列第 3 位，广州、花都、南沙、番禺均发布黄色灰霾预警信号；黑碳浓度、可吸入颗粒物浓度、细粒子气溶胶浓度等多项监测指标超标，并出现近年最强值，细粒子与黑碳粒子污染特征非常明显。严重灰霾天气导致广州城外多条高速公路被封闭和出现堵塞，各地交通事故频发，同时对人体健康不利，致使呼吸道、心脑血管、肺炎、鼻腔炎症等疾病发病率增加。

## 【强对流天气】

### 1. 强对流天气概况

2009 年发生在广东的首次强对流天气过程出现于 3 月 5 日，高州、廉江、英德、佛冈、化州、清新、翁源、信宜、新兴、广州、和平、三水、云浮、阳江、阳春、阳东、阳西、东源、东莞、开平、台山、新会、斗门、深圳、海丰等 27 个市、县（市、区）出现 8 级或 8 级以上雷雨大风，顺德、惠来等地出现冰雹天气。此次强对流天气过程也是年内影响广东的首次大范围强对流天气过程。前汛期影响广东的最大范围的强对流天气过程发生在 4 月 13 日，廉江、高州、湛江、吴川、罗定、三水、云安、从化、台山、阳东、阳江、增城、博罗、东莞、广州、江门、顺德、中山、惠阳、惠州、揭阳、潮州、饶平、潮阳、澄海、大埔、揭东、梅州、汕头、南澳等 30 个市、县（市、区）出现 8 级或 8 级以上雷雨大风，东源、三水、博罗、揭阳、揭东、丰顺、大埔等地出现冰雹。后汛期首次影响广东的大范围强对流天气过程发生在 7 月 18 日，梅县、梅州、紫金、兴宁、东源、河源、惠州、博罗、东莞、深圳、惠东、惠阳、龙门、增城、番禺、高要、广州、江门、连平、清新、新会、英德、肇庆、中山、南海、珠海、斗门、佛山、鹤山、开平、顺德、台山、四会、高明、清远、恩平、新兴、阳东、阳江、德庆、阳春、罗定、阳西等 43 个市、县（市、区）先后出现 8 级或 8 级以上雷雨大风，此次强对流天气过程也是年内影响广东范围最大的过程。8 月 23 ~24 日，大范围强对流天气连续两天袭击广东。8 月 23 日，丰顺、新丰、乐昌、连平、韶关、深圳、宝安、翁源、紫金、和平、潮州、从化、番禺、河源、普宁、连山、清远、清新、南雄、顺德、龙门、英德、增城、龙川、博罗、东莞、惠东、新兴、东源、广州、佛山、江门、南海、三水、新会、中山、珠海、鹤山、肇庆等 39 个市、县（市、区）先后出现 8 级或 8 级以上雷雨大风；8 月 24 日，高州、潮安、斗门、仁化、阳江、广宁、惠东、茂名、电白、珠海、宝安、揭西、平远、吴川、阳西、化州、韶关、台山、阳东、云安、佛冈、湛江、郁南、英德、佛山、从化、雷州、南海、三水、花都、高明、高要、鹤山、清新、顺德、四会、新兴等 37 个市、县（市、区）出现 8 级或 8 级以上雷雨大风，花都局部地区还出现冰雹天气。年内影响广东的最后一次强对流天气过程发生在 11 月 11 日，是日顺德、南海、广州、花都等市、县（市、区）出现 8 级或 8 级以上雷雨大风。

2009 年广东共出现强对流天气 1603 站次，其中常规气象观测站与自动气象站观测记录 1581 站次，灾情报告 22 次。全年共有 84 个强对流日（注：在一天之中，若在全省范围内有两个或两个以上市、县（市、区）出现强对流天气，则定义为一个强对流日）。全年强对流天气以雷雨大风为主，冰雹、龙卷风天气也有发生。

表 4　　2009 年广东省强对流日一览表

| 月份 | 日　期 | 天气现象 | 天数 |
|---|---|---|---|
| 3 | 5、28、29 | 雷雨大风、冰雹 | 3 |
| 4 | 13、15、16 | 雷雨大风、冰雹 | 3 |
| 5 | 13、17、18、20～23、25 | 雷雨大风、冰雹、龙卷风 | 8 |
| 6 | 3、9、11、15、16、21～24、26～30 | 雷雨大风 | 14 |
| 7 | 1、3～6、10、11、14～16、18、25～27、30、31 | 雷雨大风、龙卷风 | 16 |
| 8 | 1～3、9、11、13、14、16、17、18、20～25、28～31 | 雷雨大风、冰雹 | 20 |
| 9 | 1～10、12～14、16、20、21、24、25 | 雷雨大风 | 18 |
| 11 | 10、11 | 雷雨大风 | 2 |
| 合计 | | | 84 |

### 2. 强对流天气时空分布

●区域分布

2009 年广东各市均有强对流天气发生。广州、茂名、梅州和佛山等市是年内强对流天气高发地区。全年强对流天气出现天数最多的广州市共有 38 天；茂名、梅州两市次之，均有 35 天；佛山市有 33 天。

表 5　　2009 年广东省各市强对流天气出现状况表

| 市　别 | 天　数 | 市　别 | 天　数 | 市　别 | 天　数 |
|---|---|---|---|---|---|
| 广州市 | 38 | 梅州市 | 35 | 湛江市 | 27 |
| 深圳市 | 13 | 惠州市 | 26 | 茂名市 | 35 |
| 珠海市 | 15 | 汕尾市 | 4 | 肇庆市 | 28 |
| 汕头市 | 5 | 东莞市 | 27 | 清远市 | 26 |
| 佛山市 | 33 | 中山市 | 14 | 潮州市 | 8 |
| 韶关市 | 27 | 江门市 | 27 | 揭阳市 | 10 |
| 河源市 | 22 | 阳江市 | 17 | 云浮市 | 24 |

●时间分布

一天之中，每一个时段均有强对流天气出现。12 时至 21 时是强对流天气高发期，共出现 1368 站次，占全年总数的 85.3%。强对流天气发生峰值时段是 14 时至 20 时。

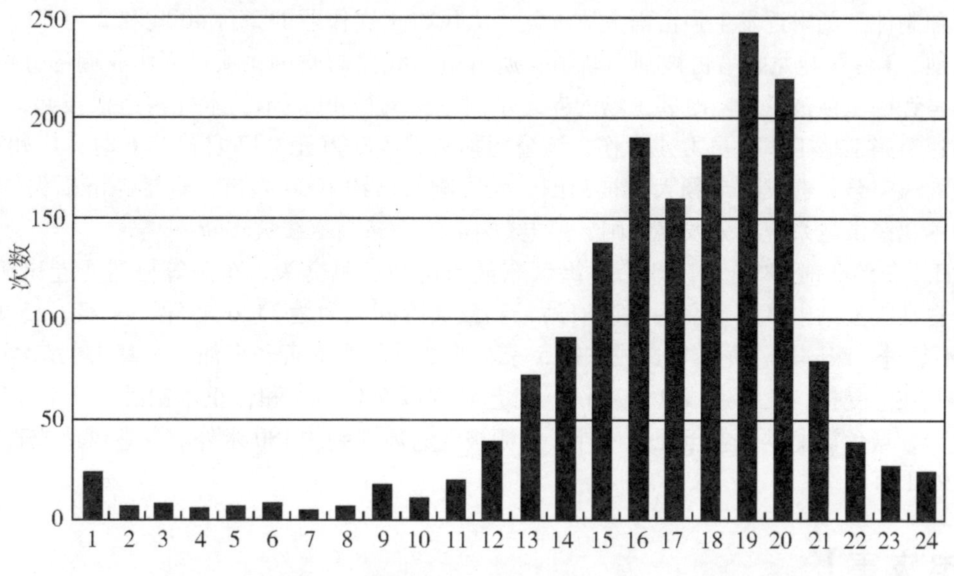


图 9　2009 年广东省强对流天气发生时间分布状况图

### 3. 强对流天气活动特点

●年内首次强对流天气出现时间比常年稍早（发生在 3 月 5 日）；强对流天气结束时间异常偏晚，最后一次强对流天气出现在 11 月 11 日。

●强对流天气不仅活动频繁（全年共有 84 个强对流日），而且经常连续几天出现。影响范围较大的强对流天气过程全年共出现 35 天次。

●9 月强对流天气比常年同期异常偏多，全月共有 18 个强对流日。

●强对流天气强度剧烈。雷雨大风最大风速为 8 月 24 日在高要市回龙镇出现的 32.8 米/秒阵风。最大冰雹直径为 25 毫米，为 4 月 13 日在揭阳所测。

●全年共有冰雹天气 9 天，冰雹报告 23 次（包括 2 次常规观测站报告），其中 3 月 10 次，4 月 9 次，5 月和 8 月均为 2 次。

●年内共有 2 次龙卷风报告，分别发生在 5 月和 7 月。

### 4. 强对流天气事件

3 月 6 日 01 时左右，受高空槽和弱冷空气共同影响，惠来县仙庵镇出现中到大雨，10 多个村庄伴有冰雹，蔬菜受灾面积达 4000 多亩，经济损失 128 万元，其中学地村受灾最严重，受灾面积达 50 多亩，直接经济损失达 40 多万元。

3 月 29 日 18 时 15～30 分，廉江市良垌镇和化州市笪桥镇、良光镇部分地区遭冰雹袭击。受其影响，廉江市良垌镇共损坏房屋 850 间，毁坏香蕉 550 亩、秧苗 81 亩，损坏荔枝 2900 亩、蔬菜及其他农作物 1200 亩；化州市受灾人口 1.23 万人，930 多户房屋瓦面严重受损，受灾农作物面积 8090 亩，直接经济损失 1100 多万元。

5 月 17～20 日，受高空槽和切变线影响，广东省出现一次大雨到暴雨、局部大暴雨的强降水过程，并伴有雷电、冰雹和8~10级雷雨大风。雨势逐日加大，雨带自西北向东南方向移动，使粤西南茂名等市前期旱情得到缓解。全省各市县因暴雨和强对流天气共造成1死3伤（中山市），经济损失约600万元。17日下午5时20分左右，中山市黄圃镇吴栏村旁太澳高速公路第二十合同段预制件工场附近发生强雷雨大风天气，大风将正在作业的2台40吨和2台5吨龙门吊机刮翻在地，3台5吨龙门吊机被刮出轨道，所有电力线路被吹倒，项目部作业棚部分垮塌，多间职工宿舍锌棚屋顶被掀翻。毗邻工场的界元水闸一棵胸径40厘米的木棉树连根拔起，灾害造成太澳高速公路工地工作人员1死3伤，该公司损失约500万元。17日傍晚6时，广州市南沙区遭遇龙卷风突袭，造成数十颗大树被刮倒，受影响农田约1000多亩，直接经济损失约100万元，万顷沙镇镇供电系统部分线路跳闸，停电数小时，1条高压线被吹断。

7月4日下午约3时08分，广州市番禺区东涌镇南涌、鱼窝头、东深等村遇龙卷风袭击。东涌镇5个自动气象站中，原鱼窝头镇政府站录到最大瞬间风力为11.6米/秒（6级，15时08分），其余不超过4级阵风。龙卷风造成东镇5家企业部分厂房损害和南涌、鱼窝头、东深等村部分农作物及住宅受损，灾害造成9人受伤（尚艺名梯厂6名工人和伟正木制品厂3名工人），龙卷风经过处，塘鱼被龙卷风卷至几十米外，窝棚被龙卷风卷到约180米外。龙卷风造成直接经济损失约836.1万元。

## 【雷电灾害】

### 1. 灾害概况

据不完全统计，2009年全省因雷击造成的灾害实例7668宗，其中雷击引发火灾爆炸事故9起，人身伤亡事故34宗，死亡28人，伤30人，其中农村死亡25人，伤24人，各种电子电器设备雷击损坏器件5113件，因雷电灾害造成的直接经济损失9744万元，间接经济损失约6.055亿元。

表6 2009年广东省各市雷电灾害调查统计表

<table>
<tr><th rowspan="3">市别或系统</th><th colspan="10">雷电灾害事故实例</th><th rowspan="3">直接经济损失（万元）</th><th rowspan="3">间接经济损失（万元）</th></tr>
<tr><th rowspan="2">合计（宗）</th><th rowspan="2">火灾爆炸（起）</th><th colspan="3">人身事故</th><th rowspan="2">建(构)筑物受损（宗）</th><th colspan="2">办公电子电器设备受损</th><th colspan="2">家用电子电器设备受损</th></tr>
<tr><th>宗</th><th>伤</th><th>亡</th><th>宗</th><th>件</th><th>宗</th><th>件</th></tr>
<tr><td>广州市</td><td>185</td><td>1</td><td>8</td><td>6</td><td>5</td><td>6</td><td>137</td><td>1176</td><td>8</td><td>65</td><td>1200.14</td><td>7055.05</td></tr>
<tr><td>深圳市</td><td>21</td><td>0</td><td>0</td><td>0</td><td>0</td><td>3</td><td>19</td><td>322</td><td>0</td><td>0</td><td>965.85</td><td>6691.00</td></tr>
<tr><td>珠海市</td><td>18</td><td>1</td><td>0</td><td>0</td><td>0</td><td>2</td><td>9</td><td>51</td><td>4</td><td>74</td><td>101.97</td><td>548.20</td></tr>
<tr><td>汕头市</td><td>8</td><td>0</td><td>0</td><td>0</td><td>0</td><td>0</td><td>5</td><td>18</td><td>3</td><td>9</td><td>9.20</td><td>76.00</td></tr>
<tr><td>韶关市</td><td>86</td><td>1</td><td>2</td><td>2</td><td>1</td><td>2</td><td>21</td><td>80</td><td>15</td><td>22</td><td>180.40</td><td>1010.60</td></tr>
<tr><td>河源市</td><td>35</td><td>2</td><td>3</td><td>3</td><td>1</td><td>0</td><td>21</td><td>109</td><td>6</td><td>287</td><td>135.90</td><td>717.20</td></tr>
<tr><td>梅州市</td><td>143</td><td>0</td><td>0</td><td>0</td><td>0</td><td>1</td><td>28</td><td>85</td><td>10</td><td>32</td><td>212.17</td><td>927.00</td></tr>
</table>

续上表

| 市别或系统 | 雷电灾害事故实例 | | | | | | | | | | 直接经济损失（万元） | 间接经济损失（万元） |
|---|---|---|---|---|---|---|---|---|---|---|---|---|
| | 合计（宗） | 火灾爆炸（起） | 人身事故 | | | 建(构)筑物受损（宗） | 办公电子电器设备受损 | | 家用电子电器设备受损 | | | |
| | | | 宗 | 伤 | 亡 | | 宗 | 件 | 宗 | 件 | | |
| 惠州市 | 36 | 0 | 2 | 3 | 1 | 28 | 25 | 231 | 0 | 0 | 140.15 | 657.30 |
| 汕尾市 | 4 | 0 | 1 | 3 | 0 | 0 | 3 | 20 | 0 | 0 | 10.50 | 46.50 |
| 中山市 | 48 | 0 | 2 | 2 | 2 | 45 | 45 | 120 | 0 | 0 | 113.33 | 674.60 |
| 江门市 | 76 | 0 | 3 | 3 | 2 | 74 | 77 | 453 | 0 | 0 | 291.70 | 1222.90 |
| 佛山市 | 93 | 0 | 5 | 2 | 8 | 7 | 56 | 309 | 8 | 17 | 476.13 | 3428.00 |
| 阳江市 | 48 | 1 | 0 | 0 | 0 | 4 | 9 | 47 | 46 | 72 | 189.10 | 804.00 |
| 湛江市 | 61 | 0 | 3 | 2 | 3 | 18 | 32 | 212 | 13 | 41 | 220.10 | 983.30 |
| 茂名市 | 52 | 0 | 2 | 3 | 2 | 22 | 22 | 110 | 20 | 174 | 439.10 | 1219.00 |
| 肇庆市 | 22 | 1 | 1 | 0 | 1 | 1 | 16 | 129 | 5 | 24 | 839.20 | 1817.00 |
| 清远市 | 81 | 0 | 1 | 0 | 1 | 7 | 19 | 51 | 15 | 22 | 263.50 | 1130.20 |
| 东莞市 | 63 | 2 | 1 | 1 | 1 | 14 | 51 | 129 | 5 | 35 | 195.25 | 1645.00 |
| 潮州市 | 7 | 0 | 0 | 0 | 0 | 0 | 6 | 55 | 0 | 0 | 22.30 | 125.00 |
| 揭阳市 | 3 | 0 | 0 | 0 | 0 | 0 | 3 | 40 | 0 | 0 | 31.80 | 208.00 |
| 云浮市 | 44 | 0 | 0 | 0 | 0 | 0 | 18 | 54 | 18 | 26 | 118.10 | 473.10 |
| 通信、航运和广电系统 | 6534 | 0 | 0 | 0 | 0 | 0 | 795 | 412 | 0 | 0 | 3588.58 | 29095.20 |
| 合　计 | 7668 | 9 | 34 | 30 | 28 | 234 | 1417 | 4213 | 176 | 900 | 9744.47 | 60554.15 |

注：调查资料由各市、县防雷设施检测所和省直有关厅局提供，截止日期为2009年12月31日。

## 2. 雷电灾害实例

●3月

5日16~17时，深圳机场遭雷击，造成多架次航班延误或取消，直接经济损失800万元。

8日，阳山县福堂供电所遭雷击，直接经济损失12万元。

13日，阳山县福堂变电站、吉田变电站遭雷击，直接经济损失16万元。

21日，阳山县加田变电站遭雷击，直接经济损失10万元。

23日、29日，阳山县加田乡牛温电站遭雷击，直接经济损失20万元。

28日16时54分，位于广州市白云区的华南蓝天航空油料有限公司广东分公司遭雷击，直接经济损失10万元；19时，河源市源城区源南镇渡兴村遭雷击，全村100多户电器受损，一猪场女主人受伤，直接经济损失 16 万元。

29 日 16 时 30 分，雷州市松竹镇党委农场二队遭雷击，一对夫妇在甘蔗园边避雨不幸遭雷击死亡，直接经济损失 40 万元。

●4 月

13 日下午，揭阳市先捷电子有限公司遭雷击，击坏 11 台生产设备、19 块紧密电子板，直接经济损失 20 多万元。

15 日，连山县小三江镇加田乡遭雷击，击坏那贺二、四级电站设备，直接经济损失 15 万元，间接经济损失 40 万元。

4～6 月，从化市供电局发生雷灾事故 3 起（4 月、5 月、6 月各 1 起），击坏 6 台配变器、1 台 10KV 开关，造成 9 处断线，直接经济损失 40 万元。

●5 月

13 日 16 时 10 分，高州市石仔岭管区塘仔村镇大岭大队遭雷击，一农妇及其拉着的两头牛当场死亡，直接经济损失 20 万元。

15 日 16 时 30 分，徐闻县西连镇乐琴村一村民在耕种回来途中坐在牛拉车上因雷击受重伤，直接经济损失 10 万元。

19 日 8 时 35 分，新丰县黄礤镇三坑村一村民在农田开农用拖拉机耕种时遭雷击死亡，直接经济损失 20 万元。

21 日 17 时，受雷击影响，广州市番禺区钟村镇祈福新村直接经济损失 12 万元，位于该区南村镇金山大道的广州市煤气公司金山站直接经济损失 36 万。

●6 月

3 日 15 时，佛山市顺德区容桂街道高黎村，8 人在建筑工地工棚中避雨时遭雷击，5 人死亡，1 人轻伤，直接经济损失 105 万元；15 时 30 分至 16 时 30 分，位于广州市萝岗区永和街的广州光明乳业公司、娃哈哈恒枫饮料有限公司先后遭雷击，直接经济损失分别为 18 万元和 50 万元。同日，从化市自来水公司遭雷击，直接经济损失 35 万元；阳江市江城区随财线、石纸线、南恩线等多条供电线路遭雷击，金郊工业园和上东新城 1000 多户受损，直接经济损失 28.5 万元；阳江市恒毅五金塑料制品有限公司因雷击发生火灾，烧毁一座厂房，直接经济损失 50 万元；台山市深井镇那扶渡头门的金源水泥厂厂区遭雷击，击坏电力变压器计算机、打印机设备，直接经济损失 35 万元。

4 日 15 时，增城市石滩镇三江二中遭雷击，直接经济损失 18 万元。

7 日，湛江市霞山区污水处理厂出水口在线监控室遭雷击，直接经济损失 20 万元。

8 日 11 时，中山广播电视台遭雷击，直接经济损失 14 万元。

9 日 8 时 30 分，江门市公安交通管理局高速公路交通警察三大队一中队业务用房遭雷击，造成业务线瘫痪，直接经济损失 13.5 万元；同日，广东西部沿海高速公路营运有限公司遭雷击，击坏收费系统电子设备、办公计算机、电视机等 120 台（部），直接经济损失 15 万元；17 时 20 分，高州市南塘镇车垌村委会三角村一住宅楼遭雷击，直接经济损失 11 万元。

10 日 20 时，清远市高级技工学校化工一班一学生在学校操场遭雷击死亡，直接经济损失 20 万元；21 时 10 分，平远县石正镇东台村及邻近棉羊、周正、周畲、南台等村遭雷击，近百户人家电器受损，直接经济损失 30 万元。同日，佛山市三水区西南街道河口白沙村防汛路商学院西门 100 米处，1 名高要籍男子下班途中遭雷击死亡，直接经济损失 20 万元；广州娃哈哈恒枫饮料有限公司遭雷击，停工 3 天，直接经济损失 56 万元。

11 日 13 时 20 分，揭阳市东山区石油有限公司金辉加油站遭雷击，直接经济损失 9.8 万元。

12 日 3 时，阳江核电有限公司机房网络系统因雷击损坏，直接经济损失 40 万元；晚上，阳江核电有限公司东平现场遭雷击，击坏部分交换机和设备，直接经济损失 20 万元。

13 日 13 时 11 分，高州市鉴江商务酒家遭雷击，直接经济损失 30 万元；14 时 30 分，化州市良光镇南良村 4 名小学六年级学生遭雷击，造死 1 死 3 伤，直接经济损失 50 万元；13 时 40 分，中铁二局深圳工程有限公司广珠城际轨道工程项目江门段轻轨线 147 号墩桥面遭雷击，致 1 死 1 伤，直接经济损失 25 万元；15 时，肇庆市贞山区柑榄村上寨一队一民宅遭雷击，1 人死亡，直接经济损失 20.2 万元；同日，中山市港口镇南九 7 队遭雷击，一菜农死亡，直接经济损失 20 万元。

14 日 15 时 40 分至 16 时 50 分，广州市萝岗区和番禺区局部地区先后遭雷击。其中，位于萝岗区金华二街 3 号的百事（中国）有限公司直接经济损失 24 万元；番禺区雅居乐灏湖居直接经济损失 17 万元；广州娃哈哈恒枫饮料有限公司直接经济损失 29 万元；番禺区东环街蔡一村一鱼塘（俗称“次坑鱼塘”）边，两村民喂鱼后准备离开时遭雷击，造成一死一伤，直接经济损失 33 万元。当日 19 时 15 分，佛山市顺德区勒流街道江村一广西籍男子下班途经港口路郑家桥时遭雷击，经医院抢救无效死亡，直接经济损失 20 万元。

15 日 5 时 40 分，中山市三乡镇泉眼工业区遭雷击，致 1 死 2 伤，直接经济损失 22 万元；16 时，鹤山市龙口镇三凤村大塘口三凤村一村民遭雷击死亡，直接经济损失 20 万元。

16 日，云浮市区人保财保云浮分公司营业部遭雷击，直接经济损失 10 万元。

19 日 16 时，湛江联通公司遭雷击，直接经济损失 20 万元。

21 日 17 时 30 分，位于广州市番禺区的广东龙辉基业建筑机械有限公司车辆遭雷击，直接经济损失 12 万元；19 时 50 分至 21 时 50 分，位于广州市白云区大源南路的龙归气站遭雷击，直接经济损失 18 万元。

22 日 16 时 20 分至 17 时 30 分，连平县元善镇南湖社区沙口屋一村民放牛时遭雷击死亡，直接经济损失 20 万元。

23 日 16 时，中国水电建设集团路桥工程有限公司贵广铁路工程指挥部第一项目部遭雷击，直接经济损失 12 万元；同日，四会市龙甫镇高步油站及附近民宅遭雷击，直接经济损失 30 万元。

24 日，中石化广东封开分公司西江加油站遭雷击，直接经济损失 12 万元。

25 日 10 时，广州市番禺区石基镇莲塘村后岗公园内，3 人在种树时在大榕树下避雨遭雷击，造成 1 死 2 伤，直接经济损失 56 万元。

26 日，高要市新怡内衣有限公司办公楼厂房、宿舍楼遭雷击，直接经济损失 30 万元。

●7 月

1 日 18 时 57 分，高州市石仔岭街道办茂名海关驻高州海关办事处遭雷击，直接经济损失 30.6 万元。

2 日 1 时 30 分，中国石油化工股份有限公司南雄雄东加油站遭雷击，停工 2 天，直接经济损失 15 万元。

11 日 18 时 30 分，廉江市横山镇高平村一对夫妇冒雨赶牛车回家时遭雷击，妻子死亡，丈夫受伤，耕牛被雷击死，直接经济损失 25.5 万元；19 时 20 分，阳山县七拱镇西路村西路水电站遭雷击，直接经济损失 12 万元。同日，阳江市江城区新江北路映翠豪庭、承顺居商品房遭雷击，26 户受损，直接经济损失 15 万元；韶关冶炼厂遭雷击，直接经济损失 30 万元。

29 日 11 时，新兴县车岗镇相塘村相塘肉鸡厂遭雷击，击坏电压器、熔断器、交流接触器等多种生产设备，直接经济损失 10 万元。

●8 月

3 日，江门市新会区农村信用合作联社遭雷击，直接经济损失 10 万元。

6 日 8 时 50 分，广州市番禺区祈福新村迎风阁消防中心遭雷击，直接经济损失约 20 万元；16 时 25 分，广州市梅山热电厂有限公司输电线路“鱼梅乙线”（110kV）遭雷击，直接经济损失 50 万元。

11 日 19 时 17 分，高州市区高凉西路丽景花园遭雷击，直接经济损失 15 万元；21 时，佛山市三水区光辉不锈钢制品有限公司遭雷击，直接经济损失 12 万元。同日，江门市新会区新滢金属制品有限公司遭雷击，直接经济损失 16 万元；珠海市外伶仃相思林山庄遭雷击，造成一别墅起火，直接经济损失 60 万元；位于深圳市宝安区的创维平面显示科技（深圳）有限公司遭雷击，直接经济损失 14 万元。

16 日 18 时 55 分，河源市沿江路建行河源支行遭雷击，直接经济损失 14 万元。

17 日 14 时 58 分，东莞市清溪镇土桥村村民两村民在山坡养猪场草棚中捉鸡时遭雷击，造成 1 死 1 伤，直接经济损失 21 万元。

18 日，深圳莱宝科技股份有限公司遭雷击，直接经济损失 50 万元。

23 日 18 时，广州市黄埔区双岗村遭雷击，击坏 30 户居民家的家用电器，直接经济损失 15 万元；19 时 30 分，广州市南沙区浦街东乡村一村民在菜地耕种时遭雷击死亡，直接经济损失 26 万元。同日，惠州市沥林镇水维村梧村水库 3 位村民遭雷击，致 1 死、1 轻伤、1 重伤，直接经济损失 24 万元。

24 日 18 时 56 分至 22 时，广东省公路建设物资供应站遭雷击，直接经济损失 20 万元；佛山市三水区大棉电排站遭雷击，直接经济损失 10 万元。同日，佛山市南海区西樵镇荣生制造厂遭雷击，直接经济损失 20 万元；恩平市大槐镇新丰村一村民遭雷击死亡，直接经济损失 20 万元。

27 日，深圳莱宝科技股份有限公司遭雷击，直接经济损失 50 万元。

30 日 16 时，东莞市虎门镇赤岗南社新二区 133 号遭雷击，直接经济损失 10 万元；17 时，新丰县花地电站遭雷击，直接经济损失 22 万元；18 时 02 分，紫金县蓝塘镇市北村两村民在工棚喂猪时遭雷击，致 1 死 1 伤，直接经济损失 25 万元。

●9 月

8 日 21 时 45 分，广州市石新公路新塘路段遭雷击，1 名修路工人死亡，击坏 4 台设备，直接经济损失 28 万元。

9 日 6 时，佛山市顺德区供水总公司羊额水厂遭雷击，击坏一批摄像枪、电源设备，直接经济损失 49 万元；8 时 0 分至 8 时 25 分，佛山市家家卫浴有限公司附近遭雷击，直接经济损失 14.6 万；22 时 20 分，广州市番禺区桥南街草河村十四队遭雷击，1 人死亡，直接经济损失 20 万元。

12 日 17 时 45 分，大亚湾惠州大诚石油化工有限公司遭雷击，直接经济损失 20 万元。

13 日，广东电网公司江门新会供电局遭雷击，直接经济损失 20 万元。

15 日 11 时 33 分，潮州市某局机关遭雷击，击坏计算机等 50 多台设备，直接经济损失 10 万元。

17 日，深圳市东部华侨城遭雷击，直接经济损失 10 万元。

21日6时40分，佛山市顺德区北滘镇林头居委会大沙围村尾一菜地简易棚遭雷击，致1人死亡，直接经济损失20万元。

●2009年

四会市广播电视台贞山广播电视发射中心全年累计击坏各类电子设备278件，直接经济损失约675万元。

从化市广播电视台发生雷电灾害8起（6月2起、7月3起、8月3起），直接经济损失37万元。

从化供电分公司发生雷电灾害16起（6月5起、7月5起、8月6起），直接经济损失179.3万元。

广东省通信管理局属管单位共发生雷电灾害4532起。其中1月57起、2月114起、3月854起、4月1899起、5月403起、6月278起、7月326起、8月264起、9月163起、10月102起、11月53起、12月19起，直接经济损失2077.15万元。

广东省机场管理集团公司共发生雷电灾害13起，其中3月2起、4月1起、5月4起、6月1起、7月2起、8月1起、9月1起、10月1起，击坏办公电子设备138件，直接经济损失104.44万元。

广东省广播电影电视局属管单位共发生雷电灾害1982起，其中3月40起、4月110起、5月259起、6月392起、7月418起、8月400起、9月249起、10月102起、11月12起，击坏各类电子设备274件，直接经济损失1406.99万元。

# 地震灾害

## 【地震活动特点】

2009 年广东省地震台网共记录到全省及其近海 $M_L \geq 1.0$ 级地震 715 次，其中 $M_L 1.0 \sim 1.9$ 级 658 次，$M_L 2.0 \sim 2.9$ 级 54 次，$M_L 3.0 \sim 3.9$ 级 3 次。最大地震为 8 月 22 日阳江（北纬 21.8°，东经 117.9°）$M_L 3.3$ 级地震。

年内广东省及近海地震活动维持近几年较低的活动水平，其主要活动特征：一是地震活动格局没有明显变化。地震活动空间仍主要集中在河源、阳江、南澳三个老震区，61% 的 $M_L \geq 2.0$ 地震发生在上述地区，年内最大的 $M_L 3.3$ 地震发生在阳江；二是地震强度、频度明显减弱，为 1970 年以后最低。年内全省仅发生 $M_L \geq 3.0$ 地震 3 次，$M_L \geq 2.0$ 地震 54 次，均为广东省台网 1970 年有记录以后最低。三个老震区除南澳维持近年平均水平外，阳江、河源地区地震活动水平均显著下降。

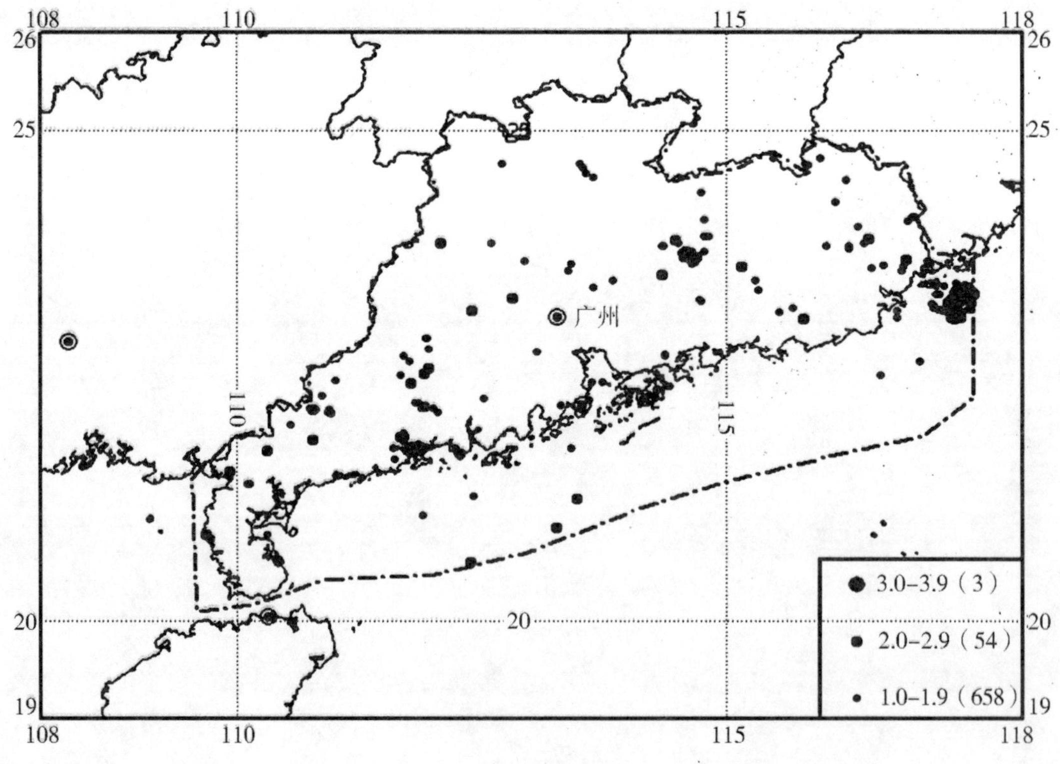


图 10　2009 年广东省陆地及近海 $M_L \geq 1.0$ 级地震震中分布图

表7　　2009 年广东省 $M_L \geq 2.5$ 级地震目录表

| 序号 | 月 | 日 | 时 | 分 | 北纬（度） | 东经（度） | 震级（$M_L$） | 参考震中 |
|---|---|---|---|---|---|---|---|---|
| 1 | 1 | 3 | 11 | 9 | 23.22 | 117.27 | 2.6 | 广东南澳海域 |
| 2 | 1 | 4 | 2 | 33 | 23.23 | 117.25 | 2.8 | 广东南澳海域 |
| 3 | 1 | 6 | 0 | 1 | 23.22 | 117.25 | 2.5 | 广东南澳海域 |
| 4 | 1 | 7 | 15 | 13 | 22.42 | 111.80 | 2.5 | 广东阳春 |
| 5 | 1 | 11 | 4 | 48 | 23.37 | 117.47 | 2.6 | 广东南澳海域 |
| 6 | 2 | 3 | 17 | 19 | 23.17 | 117.33 | 2.6 | 广东南澳海域 |
| 7 | 2 | 28 | 0 | 10 | 22.58 | 111.98 | 2.6 | 广东阳春 |
| 8 | 3 | 25 | 6 | 55 | 21.75 | 111.80 | 3.0 | 广东阳江 |
| 9 | 4 | 2 | 8 | 17 | 21.77 | 111.89 | 3.0 | 广东阳江 |
| 10 | 4 | 8 | 5 | 1 | 21.53 | 109.93 | 2.7 | 广东廉江 |
| 11 | 4 | 24 | 15 | 15 | 23.73 | 114.62 | 2.7 | 广东新丰江 |
| 12 | 4 | 30 | 10 | 22 | 23.85 | 112.10 | 2.6 | 广东怀集 |
| 13 | 5 | 4 | 17 | 16 | 23.53 | 114.35 | 2.5 | 广东博罗 |
| 14 | 6 | 13 | 2 | 32 | 21.88 | 111.72 | 2.5 | 广东阳西 |
| 15 | 6 | 26 | 23 | 58 | 21.88 | 111.72 | 2.9 | 广东阳西 |
| 16 | 7 | 5 | 2 | 25 | 21.88 | 111.72 | 2.7 | 广东阳西 |
| 17 | 8 | 22 | 20 | 41 | 21.77 | 111.88 | 3.3 | 广东阳江 |
| 18 | 10 | 6 | 5 | 4 | 20.88 | 109.69 | 2.5 | 广东雷州 |
| 19 | 11 | 19 | 14 | 54 | 23.68 | 114.62 | 2.6 | 广东新丰江 |

表8　　1986－2009 年广东省陆地及近海逐年地震频度统计表[①]

| $M_L$ / 年份 | 2.0～2.9 | 3.0～3.9 | 4.0～4.9 | 5.0～5.9 | ≥6.0 | Max | 地震总能量（焦耳） |
|---|---|---|---|---|---|---|---|
| 1986 | 63 | 13 | 3 | 1 | 0 | 5.4 | 2.27e+12[②] |
| 1987 | 116 | 23 | 3 | 1 | 0 | 5.1 | 1.03e+12 |
| 1988 | 66 | 11 | 0 | 0 | 0 | 3.4 | 5.79e+09 |
| 1989 | 86 | 16 | 4 | 0 | 0 | 4.9 | 6.26e+11 |
| 1990 | 103 | 12 | 0 | 0 | 0 | 3.8 | 1.08e+10 |
| 1991 | 118 | 19 | 0 | 1 | 0 | 5.0 | 4.75e+11 |
| 1992 | 99 | 11 | 0 | 0 | 0 | 3.4 | 1.01e+10 |
| 1993 | 111 | 34 | 1 | 0 | 0 | 4.2 | 5.06e+10 |
| 1994 | 78 | 6 | 1 | 0 | 0 | 4.1 | 1.76e+10 |

续上表

| 年份 \ $M_L$ | 2.0~2.9 | 3.0~3.9 | 4.0~4.9 | 5.0~5.9 | ≥6.0 | Max | 地震总能量（焦耳） |
|---|---|---|---|---|---|---|---|
| 1995 | 89 | 22 | 4 | 1 | 0 | 5.2 | 1.18e+12 |
| 1996 | 94 | 27 | 1 | 0 | 0 | 4.0 | 2.61e+10 |
| 1997 | 192 | 78 | 3 | 0 | 0 | 4.4 | 1.73e+11 |
| 1998 | 166 | 23 | 0 | 0 | 0 | 3.8 | 3.08e+10 |
| 1999 | 118 | 20 | 4 | 0 | 0 | 4.9 | 5.23e+11 |
| 2000 | 194 | 18 | 1 | 0 | 0 | 4.5 | 8.89e+10 |
| 2001 | 104 | 5 | 1 | 0 | 0 | 4.7 | 1.46e+11 |
| 2002 | 200 | 9 | 1 | 0 | 0 | 4.0 | 1.91e+10 |
| 2003 | 152 | 13 | 0 | 0 | 0 | 3.4 | 1.08e+10 |
| 2004 | 256 | 13 | 1 | 1 | 0 | 5.2 | 1.03e+12 |
| 2005 | 111 | 10 | 0 | 0 | 0 | 3.8 | 5.66e+10 |
| 2006 | 107 | 7 | 2 | 0 | 0 | 4.5 | 7.72e+10 |
| 2007 | 116 | 12 | 1 | 0 | 0 | 4.0 | 2.64e+10 |
| 2008 | 89 | 12 | 0 | 0 | 0 | 3.9 | 1.83e+10 |
| 2009 | 54 | 3 | 0 | 0 | 0 | 3.3 | 4.08e+9 |
| 平均 | 120 | 17.4 | 1.3 | 0.2 | 0.0 | 4.3 | 3.29e+11 |

注：①统计时间为每年的1月1日至12月31日。

②2.27e+12=$2.27\times10^{12}$，下同。

# 地质灾害

## 【灾害概况】

2009年广东省发生突发性地质灾害238起，因灾死亡19人、受伤2人，直接经济损失8655.3万元。与2008年相比，突发性地质灾害数量增加33起，上升16.1%；直接经济损失减少2220.1万元，下降20.4%；死亡人数减少18人，下降48.6%。

年内全省突发性地质灾害主要有山体滑坡、崩塌、泥石流、地面塌陷和地面沉降5种类型。其中，滑坡103起，占全年地质灾害总数的43.3%；崩塌102起，占42.9%；地面塌陷27起，占11.3%；泥石流3起，占1.3%；地面沉降3起，占1.3%。自然因素为主诱发的地质灾害215起，占总数的90.34%；人为因素为主诱发的地质灾害23起，占总数的9.66%。

表9　2009年广东省地质灾害综合汇总表

| 序号 | 辖区（市） | 合计（宗） | 地质灾害类型（起） | | | | | 死亡（人） | 受伤（人） | 损失（万元） |
|---|---|---|---|---|---|---|---|---|---|---|
| | | | 滑坡 | 崩塌 | 泥石流 | 地面塌陷 | 地面沉降 | | | |
| 1 | 广州市 | 13 | | 1 | | 10 | 2 | | | 256.5 |
| 2 | 清远市 | 14 | 9 | 1 | | 4 | | | | 38.3 |
| 3 | 茂名市 | 19 | 10 | 9 | | | | 4 | | 177.71 |
| 4 | 云浮市 | 8 | 7 | 1 | | | | 1 | | 458 |
| 5 | 肇庆市 | 18 | 5 | 11 | | 2 | | 3 | | 231.4 |
| 6 | 韶关市 | 9 | 3 | 4 | 1 | 1 | | | | 19.2 |
| 7 | 梅州市 | 81 | 26 | 50 | | 5 | | 7 | 2 | 4454.8 |
| 8 | 潮州市 | 11 | 10 | | 1 | | | | | 46 |
| 9 | 惠州市 | 3 | 1 | | | 2 | | | | 4 |
| 10 | 汕尾市 | 2 | 2 | | | | | | | 22 |
| 11 | 阳江市 | 50 | 27 | 23 | | | | 1 | | 1019.345 |

续上表

| 序号 | 辖区（市） | 合计（宗） | 地质灾害类型（起） | | | | | 死亡（人） | 受伤（人） | 损失（万元） |
|---|---|---|---|---|---|---|---|---|---|---|
| | | | 滑坡 | 崩塌 | 泥石流 | 地面塌陷 | 地面沉降 | | | |
| 12 | 河源市 | 1 | 1 | | | | | | | 12 |
| 13 | 佛山市 | 3 | | 1 | | 2 | | | | 270 |
| 14 | 东莞市 | 2 | 1 | 1 | | | | 2 | | 56 |
| 15 | 揭阳市 | 2 | 1 | | | 1 | | | | 620 |
| 16 | 江门市 | 2 | | | 1 | | 1 | 1 | | 970 |
| 总计 | | 238 | 103 | 102 | 3 | 27 | 3 | 19 | 2 | 8655.255 |

## 【灾害特点】

### 1. 地质灾害造成伤亡人数大幅度减少

2009年地质灾害造成的死亡人数为19人，比2008年减少18人，下降48.6%。

### 2. 地质灾害类型以崩塌、滑坡为主，规模以小型为主

全年发生崩塌、滑坡地质灾害205起，占地质灾害总数的86.1%；小型地质灾害207起，占总数的87.0%。

### 3. 热带风暴强降雨引发严重地质灾害

5月以后，热带气旋“莲花”、“浪卡”、“天鹅”、“莫拉菲”、“彩虹”、“巨爵”等先后登陆或严重影响广东省，全省出现大范围强降雨过程。5～9月，全省共发生地质灾害194起，占全年总数的81.5%，其中大部分地质灾害由强降雨引发。

### 4. 地质灾害主要发生在粤东、粤西地区

由于受热带气旋影响，5～9月，强降雨主要集中在粤东和粤西沿海地区，梅州、阳江、肇庆、清远和茂名等地区引发大量分散性崩塌、滑坡地质灾害，共发生地质灾害171起，占全年总数的71.8%。

## 【典型灾害事件】

### 1. 肇庆市封开县罗董镇五星村委桥塘村山体滑坡

4月24日23时38分，在连续暴雨作用下，封开县罗董镇五星村委桥塘村一村民房后山发

生山体滑坡，滑坡体积约2448立方米，造成3人死亡、2栋房屋损坏、多处山体开裂，山体滑坡还直接威胁山下桥塘村26户共104人的生命财产安全。

滑坡灾害发生后，肇庆市、封开县政府及国土资源等相关部门立即启动肇庆市地质灾害应急预案，迅速组织人员赶赴灾害现场进行抢险救灾，及时将滑坡体两侧居民撤离危险区，对涉险范围设立警戒线，严禁行人与无关人员进入涉险区域，同时迅速调集大型推土机参与抢险救灾，对被埋人员进行紧急营救，最大限度地减少人员伤亡和财产损失。

### 2. 兴宁市罗浮镇浮塘村委大陆下村后山山体滑坡

4月22日22时左右，在连续暴雨作用下，兴宁市罗浮镇浮塘村委大路下村后山发生山体滑坡，滑坡体871立方米，造成2人死亡、2栋房屋损坏、多处山体开裂，山体滑坡还直接威胁山下大路下村4户共20人的生命财产安全。

滑坡灾害发生后，梅州市、兴宁市政府立即组织有关部门人员赶赴灾害现场，紧急营救被埋人员，调集大型推土机参与抢险救灾，将该村靠山边居住的村民全部撤出，同时设立警戒线，组织专职人员对滑坡体进行监测和巡查，最大限度地减少人员伤亡和财产损失。

表10　　2009年广东省突发性地质灾害统计表

| 序号 | 发生时间（月—日） | 地点 | 灾害类型 | 规模 | 伤亡（人） | | 直接经济损失(万元) |
|---|---|---|---|---|---|---|---|
| | | | | | 死 | 伤 | |
| 1 | 1-3 | 广州市白云区均和街琴星小学西侧 | 地面塌陷 | 小型 | | | 15 |
| 2 | 1-16 | 梅州市梅县石扇镇建新村 | 地面塌陷 | 中型 | | | 20 |
| 3 | 2-11 | 广州市白云区人和镇秀水村兴隆模具厂 | 地面塌陷 | 小型 | | | 5 |
| 4 | 2-16 | 广州市荔湾区大坦沙桥中中路中华液晶城北侧泮塘鸽天地大排档门前 | 地面塌陷 | 小型 | | | 3 |
| 5 | 2-26 | 云浮市郁南县东坝农信大楼后堤岸 | 滑坡 | 小型 | | | 3 |
| 6 | 3-1 | 英德市大湾镇英建锅仔岗村 | 地面塌陷 | 小型 | | | 10 |
| 7 | 3-4 | 云浮市云安县石城镇东风村坑仔口自然村后山 | 滑坡 | 小型 | | | 1 |
| 8 | 3-8 | 潮州市饶平县上饶镇斜塘村委向凹自然村 | 滑坡 | 中~大型 | | | 1 |
| 9 | 3-17 | 汕尾市城区香州街东新村莲塘小学后山 | 滑坡 | 大型 | | | 12 |
| 10 | 3-17 | 汕尾市城区风山街小岛村后山 | 滑坡 | 中型 | | | 10 |
| 11 | 3-20 | 东莞市樟木头镇樟洋社区世泰塑料包装厂后山 | 滑坡 | 中型 | | | 1 |
| 12 | 3-20 | 揭阳市揭东县新亨镇五房村后山 | 滑坡 | 大型 | | | 120 |
| 13 | 3-21 | 揭阳市普宁市下架山镇横溪村新乡 | 地面塌陷 | 特大 | | | 500 |
| 14 | 3-26 | 清远市连南县三排镇山溪村沙龙桥两边 | 塌陷 | 小型 | | | 1 |

续上表

| 序号 | 发生时间（月—日） | 地点 | 灾害类型 | 规模 | 伤亡（人） | | 直接经济损失（万元） |
|---|---|---|---|---|---|---|---|
| | | | | | 死 | 伤 | |
| 15 | 3-26 | 清远市连南县三排镇山溪村指历坑地面 | 崩塌 | 小型 | | | 0.3 |
| 16 | 4-1 | 佛山市南海区里水镇草场幼儿园 | 地面塌陷 | 小型 | | | 10 |
| 17 | 4-3 | 江门市江海区礼乐镇 | 地面沉降 | 大型 | | | 950 |
| 18 | 4-9 | 广州市荔湾区桥中街西海南路军事管理区河涌边 | 地面塌陷 | 小型 | | | 1 |
| 19 | 4-10 | 广州市荔湾区桥中街西海南路军事管理区对面杂货厂区内 | 地面塌陷 | 小型 | | | 1 |
| 20 | 4-19 | 广州市荔湾区桥中街西海南路15号 | 地面塌陷 | 小型 | | | 2 |
| 21 | 4-20 | 阳东县东平镇东平中学后山 | 滑坡 | 大型 | | | 20 |
| 22 | 4-21 | 阳江市江城区两阳中学科学楼后山 | 滑坡 | 大型 | | | 10 |
| 23 | 4-24 | 封开县罗董镇五星村委桥塘自然村后山 | 滑坡 | 小型 | 3 | | 20 |
| 24 | 4-26 | 德庆县德城大桥村委会白沙村 | 滑坡 | 小型 | | | 8 |
| 25 | 5-3 | 广宁县赤坑花山村委会两利村 | 崩塌 | 小型 | | | 4 |
| 26 | 5-4 | 封开县长安镇中学 | 崩塌 | 中型 | | | 5 |
| 27 | 5-8 | 广州市番禺区洛浦街厦滘村沙滘东路 | 地面沉降 | 小型 | | | 3 |
| 28 | 5-22 | 兴宁市罗浮镇浮塘村委大路下自然村 | 滑坡 | 小型 | 2 | | 12 |
| 29 | 5-22 | 东莞市寮步镇泉塘村协鑫鞋材厂后山 | 崩塌 | 小型 | 2 | | 55 |
| 30 | 5-25 | 四会市石狗镇程村村委会下新屋村 | 崩塌 | 小型 | | | 1.1 |
| 31 | 5-25 | 高明市区杨和镇对川农贸市场侧山体 | 崩塌 | 小型 | | | 10 |
| 32 | 5-25 | 新兴县大江镇大塘自然村 | 滑坡 | 小型 | | | 2 |
| 33 | 5-25 | 高州市马贵镇金河自然村 | 滑坡 | 小型 | | | 10 |
| 34 | 6-3 | 连山县太保镇山口村委白虎头村 | 滑坡 | 中型 | | | 1 |
| 35 | 6-3 | 怀集县怀城镇平南村仕坑经济合作社 | 崩塌 | 小型 | | | 8 |
| 36 | 6-3 | 怀集县怀城镇苍龙村上屋经济合作社 | 崩塌 | 小型 | | | 12 |
| 37 | 6-3 | 广宁县赤坑雅韶村委会烟仔村 | 崩塌 | 小型 | | | 3.8 |
| 38 | 6-4 | 清新县龙颈镇石马板塘村委罗秀洞村 | 滑坡 | 小型 | | | 1 |
| 39 | 6-4 | 清新县禾云镇桂湖村樟木塘村 | 滑坡 | 小型 | | | 1 |
| 40 | 6-4 | 清远市龙塘镇陂坑小学 | 滑坡 | 小型 | | | 5 |
| 41 | 6-4 | 广宁县古水下蚌村委会上蚌村 | 崩塌 | 小型 | | | 2.5 |
| 42 | 6-8 | 广宁县古水小益村委会学仔村 | 崩塌 | 小型 | | | 2 |
| 43 | 6-8 | 广宁县古水社区街尾村 | 崩塌 | 小型 | | | 2 |

续上表

| 序号 | 发生时间（月—日） | 地点 | 灾害类型 | 规模 | 伤亡（人） | | 直接经济损失(万元) |
|---|---|---|---|---|---|---|---|
| | | | | | 死 | 伤 | |
| 44 | 6-8 | 阳西县沙扒镇海滨东路 | 崩塌 | 中型 | | | 360 |
| 45 | 6-8 | 阳西县沙扒镇海滨西路 | 崩塌 | 中型 | | | 200 |
| 46 | 6-8 | 阳西县儒洞镇石楼村 | 崩塌 | 小型 | | | 18 |
| 47 | 6-8 | 阳西县新圩镇沙河路段 | 崩塌 | 小型 | | | 42 |
| 48 | 6-10 | 乳源县大桥镇源九塘村 | 崩塌 | 小型 | | | 6 |
| 49 | 6-11 | 梅县石扇镇埂新自然村 | 滑坡 | 小型 | | | 20 |
| 50 | 6-11 | 四会市江谷镇冼田村委会卷头屈村 | 崩塌 | 小型 | | | 6 |
| 51 | 6-11 | 广宁县赤坑合坑村委富船村 | 滑坡 | 小型 | | | 5 |
| 52 | 6-14 | 平远县泗水镇木联村 | 滑坡 | 小型 | 2 | | 50 |
| 53 | 6-14 | 平远县泗水镇大新村 | 滑坡 | 小型 | 1 | | 20 |
| 54 | 6-14 | 梅县雁洋镇对坑村 | 塌陷 | 小型 | | | 1 |
| 55 | 6-14 | 平远县差干镇加丰村洋坑村 | 崩塌 | 小型 | | | 1.2 |
| 56 | 6-14 | 平远县中行镇快湖村称沟水 | 崩塌 | 小型 | | | 1.5 |
| 57 | 6-14 | 兴宁市罗浮镇浮坑村大路下 | 崩塌 | 小型 | | | 3 |
| 58 | 6-14 | 丰顺县北斗镇拾荷村十八渡 | 滑坡 | 小型 | | | 1.3 |
| 59 | 6-14 | 平远县差干镇湍溪村 | 崩塌 | 小型 | | | 1.2 |
| 60 | 6-14 | 平远差干镇湍溪村 | 崩塌 | 小型 | | | 1.3 |
| 61 | 6-14 | 平远县中行镇快湖村 | 崩塌 | 小型 | | | 1 |
| 62 | 6-14 | 平远县东石镇双石村 | 塌陷 | 小型 | | | 1.6 |
| 63 | 6-14 | 平远泗水镇全镇 | 崩塌、滑坡 | 小型 | | | 97.5 |
| 64 | 6-14 | 丰顺县汤坑镇进华路海鑫电子厂 | 崩塌 | 小型 | | | 8.5 |
| 65 | 6-14 | 蕉岭县蕉城镇东山村树园三小组2宗 | 崩塌 | 小型 | | | 8.8 |
| 66 | 6-14 | 蕉岭县广福镇西山村石蛇丰田子 | 滑坡 | 小型 | | | 5.85 |
| 67 | 6-14 | 蕉岭县长潭镇长东村河背 | 滑坡 | 小型 | | | 4.68 |
| 68 | 6-14 | 蕉岭县长潭镇长东村浒竹坑 | 滑坡 | 小型 | | | 2.34 |
| 69 | 6-14 | 蕉岭县长潭镇长东村山尾 | 滑坡 | 小型 | | | 11.7 |
| 70 | 6-14 | 蕉岭县长潭镇长东村洋均坑共5宗 | 滑坡 | 小型 | | | 45.63 |
| 71 | 6-14 | 蕉岭县长潭镇长潭村上龙组共12宗 | 滑坡 | 小型 | | | 67.86 |
| 72 | 6-14 | 蕉岭县长潭镇长东村下屋 | 滑坡 | 小型 | | | 11.7 |
| 73 | 6-14 | 蕉岭县长潭镇长东柑洋均坑 | 滑坡 | 小型 | | | 11.7 |
| 74 | 6-14 | 蕉岭县新铺镇三坑村下畲二 | 崩塌 | 小型 | | | 8.12 |

续上表

| 序号 | 发生时间（月—日） | 地点 | 灾害类型 | 规模 | 伤亡（人） | | 直接经济损失（万元） |
|---|---|---|---|---|---|---|---|
| | | | | | 死 | 伤 | |
| 75 | 6－14 | 潮安县万峰林场场部通往黄竹窝路段 | 滑坡 | 小型 | | | 3.5 |
| 76 | 6－14 | 潮安县万峰林场通往冬瓜坪村路段 | 滑坡 | 小型 | | | 2.5 |
| 77 | 6－15 | 广宁县赤坑雅韶村委会蓝坑村 | 滑坡 | 小型 | | | 2 |
| 78 | 6－17 | 增城市小楼镇邓山村村道 | 崩塌 | 小型 | | | 2 |
| 79 | 6－18 | 饶平县饶洋镇石排村委大坪自然村 | 滑坡 | 中型 | | | 22 |
| 80 | 6－18 | 饶平县桥东街区海鹅头山 | 泥石流 | 小型 | | | 2 |
| 81 | 6－20 | 新丰县梅坑镇新坪村岭下 | 崩塌 | 小型 | | | 1 |
| 82 | 6－22 | 大埔县光德镇沙平村委和溪自然村 | 滑坡 | 小型 | 2 | | 50 |
| 83 | 6－22 | 饶平县上饶镇柏俊村矮子坑自然村 | 滑坡 | 小型 | | | 10 |
| 84 | 6－22 | 大埔县光德镇砂坪村和溪溪背组共3宗 | 崩塌 | 小型 | | | 10.86 |
| 85 | 6－22 | 大埔县光德镇砂平村大丘角组共2宗 | 崩塌 | 小型 | | | 11.2 |
| 86 | 6－22 | 大埔县光德镇砂坪村树林背 | 崩塌 | 小型 | | | 7 |
| 87 | 6－22 | 大埔县光德镇砂坪村山口 | 崩塌 | 小型 | | | 2.7 |
| 88 | 6－22 | 大埔县光德镇上磜村老屋下组共3宗 | 崩塌 | 小型 | | | 4.5 |
| 89 | 6－22 | 大埔县桃源镇桃锋村圳子下村民小组 | 崩塌 | 小型 | | | 2.4 |
| 90 | 6－22 | 大埔县桃源镇上墩村高坎村民小组 | 崩塌 | 小型 | | | 4 |
| 91 | 6－22 | 大埔县桃源镇东村和平村民小组 | 崩塌 | 小型 | | | 2.8 |
| 92 | 6－22 | 大埔县桃源镇上墩村江子里村民小组 | 崩塌 | 小型 | | | 1.2 |
| 93 | 6－22 | 大埔县三河镇五丰村石背坑 | 崩塌 | 小型 | | | 1.2 |
| 94 | 6－22 | 大埔县湖寮镇双坑村大坑组陈屋 | 崩塌 | 小型 | | | 1.2 |
| 95 | 6－22 | 大埔县高陂镇九龙村下岗 | 崩塌 | 小型 | | | 5.4 |
| 96 | 6－22 | 大埔县高陂镇九龙村岩前 | 崩塌 | 小型 | | | 3.2 |
| 97 | 6－22 | 大埔县高陂镇九龙村上坑组共3宗 | 崩塌 | 小型 | | | 4.85 |
| 98 | 6－22 | 大埔县高陂镇九龙村宣帮 | 崩塌 | 小型 | | | 1.6 |
| 99 | 6－22 | 大埔县高陂镇九龙村岩前 | 崩塌 | 小型 | | | 1.4 |
| 100 | 6－22 | 大埔县高陂镇九龙村和尚顶组共2宗 | 崩塌 | 小型 | | | 2 |
| 101 | 6－22 | 大埔县高陂镇银滩村留王背组共3宗 | 崩塌 | 小型 | | | 4.2 |
| 102 | 6－22 | 大埔县高陂镇银滩村上禾 | 崩塌 | 小型 | | | 1.5 |
| 103 | 6－22 | 大埔县高陂镇银滩村寨上 | 崩塌 | 小型 | | | 1.4 |
| 104 | 6－22 | 大埔县高陂镇黄坑村桃子茶 | 崩塌 | 小型 | | | 1.8 |
| 105 | 6－22 | 大埔县高陂镇黄坑村黄同科 | 崩塌 | 小型 | | | 1.4 |

续上表

| 序号 | 发生时间（月—日） | 地点 | 灾害类型 | 规模 | 伤亡（人） | | 直接经济损失（万元） |
|---|---|---|---|---|---|---|---|
| | | | | | 死 | 伤 | |
| 106 | 6－22 | 大埔县高陂镇黄坑村上村共5宗 | 崩塌 | 小型 | | | 6.2 |
| 107 | 6－22 | 大埔县高陂镇黄坑村坪坑 | 崩塌 | 小型 | | | 1.4 |
| 108 | 6－22 | 大埔县高陂镇黄坑村黄同科组共5宗 | 崩塌 | 小型 | | | 6.5 |
| 109 | 6－22 | 大埔县高陂镇黄坑村上村共4宗 | 崩塌 | 小型 | | | 4 |
| 110 | 6－22 | 大埔县高陂镇渡头村磨下 | 崩塌 | 小型 | | | 1 |
| 111 | 6－22 | 大埔县高陂镇渡头村黄坭贝组共5宗 | 崩塌 | 小型 | | | 5 |
| 112 | 6－22 | 大埔县高陂镇渡头村黄坭贝 | 崩塌 | 小型 | | | 1 |
| 113 | 6－22 | 大埔县高陂镇渡头村杨小坑 | 崩塌 | 小型 | | | 1 |
| 114 | 6－22 | 大埔县高陂镇渡头村磨下 | 崩塌 | 小型 | | | 1 |
| 115 | 6－22 | 大埔县高陂镇渡头村肖屋组共2宗 | 崩塌 | 小型 | | | 2 |
| 116 | 6－22 | 大埔县高陂镇渡头村梅子坑组共3宗 | 崩塌 | 小型 | | | 3.8 |
| 117 | 6－22 | 大埔县高陂镇坪溪村坪五 | 崩塌 | 小型 | | | 1.44 |
| 118 | 6－22 | 大埔县高陂镇坪溪村上坪坑 | 崩塌 | 小型 | | | 2.28 |
| 119 | 6－22 | 大埔县高陂镇古野村大坑 | 崩塌 | 小型 | | | 0.4 |
| 120 | 6－22 | 大埔县高陂镇罗基村一、三、四、五、七组共9宗 | 崩塌 | 小型 | | | 11.8 |
| 121 | 6－22 | 大埔县大麻镇南坑中、下村共13宗 | 崩塌 | 小型 | | | 26.66 |
| 122 | 6－22 | 大埔县大麻镇北埔舍拖组共3宗 | 崩塌 | 小型 | | | 3.58 |
| 123 | 6－22 | 大埔县大麻镇北埔中村共2宗 | 崩塌 | 小型 | | | 2.55 |
| 124 | 6－22 | 梅县隆文镇岩前村 | 塌陷 | 小型 | | | 1.3 |
| 125 | 6－22 | 平远县大柘、石正、热柘、东石等镇共765宗 | 崩、滑 | 小型 | | | 3780.41 |
| 126 | 6－24 | 曲江县罗坑镇供销社宿舍背面 | 滑坡 | 小型 | | | 1.2 |
| 127 | 6－28 | 清新县石潭镇蒲坑村委会新兴自然村 | 滑坡 | 小型 | | | 2 |
| 128 | 6－28 | 清新县石潭镇蒲坑村委会水冲自然村 | 滑坡 | 小型 | | | 1.2 |
| 129 | 6－28 | 清新县石潭镇蒲坑村委会水冲自然村 | 滑坡 | 小型 | | | 2 |
| 130 | 7－1 | 清远市清城区横荷街道办事处青山村竹仔坑自然村 | 堤岸滑坡 | 小型 | | | 2 |
| 131 | 7－3 | 南雄市乌迳镇兰垳村石禾场 | 滑坡 | 小型 | | | 2.2 |
| 132 | 7－3 | 南雄市乌迳镇孔江村铜锣湾 | 泥石流 | 小型 | | | 3.3 |
| 133 | 7－6 | 乳源县乳城镇大联村九村 | 崩塌 | 小型 | | | 1.2 |

续上表

| 序号 | 发生时间（月—日） | 地点 | 灾害类型 | 规模 | 伤亡（人） | | 直接经济损失(万元) |
|---|---|---|---|---|---|---|---|
| | | | | | 死 | 伤 | |
| 134 | 7-6 | 翁源县新江镇西锦村西锦石场 | 崩塌 | 小型 | | | 1.3 |
| 135 | 7-8 | 清远市连山县台保镇中心小学 | 滑坡 | 中型 | | | 5 |
| 136 | 7-14 | 丰顺县龙岗镇上林村黄泥丘 | 滑坡 | 小型 | | | 3.2 |
| 137 | 7-14 | 丰顺县龙岗镇上林村黄泥丘 | 滑坡 | 小型 | | | 3.2 |
| 138 | 7-14 | 丰顺县龙岗镇上林村黄泥丘 | 滑坡 | 小型 | | | 3.6 |
| 139 | 7-14 | 丰顺县龙岗镇上林村黄泥丘 | 滑坡 | 小型 | | | 1.6 |
| 140 | 7-14 | 丰顺县黄金镇径双村双下龙窝坝 | 崩塌 | 小型 | | | 6 |
| 141 | 7-14 | 丰顺县黄金镇清溪村下新屋黄背岭 | 滑坡 | 小型 | | | 1.5 |
| 142 | 7-14 | 丰顺县黄金镇望楼村转水 | 滑坡 | 小型 | | | 1.5 |
| 143 | 7-14 | 丰顺县黄金镇俄湖村拐湖塘 | 滑坡 | 小型 | | | 2 |
| 144 | 7-14 | 丰顺县黄金镇俄湖村芋子塘 | 滑坡 | 小型 | | | 2.4 |
| 145 | 7-14 | 丰顺县黄金镇俄湖村湖二组高棚 | 滑坡 | 小型 | | | 4 |
| 146 | 7-14 | 丰顺县黄金镇俄湖村拐湖塘湖一 | 滑坡 | 小型 | | | 1 |
| 147 | 7-14 | 丰顺县黄金镇俄湖村村委会办公楼 | 滑坡 | 小型 | | | 3.6 |
| 148 | 7-18 | 阳东县那龙镇那关村委树桥自然村 | 滑坡 | 小型 | | | 1.5 |
| 149 | 7-18 | 阳东县那龙镇那关村委曲龙自然村 | 滑坡 | 小型 | | | 1 |
| 150 | 7-19 | 信宜市平塘镇大窝村 | 崩塌 | 小型 | | | 1 |
| 151 | 7-20 | 龙川县老隆镇水坑街后山 | 滑坡 | 小型 | | | 12 |
| 152 | 8-1 | 佛山市南海区桂城街道夏北村聚龙北工业区 | 地面塌陷 | 小型 | | | 250 |
| 153 | 8-4 | 高州平山镇 | 崩塌 | 小型 | | | 1 |
| 154 | 8-5 | 广州市花都区花山镇两龙墟东街 | 地面塌陷 | 小型 | | | 80 |
| 155 | 8-6 | 信宜市钱排镇 | 崩塌 | 小型 | | | 1 |
| 156 | 8-6 | 电白县望夫镇丰垌村 | 滑坡 | 小型 | | | 1 |
| 157 | 8-6 | 电白县霞洞镇新发石场 | 滑坡 | 中型 | | | 1 |
| 158 | 8-6 | 电白县林头镇黄阳村 | 崩塌 | 中型 | | | 10 |
| 159 | 8-6 | 电白县那霍镇覃坑村 | 滑坡 | 小型 | | | 10 |
| 160 | 8-6 | 电白县罗坑镇里联村 | 滑坡 | 小型 | | | 1 |
| 161 | 8-6 | 罗定市生江镇区河左岸 | 堤岸滑坡 | 中型 | | | 100 |
| 162 | 8-6 | 阳东县东平镇镇区滨东路41户3处 | 滑坡 | 小型 | | | 50 |
| 163 | 8-6 | 阳春市永宁镇双底村委田迳村 | 崩塌 | 小型 | | | 2.4 |
| 164 | 8-6 | 阳春市永宁镇下西村办 | 崩塌 | 小型 | | | 2.5 |

续上表

| 序号 | 发生时间（月—日） | 地点 | 灾害类型 | 规模 | 伤亡（人） | | 直接经济损失（万元） |
|---|---|---|---|---|---|---|---|
| | | | | | 死 | 伤 | |
| 165 | 8-6 | 阳江市市区竹园街9巷 | 崩塌 | 小型 | | | 20 |
| 166 | 8-7 | 台山市下川岛茅湾村 | 泥石流 | 小型 | 1 | | 20 |
| 167 | 8-7 | 韶关市武江区西河镇大村南村 | 地面塌陷 | 小型 | | | 1 |
| 168 | 8-7 | 韶关市武江区西联镇韶关大道 | 滑坡 | 小型 | | | 2 |
| 169 | 8-8 | 阳江市阳西县沙扒镇海滨东村 | 滑坡 | 小型 | | | 10 |
| 170 | 8-8 | 高州市区集贤新村 | 滑坡 | 小型 | | | 1 |
| 171 | 8-8 | 化州市丽岗镇尖岗岭生态公园 | 滑坡 | 中型 | | | 30 |
| 172 | 8-11 | 梅州市大埔县三河镇梓里村红湖组 | 滑坡 | 小型 | | | 1.2 |
| 173 | 8-11 | 惠州市龙门县平陵镇 | 地面塌陷 | 小型 | | | 1 |
| 174 | 8-11 | 惠州市惠城区鹅岭南路玉桂山小区 | 滑坡 | 小型 | | | 1 |
| 175 | 8-12 | 肇庆市端州区岩前村委会西南侧象岗 | 崩塌 | 小型 | | | 10 |
| 176 | 8-12 | 肇庆、高要市绿步镇大连村委新冲村 | 滑坡 | 小型 | | | 5 |
| 177 | 9-15 | 阳江市阳西县上洋镇红坎头 | 崩塌 | 小型 | | | 160 |
| 178 | 9-15 | 阳江市阳西县上洋镇红坎头 | 崩塌 | 小型 | | | 10 |
| 179 | 9-15 | 阳江市阳西县砂扒镇海滨西村 | 滑坡 | 小型 | | | 25 |
| 180 | 9-16 | 信宜市思贺镇八排山马湖村 | 滑坡 | 小型 | 2 | 2 | 47 |
| 181 | 9-16 | 信宜市思贺镇三屋大坑村 | 滑坡 | 小型 | 2 | | 45 |
| 182 | 9-16 | 阳春市永宁镇文村村委大塘面村 | 滑坡 | 小型 | 1 | | 22.5 |
| 183 | 9-16 | 阳江市阳东县检察院后山 | 滑坡 | 小型 | | | 5 |
| 184 | 9-16 | 阳春市永宁镇那陈村垌尾自然村 | 崩塌 | 小型 | | | 1.35 |
| 185 | 9-16 | 阳春市永宁镇那陈村背冲自然村 | 崩塌 | 小型 | | | 1.56 |
| 186 | 9-16 | 阳春市永宁镇林湾村白叶垌自然村 | 崩塌 | 小型 | | | 2.1 |
| 187 | 9-16 | 阳春市永宁镇坡楼村垌头自然村 | 滑坡 | 小型 | | | 1.86 |
| 188 | 9-16 | 阳春市永宁镇坡楼村垌头自然村 | 崩塌 | 小型 | | | 2.45 |
| 189 | 9-16 | 阳春市永宁镇坡楼村大墩自然村 | 崩塌 | 小型 | | | 2.68 |
| 190 | 9-16 | 阳春市永宁镇那漓村坑尾自然村 | 滑坡 | 小型 | | | 2.3 |
| 191 | 9-16 | 阳春市永宁镇红光村河辟自然村 | 崩塌 | 小型 | | | 3.84 |
| 192 | 9-16 | 阳春市永宁镇红光村河背自然村 | 崩塌 | 小型 | | | 1.84 |
| 193 | 9-16 | 阳春市永宁镇红光村塘岩自然村 | 崩塌 | 小型 | | | 2.3 |
| 194 | 9-16 | 阳春市永宁镇红光村塘岩自然村 | 崩塌 | 小型 | | | 1.5 |
| 195 | 9-16 | 阳春市永宁镇马山村上寨自然村 | 崩塌 | 小型 | | | 1.68 |

续上表

| 序号 | 发生时间（月—日） | 地点 | 灾害类型 | 规模 | 伤亡（人） | | 直接经济损失（万元） |
|---|---|---|---|---|---|---|---|
| | | | | | 死 | 伤 | |
| 196 | 9-16 | 阳春市永宁镇高寨村苍管自然村 | 滑坡 | 小型 | | | 2.8 |
| 197 | 9-16 | 阳春市永宁镇永宁中学 | 滑坡 | 小型 | | | 1 |
| 198 | 9-16 | 阳春市永宁镇文村村圳底自然村 | 崩塌 | 小型 | | | 2.45 |
| 199 | 9-16 | 阳春市永宁镇文村村圳底自然村 | 滑坡 | 小型 | | | 4.5 |
| 200 | 9-16 | 阳春市永宁镇文村村龙湾自然村 | 崩塌 | 小型 | | | 2.8 |
| 201 | 9-16 | 阳春市永宁镇铁垌村大水坑自然村 | 滑坡 | 小型 | | | 1.005 |
| 202 | 9-16 | 阳春市永宁镇铁垌村根竹自然村 | 滑坡 | 小型 | | | 1.35 |
| 203 | 9-16 | 阳春市永宁镇双底村会众自然村 | 崩塌 | 小型 | | | 1.65 |
| 204 | 9-16 | 阳春市永宁镇新合村班高垌自然村 | 滑坡 | 小型 | | | 1.76 |
| 205 | 9-16 | 阳春市永宁镇双南村水尾自然村 | 崩塌 | 小型 | | | 2.3 |
| 206 | 9-16 | 阳春市永宁镇双南村长坡自然村 | 滑坡 | 小型 | | | 1.8 |
| 207 | 9-16 | 阳春市永宁镇马山村下寨自然村 | 滑坡 | 小型 | | | 1.76 |
| 208 | 9-16 | 阳春市永宁镇沙坪村石头塘自然村 | 滑坡 | 小型 | | | 1.6 |
| 209 | 9-16 | 阳春市永宁镇沙坪村办田角自然村 | 崩塌 | 小型 | | | 1.5 |
| 210 | 9-16 | 阳春市永宁镇沙田村头月冲自然村 | 滑坡 | 小型 | | | 1.51 |
| 211 | 9-16 | 阳春市永宁镇沙田村头月冲自然村 | 滑坡 | 小型 | | | 1.5 |
| 212 | 9-16 | 阳春市永宁镇沙田村上债自然村 | 滑坡 | 小型 | | | 1.2 |
| 213 | 9-16 | 阳春市永宁镇沙田村茶角自然村 | 崩塌 | 小型 | | | 1.5 |
| 214 | 9-16 | 信宜市信宜思贺镇木瓜村 | 滑坡 | 小型 | | | 1.1 |
| 215 | 9-16 | 信宜市信宜思贺镇大垌村 | 滑坡 | 小型 | | | 1.8 |
| 216 | 9-16 | 信宜思贺镇思贺村 | 滑坡 | 小型 | | | 5 |
| 217 | 9-16 | 电白县罗坑镇里平村 | 滑坡 | 小型 | | | 1.2 |
| 218 | 9-16 | 电白县罗坑镇华兰村 | 崩塌 | 小型 | | | 2.5 |
| 219 | 9-16 | 电白县罗坑镇黄沙村 | 崩塌 | 小型 | | | 2.5 |
| 220 | 9-25 | 广州市白云区江高镇凤翔北路与鹤云路交叉路口 | 地面塌陷 | 小型 | | | 120 |
| 221 | 10-12 | 饶平县新塘镇顶厝村委塘北自然村 | 滑坡 | 小型 | | | 1 |
| 222 | 10-12 | 饶平县汤溪镇居豪东塘自然村 | 滑坡 | 小型 | | | 1 |
| 223 | 10-12 | 饶平县汤溪镇大门坑自然村 | 滑坡 | 小型 | | | 1 |
| 224 | 10-12 | 饶平县建饶镇饶南村下楼背行村 | 滑坡 | 小型 | | | 1 |
| 225 | 10-12 | 饶平县建饶镇林屋村委长堤自然村 | 滑坡 | 小型 | | | 1 |

续上表

| 序号 | 发生时间（月—日） | 地点 | 灾害类型 | 规模 | 伤亡（人） | | 直接经济损失(万元) |
|---|---|---|---|---|---|---|---|
| | | | | | 死 | 伤 | |
| 226 | 10-12 | 连州市东陂镇横水良村 | 地面塌陷 | 小型 | | | 1 |
| 227 | 10-12 | 云安县惠沄钛白化工厂生产区 | 滑坡 | 中型 | | | 300 |
| 228 | 10-12 | 云安县惠沄钛白化工厂变电所 | 滑坡 | 中型 | | | 30 |
| 229 | 10-12 | 云浮市云城区狮子山共6宗 | 崩塌 | 小型 | | | 2 |
| 230 | 11-2 | 肇庆市鼎湖区沙浦镇村 | 岩溶塌陷 | 大型 | | | 120 |
| 231 | 11-2 | 清远市连南县寨岗镇老付冲村委竹络自然村 | 岩溶塌陷 | 小型 | | | 5.8 |
| 232 | 11-2 | 广州市白云区人和镇新联村东侧鱼塘 | 地面塌陷 | 小型 | | | 8 |
| 233 | 11-2 | 广州市白云区人和镇鹤亭村西南部 | 地面沉降 | 小型 | | | 15 |
| 234 | 11-16 | 怀集县大岗镇圳南村大汶经济合作社 | 地面塌陷 | 小型 | | | 15 |
| 235 | 11-22 | 梅县白渡镇觉慈村13队 | 塌陷 | 小型 | | | 14 |
| 236 | 11-27 | 云安县福临镇山草村单竹坑村段公路 | 滑坡 | 小型 | 1 | | 20 |
| 237 | 12-9 | 龙门县龙城街道办犁园路32号龙门县建筑工程公司办公综合楼后 | 地面塌陷 | 小型 | | | 2 |
| 238 | 12-28 | 广州市五羊新村海平阁和粤康阁小区 | 地面塌陷 | 小型 | | | 1.5 |
| 合计 | | | | | 19 | 2 | 8655.255 |

# 海洋灾害

## 【灾情概况】

2009 年海洋灾害损失少于 2008 年，全年因风暴潮、海浪等造成直接经济损失 47.54 亿元，死亡（含失踪）28 人，其中第 0915 号台风“巨爵”损失较严重。

## 【风暴潮】

### 1. “莲花”风暴潮

6 月 21 日 22 时 50 分，第 0903 号强热带风暴“莲花”在福建省晋江市东石镇登陆。受“莲花”影响，粤东局部测站雨量达 100～200 毫米，阵风达 11～12 级，汕尾站最大增水 32 厘米。“莲花”造成省内 95838 人受灾，损毁房屋 5602 间，损毁船只 1 艘，直接经济损失 7.532 亿元，死亡 5 人。

### 2. “浪卡”风暴潮

6 月 26 日 22 时 50 分，第 0904 号热带风暴“浪卡”在惠东县平海镇登陆。泗盛围站最高潮位 198 厘米，最大增水 91 厘米，“浪卡”造成广东 3.5 万人受灾，损毁房屋 40 间，农作物受灾面积 0.33 万公顷，直接经济损失 0.367 亿元。

### 3. “苏迪罗”风暴潮

7 月 12 日 5 时 30 分，第 0905 号热带风暴“苏迪罗”在海南文昌北部沿海登陆，12 日 8 时 20 分，在广东徐闻沿海第二次登陆。受“苏迪罗”影响，7 月 11～12 日，广东西部沿海局部大暴雨，徐闻最大阵风 10 级。南渡站最高潮位 149 厘米，最大增水 146 厘米。

### 4. “莫拉菲”风暴潮

7 月 19 日 0 时 50 分，第 0906 号台风“莫拉菲”在广东深圳市大鹏湾南澳镇登陆。广东沿海发生 32～132 厘米风暴潮增水，其中惠州站最高潮位 174 厘米、最大增水 116 厘米，珠江口泗盛围站最高潮位 213 厘米、最大增水 132 厘米，黄埔、中大等站最大增水也超过 100 厘米。“莫拉菲”造成汕尾、惠州、深圳和中山等 23 个市县、156 个乡镇、104.63 万人受灾，倒塌房屋 445 间，农作物受灾面积 4.24 万公顷，损毁堤防 20 千米，直接经济损失 4.6549 亿元。

### 5. “天鹅”风暴潮

8月5日9时10分，第0907号强热带风暴“天鹅”在台山市沿海地区登陆。黄冲站最高潮位217厘米，最大增水126厘米。“天鹅”造成广东88.784万人受灾，倒塌房屋1353间，损毁船只1艘，受灾农田面积11.422万公顷，直接经济损失10.41亿元，死亡2人。

### 6. “彩虹”风暴潮

9月11日2时20分，第0913号热带风暴“彩虹”在海南省文昌市沿海地区登陆。受“彩虹”影响，南渡站最高潮位277厘米，最大增水189厘米。“彩虹”造成3119人受灾，农作物受灾面积2137公顷，水产养殖损失259千克，直接经济损失0.186亿元。

### 7. “巨爵”风暴潮

9月15日7时，第0915号台风“巨爵”在台山市北陡镇附近沿海地区登陆，中心附近最大风力12级。受“巨爵”影响，台山至惠州沿海9个验潮站最高潮位超过防潮警戒水位，三灶站实测最高潮位268厘米，超过警戒水位108厘米，达到200年一遇。增水大于100厘米的验潮站有12个，其中三灶、黄埔和珠海站最大增水分别为219厘米、184厘米和157厘米。“巨爵”造成广东沿海38个市县、167.82万人受灾，损毁房屋4507间，农作物损失面积11.74万公顷，海水养殖损失1.59万公顷、4.1万吨，损坏防波堤72处、110.07千米，直接经济总损失23.93亿元，死亡（失踪）19人。

## 【海浪】

2009年广东海域因台风浪和冷空气浪灾害损毁船只3艘，损坏海岸12.6千米，直接经济损失超过8473万元，死亡2人。

表11　　2009年广东海域海浪灾害统计表

| 起止时间 | 海浪类型 | 影响海域 | 直接经济损失（万元） |
|---|---|---|---|
| 1月4日 | 冷空气浪 | 江苏、广东 | 15 |
| 2月16~17日 | 冷空气浪 | 广东 | 10 |
| 4月26~27日 | 冷空气浪 | 广东 | 10 |
| 6月26~28日 | “浪卡”台风浪 | 广东 | 4603 |
| 7月14~15日 | “莫拉菲”台风浪 | 广东 | 3670 |
| 9月10~12日 | “彩虹”台风浪 | 广东、海南 | 75 |

## 【赤潮】

2009年广东海域共发生赤潮6次，累计面积约365平方公里，主要集中在珠江口海域。赤潮发生面积小，持续时间短。主要种类是多环旋沟藻、红色裸甲藻和球型棕囊藻。

10月27日至11月9日，珠海淇澳岛附近发生赤潮，水体呈深褐色，大量泡沫漂浮，浓郁腥臭味，有少量死鱼。

表12 2009年广东海域赤潮发生状况统计表

| 起止时间 | 影响海域 | 最大面积（平方公里） | 赤潮优势种 |
|---|---|---|---|
| 2月14～15日 | 大鹏湾官湖附近 | 0.09 | 夜光藻 |
| 2月24日 | 大鹏湾万科十七英里至下洞油库码头附近 | 0.04 | |
| 2月21日至3月2日 | 汕头企望湾、海门湾和莱芜湾 | 40 | 海链藻 |
| 8月26日 | 汕尾港 | 40 | 球形棕囊藻 |
| 10月22日 | 内伶仃岛附近 | 5 | 强壮前沟藻 |
| 10月27日至11月9日 | 珠海淇澳岛附近 | 280 | 多环旋沟藻和红色裸甲藻 |
| 合计 | | 365.13 | |

## 【咸潮】

从9月底起，西江、北江和东江珠江三角洲段多次遭遇咸潮入侵。9月28日至10月19日，联石湾水闸水源氯度连续大于250毫克/升。至11月27日，咸潮入侵加剧。期间，磨刀门水道平岗泵站最大氯度3820毫克/升。东江咸潮上溯到达新塘水厂和东莞第二水厂（该厂取水点最大氯度650毫克/升）。珠海、中山和澳门等地取水供水受到不同程度影响，只能依靠库存淡水维持。

海水入侵范围增大的地区还有潮州、阳江两市。与2008年相比，潮州部分区域海水入侵呈加重趋势，阳江部分居民区饮用水井和农用灌溉水井受到海水入侵影响。

# 海上灾害

## 【灾情概况】

2009年省海上搜救中心共接报在广东海域发生的船舶遇险事故287宗，其中沉没船舶59艘，包括中国内地船舶52艘，香港、澳门、台湾地区船舶6艘，外籍船舶1艘。死亡、失踪96人，其中中国内地94人、香港地区1人、外国籍1人。

## 【船舶遇险】

1. 1月

14日，“粤湛江F8055”渔业辅助船在20°41′N、110°49′E（海南和广东交界处的外罗门东部海域）处遭遇大风浪，海水进入船舱后沉没，船上4人乘坐自带小艇在大风浪中漂流，请求救援。经组织专业救助船舶、飞机、渔政船艇和过往船舶进行救援，4名遇险人员被安全救起。

23日，“粤台山2078”渔船在台山上川岛乌猪洲以南海域遇大雾迷失方向，船上燃油耗尽，船舶失去动力，船上2人，请求救助。经过组织多艘船舶参加救援，最后由“联通城”轮在上川岛乌猪洲以南约5公里处发现遇险船舶并实施救助，2名遇险船员安全获救。

2. 2月

2日，“粤电白18146”渔船从电白竹州西南海域返回时，突然被海浪打翻，船上2人同时落水。经过组织救援，1人获救，1人失踪。

13日，福建籍“长海178”货船从香港开往广西途中，在20°55′N、111°40′E（阳江海陵岛以南20海里）处倾斜后沉没，船上7名船员落海遇险。经过组织专业救助船舶、飞机以及海事、边防、渔政船艇和过往船舶进行搜救，最后救起2名遇险人员，有5人失踪。

16日，“粤远渔602”渔船在21°39′N、114°04′E（担杆列岛以南20海里）处因遭遇大风浪袭击后进水沉没，船上9人乘坐救生筏等待救援。经过组织救援，跟班渔船“粤湛江01192”渔船将9名遇险人员全部安全救起。

3. 3月

1日，“粤湛江01087”渔船在20°40′N、110°36′E（硇洲岛以南10海里）处由于风浪大而沉没，船上共有4人。经过组织“南海救198”轮、“华英397”轮、“中国渔政44280”轮、“中国渔政44285”轮、“中国海监9091”轮、“中国海监9095”轮和救助飞机等前往搜救，最后找到2具遇险人员尸体，另外2人失踪。

13 日，“珠香 1358” 渔船在 22°12′N、113°47′E 处因风浪大机舱进水，有沉没危险，船上 3 人，请求救助。经组织“海巡 151” 轮和“海特 1509” 轮前往救助，最后“珠香 1358” 渔船安全返回。

13 日，一艘香港小游艇在 21°49′N、113°57′E（珠海担杆岛的蚊尾洲岛）附近，因风浪大无法返回香港，船上 7 人上了蚊尾洲岛，船主驾着小艇找地方避风。经过组织香港的救援飞机和南海救助局的“南海救 111” 轮前往搜救，最后由香港的救援飞机将岛上 7 人安全救回香港，船主也在风浪减弱后驾驶小艇安全返回香港。

13 日，有一艘无名小渔船在珠海香洲对面的白排灯塔附近水域因遭遇风浪沉没，船上 2 人登上白排灯塔小岛，请求救助。经过组织救援，最后由“中国渔政 44190” 轮将 2 名遇险人员安全救起。

13 日，“粤汕尾 22151” 渔船在大亚湾虎头嘴红灯桩海域失去动力。由于当时海面风力 7 ~ 8 级，阵风 9 级，船上 5 人处境危急，请求救援。经过组织救援，最后由“公边 44418” 艇成功将 5 名遇险人员安全救起。

13 日，“穗粤 6 号” 装泥船在 22°07′N、113°37′E（珠海横琴岛以东 4 海里）处进水后沉没，船上 9 人穿上救生衣等待救援。经过组织救援，澳门海关快艇将 9 名遇险人员安全救起。

4. **4 月**

3 日，巴拿马籍“海富” 集装箱船在 23°25′N、117°21′E 处（南澳岛以东 12 海里）进水后沉没，船上 14 名船员（其中 3 名中国籍船员，11 名印尼籍船员）弃船后登上救生艇，海面风力 6 ~ 7 级，阵风 8 级，处境危急，请求救援。经过组织救助、海事以及过往船舶等力量救助，最后由“潮电拖 2” 轮将 14 名遇险人员安全救起。

13 日，由于海面大雾，“泰联鑫” 轮与“粤雷州 07378” 渔船在湛江港 28 ~ 30 号灯浮之间水域发生严重碰撞，造成“粤雷州 07378” 严重进水，有沉没危险，船上 14 人，请求救援。经过组织“海巡 1734” 轮、“海巡 1723” 轮、“钱江 166” 轮和“湛港拖 3” 轮前往救助，最后救起 13 人，1 人失踪。

27 日，“粤电白 18202” 渔船在电白竹洲岛南面附近海域遭遇风浪后沉没，船上 2 人落水。经过组织救援，1 人获救，1 人失踪。

5. **5 月**

23 日，一艘小渔船在上川岛附近水域遭遇风浪后沉没，船上 6 人（1 人为大陆人，5 人为澳门人）登上无人岛礁，请求救援。由于现场风浪太大，救助力量多次尝试都不能接近岛礁接人。24 日中午，“中国海监 9063” 轮顶着大风大浪，抵达遇险人员现场，经过奋力营救，终于将遇险人员全部安全救回。

23 日，广东籍“阳山 1068” 施工船在珠海九洲岛横洲附近水域锚泊时遭遇风浪，船上 8 人，处境危急，请求救援。经过珠海海上搜救分中心组织救援，最后由“中国渔政 44190” 轮将 8 名遇险人员安全救起。

24 日，“粤汕尾 30615” 渔船在 22°30′N、114°39′E（惠州大辣甲东南海域）处由于受大风大浪袭击，船体出现漏水后沉没，船上 5 人登上救生浮，随大风大浪漂流，处境紧急，请求救助。经过惠州市海上应急搜救中心组织海事、渔政和边防等力量进行救助，最后由“海巡 152” 轮成功将 5 名遇险人员全部安全救起。

6. 6月

22日，“粤惠东30010”渔船在惠州大辣甲岛附近海域机器故障，因受第0903号强热带风暴“莲花”影响，海面风浪较大，海水打上甲板后进入船舱，随时有沉没危险，船上4人请求救援。经过组织救援，4名遇险人员全部被深圳龙岗渔政大队派出的“中国渔政44108”艇安全救起，渔船沉没。

26日，“恒祥1”货船从广东开往山东，在22°42′N、115°55′E（汕尾附近东南32海里）处因船上所载货物发生移位，导致船体倾斜，有沉没危险。由于受第0904号热带风暴“浪卡”影响，海面风浪很大，船上共有13人，请求救助。经过组织救援，“恒祥1”轮在“南海救111”轮协助下，安全到达汕尾碣石湾田尾角锚地抛锚。

27日，肇庆市凯翔船务有限公司的“凯翔188”货船在21°53′N、113°12′E处（珠海高栏港12号标附近水域）遭遇大风浪，有沉没危险，船上7人，处境危急，请求救助。经过珠海海上搜救分中心组织“港信拖1”轮、“港信拖2”轮、“港信拖3”轮、“港信拖5”轮4艘拖船前往救助，7名遇险人员全部被安全救起。

7. 7月

18日，“粤佛山工3033”无动力工程船在22°55′N、116°30′E（汕头石碑山附近海域）处受台风“莫拉菲”影响，船体进水，船上8人，处境危急，请求救援。经过组织“南海救111”轮和香港救援飞机前往救援，19日由“南海救111”轮成功将“粤佛山工3033”无动力工程船安全拖回海门港锚地，船上7名遇险人员安全获救。

19日，“粤电白52095”渔船在惠东港口镇新村附近对开海面防抗第0906号台风“莫拉菲”时发生走锚，随风漂流至22°35′N、114°53′E附近搁浅，船上3人处境危急，请求救助。经过惠州海上应急搜救中心组织救援，最后由渔政船艇将3名遇险人员安全救起。

8. 8月

4日，“粤珠海43075”渔船在珠海横琴石栏洲对出海面遭遇大浪，船上2人被大浪打落海里。经过珠海海上搜救分中心组织3艘快艇救援，2名落水人员被安全救起。

7日，从广西白龙开往广东顺德的江苏籍“长鑫68”货船途经20°20′N、109°48′E处（琼州海峡西口海域），因受第0907号强热带风暴“天鹅”影响，遭遇大风浪进水后沉没，船上6名船员穿上救生衣乘救生筏在海里漂流。经组织，“南海救159”轮、“南海救201”轮、“南海救198”轮、“海警44088”轮、“海巡1731”轮及过往船舶“大庆217”轮、“向辉10”轮和一架直升机前往搜救。8月9日，“长鑫68”轮6名遇险船员在20°39′N、108°59′E（涠洲岛以南20海里）处被过往“桂北渔91078”渔船安全救起。

7日，“楚东968”货船在20°14′N、110°01′E（湛江灯楼角以东约5.5海里）处抛锚时，由于海面风浪大，锚链拉断，船上有9人，处境危险，要求救助。经过组织救助，最后由“南海救159”轮顶着10级、阵风11级的风浪将“楚东968”轮安全拖到海口锚地，船上9名遇险人员安全获救。

9. 9月

10日，“粤肇庆9013”轮在20°33′N、110°41′E（湛江外罗水道附近）迷失方向，船上3名船员要求救助。受第0913号热带风暴“彩虹”影响，事故海域东北风8级，浪高3米。湛江海上搜救分中心积极协调事故现场附近的“金轮8”轮前往救助。11日4时左右，“粤肇庆9013”轮受风流影响，被吹至湛江徐闻附近岸边，3人自行上岸获救。

13日，“粤广州货0395”轮在22°38′N、115°38′E处（汕尾遮浪角东南水域）失去动力，由于现场风浪较大，船上6人处境危急，请求救援。经过组织“南海救195”轮前往救援，最后将“粤广州货0395”轮拖至安全海域，遇险人员安全获救。

28日，搁浅在珠海高栏港附近的巴拿马籍集装箱船“圣狄”轮，由于受台风“凯萨娜”影响，船体断裂后进水，有沉没危险，船上有24人，处境危急，请求救援。经过组织“穗救201”轮、“海巡31”轮、南海第一救助飞行队和香港救援飞机救助，最后由香港救援飞机分两批将24名遇险人员全部安全救回香港。

10. 11月

2日，“深蛇1333”渔船在珠海桂山牛头岛附近遭遇风浪，导致船舱进水失去动力，船上6名船员，处境危急，请求救援。经过组织渔政、边防等部门船艇和过往船舶进行救援，6名遇险人员被“公边44103F”快艇安全救起。

2日，海南籍“琼文昌33042”渔船在22°34′N、116°39′E（惠来石碑山角以南23海里）处遭遇大风浪后沉没，船上有15人遇险。经过组织专业救助力量、过往船舶和香港救援飞机进行救援，最后救起6名遇险人员，仍有9人失踪。

11日，“粤饶平34019”渔船在20°37′N、109°37′E（距离雷州企水港约7海里）附近突然船体大量进水后沉没，船上12人全部落海，等待救援。经过组织专业救助船舶、飞机以及渔政部门的船艇和过往船舶参加搜救，最后由“粤雷州34047”渔船救起10名遇险人员，仍有2人失踪。

20日，“粤雷州06308”渔船在20°29′N、109°12′E处（涠洲岛正南35海里附近水域）因受风浪打击后船体进水，船上13人，处境危急，请求救助。经过组织“南海救198”轮、“中国渔政44261”轮、“海警44081”轮以及过往商船“振华18”轮、“金舟1号”轮、“NING SHUN 9”轮等船舶进行搜救，最后由“南海救198”轮将“粤雷州06308”渔船安全拖回港口，遇险人员全部安全获救。

21日，上海远洋运输公司所属的“GLORY C”货船从印尼开往青岛，途经18°08′N、113°58′E处（上川岛以南约220海里）时船上第四舱肋骨出现断裂，船舱进水，由于海面东北风9级，阵风10级，浪高约3米，船舶有沉没的危险，船上27名船员处境危急，请求救助。接报后，省海上搜救中心立即协调南海救助局从西沙群岛派出“南海救111”轮前往救助，同时协调香港海上救援部门的救援飞机做好救助准备。22日凌晨，“南海救111”轮抵达“GLORY C”轮遇险现场，顺利护送该轮及船上人员至安全海域。

11. 12月

25日，往来香港与澳门之间的“金光篮球”高速客船（船上共有380名乘客和10名船员）与“深蛇5159”渔船在22°11.3′N、113°47′.5E（珠海桂山岛北面1号浮标）附近因受大雾影响而发生碰撞，造成“深蛇5159”渔船进水沉没，船上8名渔民落水。经过组织专业救助、海事、边防等部门及附近作业船舶进行救援，最后8名遇险人员被安全救起。

# 环境灾害

## 【灾情概况】

2009年省环保厅共向省政府总值班室报送突发环境事件信息86条，组织及指导各地环保部门妥善处置深圳市下坪固体废弃物填埋场污泥坑管涌事件、东深供水工程水质应急事件以及韶关乳源南水水库、茂名高州水库水华事件等23起突发环境事件。由于应对及时，未发生因环境污染造成人员伤亡或居民饮用水源受影响事件，未因环境污染造成重大经济损失，确保了全省环境安全和社会稳定。10月12日，广州辐照技术研究开发中心发生卡源事件，省环保厅在省委、省政府正确领导和中华人民共和国环境保护部指导下，积极协调指导广州市政府和有关部门开展处置工作。经过一个多月奋战，于11月28日成功把被卡放射源安全降入储源井内，整个处置过程做到未发生放射性物质泄漏或环境辐射污染，未造成人员伤害和社会影响。

## 【酸雨】

2009年城市降水酸度较强，pH均值为4.94，酸雨频率45.1%，酸雨污染依然严重。城市降水pH均值范围在4.39（韶关）~6.5（云浮）之间，66.7%的城市（14个）受酸雨污染（pH均值<5.6），85.7%的城市（18个）出现过酸雨。广州、韶关、深圳、佛山和江门等5个城市属于重酸雨区（pH<4.5或4.5≤pH<5.0且酸雨频率>50%），占23.8%。

## 【主要污染事件】

### 1. 深圳市下坪固体废弃物填埋场污泥坑管涌事件

2月15日下午4时左右，深圳市下坪固体废弃物填埋场3号污泥坑发生管涌，导致坑内污泥和污水混合物沿着垃圾体顺流而下，经排水箱涵进入布吉河。

管涌事件发生后，省环保厅立即指示省环境监察分局派有关人员赶赴深圳，并要求深圳市环保局认真做好相关处置工作。为争取事件处置主动权，省环保厅及时向香港环保署通报有关状况。深圳市环保局立即启动应急机制，并派人赶赴现场开展应急工作，同时根据市委、市政府领导要求，制定针对该事件的应急处置方案和应急监测方案，并采取以下措施：一是控制源头。维修、加固并增加下游存储管涌污泥及污水混合物的池塘闸门和阀门，用沙包对渗漏处进一步堵截；用块石及泥土在池塘下方设置围堰，进一步堵截污水；向池塘投放絮凝剂，较快地将污水中有机物形成沉淀，改善水质。二是处理河水。在布吉河下游投放絮凝剂，减轻河水污染，及时清理垃圾及漂浮物。三是加强监测。先后在布吉河及其下游河道内布设4个监测断面

（布吉河草铺、布吉河洪湖段、布吉河口、深圳河口），每两小时监测1次，密切关注水质变化，并对管涌污泥进行取样分析，为现场处置和事故调查提供技术支持；及时开展深圳湾海域水质监测，评估事件对深圳湾海域的影响。

2月15~19日，共37次监测结果显示：镉、铜、铅、砷等重金属在草铺和洪湖段浓度均符合《地表水环境质量标准》V类标准，布吉河口断面高锰酸盐指数及各断面化学需氧量、氨氮、总磷浓度在37次监测中均超出V类标准，各断面均为劣V类水质。深圳湾海水测点只监测化学需氧量和氨氮两个项目，各海水测点各次监测结果变化不大，均达标。污染事件发生后，深圳湾海水质量一直达标，未见异常。

**2．韶关市翁源县坝仔镇槽罐车翻车事件**

10月20日21时，一辆槽罐车（牌号为赣B60943，车上装载48吨浓度为104%的发烟硫酸）从韶关市广宝高纯硫酸厂运往江西赣州全南县华星氟化工有限公司，途经韶关市翁源县坝仔镇岩庄中洞村S245线南小路段4千米处发生交通事故（交通事故最终确认造成2人死亡），造成槽罐车翻落百米深沟，硫酸从罐体中泄漏，进入公下桥水电站上游200米处小溪，并顺流而下进入约5千米的电站引水渠和储水库。

事故发生后，翁源县政府启动应急处置预案，由主管副县长带领公安、安监、消防、环保和坝仔镇政府等部门组成的污染事故应急处置小组，当晚赶赴事故现场指挥处置工作：一是环保部门部署应急监测、监察工作，并针对事故状况和特点提出应急处置措施和建议。监测工作人员从21日凌晨1时左右开始，按照拟定监测方案实施监测，每天分上午、下午两个时段开展监测，持续到24日，主要监测断面设置在事发点下游5千米水路范围。二是从金宏铀业有限公司708厂紧急调运约15吨石灰到事发点下游200米的公下桥电站，组织村民分三个抛洒点向水中投入石灰。三是协调事发点上下游多个水电站，在事发初期进行截流污染水体，确保污染水体向下游扩散得到有效控制；调动有关水电站加大排水量，对受污染山沟进行冲洗；彻底关闭事发点下游5千米处的长滩电站，确保污染控制在5千米水路内。五是由坝仔镇政府积极做好宣传，连夜通知事发点下游中洞、半溪等村委，组织村委干部挨家挨户宣传，要求人畜不得接触受污染水体，不得接近事故发生点硫酸覆盖的山坡，不得捡食河中死鱼，确保不发生衍生事故。

从事故发生至10月24日的4天内，通过各部门配合协作，并采取一系列有效措施，翁源县环保局对事故涉及水体的应急监测数据反映，事故下游5000米处水体水质没有发生明显变化，水质污染完全控制在确定目标范围。10月24日上午10时监测结果显示，事故下游200米处pH为6.20，3000米处为7.05，5000米处为7.20。至此，事发点下游水体水质基本恢复正常，本次事故造成的水质污染影响已经消除。

**3．广州辐照技术研究中心卡源事件**

10月12日21时左右，广州辐照技术研究中心钴辐照装置在运行过程中发生卡源故障。通过原有观察孔观察辐照室内状况，发现转运器在第三通道发生倾斜，货物跌落造成卡源，致使放射源不能正常返回屏蔽水体，处于辐照室内。

接报后，省环保厅高度重视，立即派出主管辐射的厅领导率相关处室和省环境辐射监测中心有关专家于10月14日17时30分到达现场了解情况。根据中共中央政治局委员、省委书记汪洋批示精神，省环保厅与广州市政府共同做好以下几项工作：一是由市委宣传部牵头，成立广州辐照技术研究开发中心卡源事件新闻应急处理协调小组，省环保厅、广州市政府办公厅（新闻信息处)、市环保局、市科技局、市应急办、番禺区政府、广州辐照技术研究中心等有关部门和单位参加，负责事件新闻正面报道和舆论搜集监控。二是16日在《广州日报》和《信息时报》披露事件信息，同时在省、市环保网披露相关信息。三是妥善应对媒体和公众咨询，做好信息沟通：由市委宣传部负责，做好网上舆情搜索、整理、报告工作，由省环保厅组织专家针对网民提问采用跟帖形式回应；由市政府指定事件新闻发言人，及时客观回应有关媒体和公众电话咨询或采访，省环保厅组织专家针对媒体和公众可能的提问从专业技术角度做好回应准备，向市和番禺区政府新闻发言人提供相关资料；做好召开新闻发布会准备。如果事件进一步升级，将以市政府名义召开新闻发布会。

为整合力量尽快圆满解决卡源事件，由中华人民共和国环境保护部核安全管理司核技术利用处牵头，成立广州辐照技术研究开发中心辐照装置卡源事件现场处置领导小组，成员包括中华人民共和国环境保护部核安全管理司核技术处、中华人民共和国环境保护部广东核与辐射安全监督站、省环保厅、广州市政府等单位，下设协调指挥、信息舆情、专业技术、辐射监测和工程作业等5个工作小组。16日上午，现场处置领导小组查看现场，探讨迷道拖出吊柜的可行性，进一步讨论打孔挂钩方案以及打孔后现场剂量泄漏量计算、现场辐射安全防护、实施方案所需专用工具等问题，并组织作业打孔。当时辐照装置仍处于安全状态，周围环境辐射水平无明显升高，水质监测结果无异常。

11月28日12时48分，广州辐照技术研究开发中心被卡放射源安全降入贮源井内，卡源故障处置工作圆满完成。经省辐射环境监测中心监测，辐照室内及周边环境辐射剂量水平全部处于安全范围内。

14日卡源事件处置工作启动后，国家、省、市各级领导高度重视，有关部门和专家全力以赴，整个处置过程始终按照“积极、稳妥、科学、安全”原则，把群众生命财产安全放在首位，同时正确引导舆论，维护社会稳定。由于处置工作得力，自始至终未发生放射性泄漏和环境辐射污染，未造成人员伤害和不良社会影响。

# 海洋与渔业灾害

## 【灾情概况】

2009年广东省广东海洋与渔业灾害主要是热带气旋、洪涝、病害和污染灾害。其中病害危害性已上升到第二位，是影响渔业发展的重要因素。全年因灾造成渔业直接经济损失35.75亿元，比2008年（102.2亿元）下降65%；造成水产品损失26.96万吨，比2008年（74.4万吨）下降64.5%。灾害和事故还造成90人伤亡（其中死亡30人、失踪29人、重伤31人），比2008年（18人）增加72人，上升4倍。

### 1. 热带气旋和洪涝

2009年热带气旋及其带来的强降雨和洪涝共造成全省渔业直接经济损失11.72亿元，损失水产品14.18万吨。其中在捕捞渔业方面，造成沉船81艘、经济损失1056万元，船只损毁456艘、经济损失934万元；在养殖业方面，损毁池塘5862公顷、经济损失4.84亿元，损毁网箱15只、经济损失1.36亿元，损毁苗种繁育场25个、经济损失0.14亿元，损毁工厂化养殖设施25座；在渔业基础设施方面，损毁围栏15千米、经济损失132万元，损毁堤坝7.31万米、经济损失2.86亿元，损毁涵闸83座、经济损失1079万元，损毁码头173米、经济损失235万元，损毁护岸4345米、经济损失755.5万元，损毁防波堤2737米、经济损失667万元。

### 2. 干旱

全省水产养殖受旱灾面积9165公顷，造成水产品损失1.30万吨、经济损失1.10亿元。

### 3. 病害

以流行性水产养殖病害为主。全省水产养殖病害面积1.59万公顷，造成水产品损失5.10万吨、经济损失7.03亿元。局部海区深水网箱鱼类寄生虫病、淡水鱼类链球菌病、对虾桃拉病等病害呈现高发趋势，尤其是罗非鱼链球菌病害严重，湛江、肇庆两市发病面积达4万亩、死亡0.6万吨，直接经济损失3700多万元。

### 4. 污染

水域环境污染已成为养殖病害频发的重要原因，并人为造成次生灾害。这一方面因城市化进程加快和工业、生活污水排放对广东养殖水域构成威胁，另一方面因养殖自身污染日趋严重，部分水域过度开发和超容量养殖导致水域富营养化，养殖废弃物大量排放，影响了周边生态环境。2009年全省水产养殖受污染面积达1763公顷，造成水产品损失6435吨、经济损失0.63亿元。

# 农田作物和生物灾害

## 【农田作物灾害】

2009 年广东省农业生产主要受早春干旱、暴雨洪涝、热带气旋和秋旱等自然灾害影响，造成一定损失。全省累计农作物和果树受灾面积 1569.2 万亩，成灾 459.7 万亩，绝收 62.4 万亩，其中粮食作物受灾 847.4 万亩，经济作物受灾约 721.8 万亩。全年农业损失 20 亿元。

### 1. 干旱

年内出现 2 次严重干旱：一是春旱。2008 年 10 月汛期结束至 2009 年 2 月，全省累积降雨量与常年同期相比大幅减少，尤其是 2009 年一二月全省平均降雨量明显下降，2 月部分地区不同程度出现旱情。至 2 月 28 日，农作物受旱面积 292.6 万亩，成灾面积 34.9 万亩，绝收面积 1.1 万亩。湛江、茂名、梅州、韶关、云浮等市受灾较严重。二是秋旱。入秋以后，粤北和粤东大部地区降水量明显偏少，再次出现旱情，并呈现持续发展态势。由于几次热带气旋带来的降雨都集中在珠江三角洲和粤西沿海地区，此次旱情主要发生在粤北、粤东地区的韶关、清远、梅州、潮州、惠州等地。粤北、粤东部分晚稻因抽穗扬花和灌浆成熟期受旱造成减产，局部失收，部分番薯、玉米和花生也受旱减产。至 11 月 6 日，全省农作物受旱面积 231 万亩，成灾面积 73.3 万亩，绝收面积 6.3 万亩。

### 2. 暴雨洪涝灾害

5 月 22 日至 6 月 8 日，受西南暖湿气流和低压槽影响，部分地区出现持续性强降雨过程，全省农作物受洪涝灾害 70.9 万亩，成灾 10.4 万亩，其中水稻受浸面积 36.8 万亩。期间正值部分水稻抽穗扬花期，部分经济作物和水果处于成熟、采收期，至水稻和经济作物产量受到一定影响。

### 3. 热带气旋灾害

2009 年先后遭遇“浪卡”、“苏迪罗”、“莫拉菲”、“天鹅”和“巨爵”等 5 个热带气旋正面袭击，农业生产损失较大。热带气旋造成农作物受灾面积 445 万亩，成灾面积 89.4 万亩，绝收面积 24.2 万亩，农业经济损失 12.56 亿元。其中“巨爵”的影响尤为严重，全省农作物受灾面积 229 万亩，成灾面积 47.7 万亩，绝收面积 4.9 万亩，阳江、江门、云浮、茂名、湛江等市受灾较为严重。

## 【农田生物灾害】

### 1.灾害概况

2009年影响农作物主要生物灾害有：稻纵卷叶螟、稻飞虱、三化螟、纹枯病、稻瘟病、稻曲病、细菌性条斑病、病毒病，蔬菜小菜蛾、黄曲条跳甲、蚜虫、瓜蓟马、甜菜夜蛾、斜纹夜蛾、豆荚螟、霜霉病、枯萎病、病毒病、炭疽病、疫病，荔枝瘿螨、蒂蛀虫、椿象、霜疫霉病，柑橘红蜘蛛、锈蜘蛛、潜叶蛾、黑星病、炭疽病，花生锈病、叶斑病、玉米螟、农田杂草、鼠害和螺害等。

年内气候有利于农作物有害生物发生，主要有害生物总体呈偏重发生，其特点是上半年病害重于虫害，下半年“两迁”害虫发生较重，农作物病虫草鼠螺害发生面积2334.67万公顷次，绝收面积0.42万公顷。受生物灾害影响，全年损失粮食90.22万吨、蔬菜42.87万吨、荔枝8.6万吨、柑橘10.49万吨、玉米4.31万吨。

### 2.灾情

●虫害

稻飞虱：偏重发生、局部重发生，发生面积222.21万公顷次，防治面积276.36公顷次，挽回稻谷损失90.06万吨，实际损失稻谷16.32万吨。白背飞虱2月26日始见，比2008年早30天；褐飞虱3月1日始见，比2008年早25天。第三代稻飞虱大部分田块百丛虫量100~200头，高的600头，以白背飞虱为主；第四代稻飞虱大部分田块百丛虫量400~800头，高的1.1万头，褐飞虱占60%；第五代稻飞虱大部分田块百丛虫量200~400头，高的700头，以白背飞虱为主；第六代稻飞虱大部分田块百丛虫量300~700头，高的4300头，褐飞虱占34%；第七代稻飞虱大部分田块百丛虫量300~700头，高的4300头，褐飞虱占59%。

稻纵卷叶螟：偏重发生、局部重发生，发生面积229.67万公顷次，防治面积291.25公顷次，挽回稻谷损失99.45万吨，实际损失稻谷17.01万吨。始见蛾日为4月1日，第二代稻纵卷叶螟4月28日至5月4日于西南部出现蛾峰，亩蛾量一般300~500头，高的2668头，高峰日最高值6670头。第三代稻纵卷叶螟5月21~26日于西南部和北部出现蛾峰，亩蛾量一般250~500头，高的2000头，高峰日最高值7000头；6月1~11日中部、北部出现蛾峰，亩蛾量一般300~750头，高的4000头，高峰日最高值1.85万头。第五代稻纵卷叶螟全省大发生，8月16~21日出现蛾峰，亩蛾量一般300~600头，高的5082头，高峰日最高值13320头；9月4~21日，亩蛾量一般3000~8000头，高的1.5万头，高峰日最高值4万头。第七代稻纵卷叶螟10月1~11日，全省范围内出现蛾峰，亩蛾量一般800~1500头，高的7585头，高峰日最高值20010头。

三化螟：中等发生、局部偏重发生，发生面积75.63万公顷次，防治面积102.69公顷次，挽回稻谷损失26.29万吨，实际损失稻谷4.80万吨。第一代三化螟偏轻发生，田间虫量较低，但比2008年同期重。第二代三化螟蛾高峰在5月下旬中至6月上旬中，比水稻破口抽穗期提前5~10天。

飞蝗：全省飞蝗发生面积2.64万公顷次，实际损失粮食0.09万吨。

玉米螟：中等发生、局部偏重发生，发生面积17.27万公顷次，实际损失玉米1.51万吨。

小菜蛾：中等发生、局部偏重发生，发生面积41.31万公顷次，实际损失蔬菜6.48万吨。该虫主要为害十字花科蔬菜，珠江三角洲等蔬菜主产区为害重。

黄曲条跳甲：中等发生、局部偏重发生，发生面积43.36万公顷次，实际损失蔬菜7.50万吨。

蔬菜蚜虫：中等发生、局部偏重发生，发生面积38.58万公顷次，实际损失蔬菜3.35万吨。

菜青虫：偏轻发生、局部中等发生，发生面积29.58万公顷次，实际损失蔬菜3.02万吨。

豆荚螟：中等发生、局部偏重发生，发生面积7.23万公顷次，实际损失蔬菜1.44万吨。主要为害豆科蔬菜品种。

烟粉虱：中等发生、局部偏重发生，发生面积17.35万公顷次，实际损失蔬菜4.92万吨。主要为害豆科、葫芦科和茄科等蔬菜品种。

美洲斑潜蝇：中等发生、局部偏重发生，发生面积20.05万公顷次，实际损失蔬菜3.55万吨。主要为害葫芦科、豆科蔬菜。

瓜蓟马：中等发生、局部偏重发生，发生面积16.03万公顷次，实际损失蔬菜2.98万吨。主要为害葫芦科、茄科蔬菜。

斜纹夜蛾：中等发生、局部偏重发生，发生面积33.72万公顷次，实际损失蔬菜5.43万吨。在辣椒、莲藕、芋头、豆角等作物上发生重。

甜菜夜蛾：中等发生、局部偏重发生，发生面积12.90万公顷次，实际损失蔬菜1.55万吨。在十字花科蔬菜上发生重。

荔枝蒂蛀虫：中等发生，发生面积37.27万公顷次，实际损失荔枝3.59万吨。

荔枝椿象：发生中等、局部偏重，发生面积17.39万公顷次，实际损失荔枝1.49万吨。

荔枝瘿螨：中等发生、局部偏重，发生面积8.61万公顷次，实际损失荔枝0.51万吨。

柑橘红蜘蛛：中等发生、局部偏重发生，发生面积58.13万公顷次，实际损失橘柑3.16万吨。

柑橘锈蜘蛛：中等发生、局部偏重发生，发生面积21.85万公顷次，实际损失橘柑3.21万吨。

柑橘潜叶蛾：中等发生、局部偏重发生，发生面积31.14万公顷次，实际损失橘柑1.10万吨。

柑橘蚜虫：中等发生、局部偏重发生，发生面积27.13万公顷次，实际损失橘柑0.94万吨。

柑橘蚧壳虫：中等发生，发生面积17.93万公顷次，实际损失橘柑0.77万吨。

柑橘粉虱：中等发生，发生面积16.23万公顷次，实际损失橘柑0.68万吨。

柑橘木虱：中等发生，发生面积13.31万公顷次，实际损失橘柑0.62万吨。

●病害

稻瘟病：中等发生，局部重发生，发生面积35.02万公顷次，实际损失稻谷2.99万吨。五六月因降雨影响和品种抗病性下降，电白县等地天优368、特优161品种（组合）穗颈瘟发生严重，发生面积4000亩，其中病穗率30%～70%的有2000亩，望夫、沙琅、观珠等乡镇受害较重。

水稻纹枯病：偏重发生，发生面积160.66万公顷次，实际损失稻谷12.41万吨。发生区为全省稻区，浓绿偏氮田块发生较重。

水稻细菌性条斑病：中等发生，发生面积8.33万公顷次，实际损失稻谷0.85万吨。

水稻白叶枯病：中等发生，发生面积4.28万公顷次，实际损失稻谷0.56万吨。主要发生区域为台山、阳西、雷州等西南沿海水稻种植区。

水稻病毒病：偏重发生，发生面积2.22万公顷次，实际损失稻谷0.72万吨。主要发生区域为雷州、遂溪、阳西、惠东、海丰、陆河等地。

玉米大斑病：中等发生、局部偏重发生，发生面积7.55万公顷次，实际损失玉米0.48万吨。

玉米小斑病：中等发生、局部偏重发生，发生面积7.35万公顷次，实际损失玉米0.39万吨。

玉米纹枯病：中等发生，发生面积4.84万公顷次，实际损失玉米0.67万吨。

柑橘炭疽病：中等发生、局部偏重发生，发生面积20.05万公顷次，实际损失玉米1.26万吨。

荔枝霜疫霉病：发生中等偏重，发生面积15.26万公顷次，实际损失荔枝3.01万吨。

蔬菜霜霉病：偏重发生，发生面积14.99万公顷次，实际损失蔬菜2.65万吨。

●草害

全省农田草害发生面积317.06万公顷次，实际损失粮食20.32万吨。

●鼠害

全省农田鼠害发生面积134.91万公顷次，实际损失粮食12.28万吨。

●螺害

全省螺害发生面积48.19万公顷次，实际损失粮食1.87万吨。

### 3.部分市病虫害简况

●广州市

全市农作物病虫草鼠螺害发生面积154.77万公顷次，防治面积196.60万公顷次。农作物病虫发生偏重，部分病虫重发生，其发生特点是病虫种类多，水稻迁飞性害虫迁入量大、迁入峰次多，局部性突发病虫时有发生。稻纵卷叶螟重发生，发生面积13.26万公顷次，防治面积14.8.万公顷次。稻飞虱偏重发生，发生面积9.54万公顷次，防治面积10.66万公顷次。纹枯病中等发生，发生面积7.09万公顷次，防治面积8.85万公顷次。稻瘟病局部发生，发生面积0.21万公顷次，防治面积0.28万公顷次。玉米螟中等发生、局部偏重发生，发生面积0.98万公顷次，防治面积1.46万公顷次。斜纹夜蛾、甜菜夜蛾偏重发生，发生面积8.78万公顷次，防治面积9.67万公顷次。小菜蛾偏重发生，发生面积4.28万公顷次，防治面积4.62万公顷次。瓜蓟马中等发生，发生面积3.14万公顷次，防治面积8.49万公顷次。黄曲条跳甲：偏重发生，发生面积5.84万公顷次，防治面积6.63万公顷次。白粉病偏重发生，瓜豆类蔬菜发生面积1.43万公顷次，防治面积2.33万公顷次。霜霉病偏重发生，发生面积3.55万公顷次，防治面积5.26万公顷次。炭疽病中等发生，发生面积1.33万公顷次，防治面积2.28万公顷次。荔枝蒂蛀虫中等发生、局部偏重发生，发生面积5.78万公顷次，防治面积10.82万公顷次。荔枝蝽象中等发生，发生面积3.58万公顷次，防治面积5.25公顷次。

●韶关市

全年水稻种植面积13.66万公顷，病虫鼠螺害发生面积83.33万公顷次，防治面积106.66万公顷次，防治效果总体达到95%以上，实际损失稻谷4.8万吨，经防治挽回稻谷损失45万吨。病虫发生不平衡，区域性发生特征明显；迁飞性害虫稻飞虱发生属较轻年份，稻纵卷叶螟早造属较轻、晚造属重发生年份；三化螟发生回升明显，二化螟发生有扩散趋势。该市至5月中旬中降雨明显偏少，特别是4月下旬中至5月中旬中，连续18个晴日，导致迁飞性害虫前期迁入量偏少，田间发生虫量偏低；螟虫（三化螟、二化螟）发生较2008年有所回升，同时受冬春降雨偏少影响，越冬死亡率偏低，有利其发生。晚造稻纵卷叶螟前期发生早、发生重，本地虫源基数较大，叠加外地迁入虫源，导致主害代发生重；稻飞虱迁入量总体偏少，发生较轻；受晚造降雨偏少影响，病害如稻瘟病、纹枯病发生较常年轻。

●清远市

全市主要农作物病虫草鼠发生中等，局部偏重发生，发生面积195.91万公顷次，防治面积234.82万公顷次，其中水稻病虫发生面积71.46万公顷次，防治面积88.09万公顷次；蔬菜病虫发生面积29.90万公顷次，防治面积38.57万公顷次；柑橘病虫发生面积56.90万公顷次，防治面积72.58万公顷次。田鼠发生中等，发生面积10.81万公顷次。越北腹露蝗发生中等，蝗虫卵囊密度一般0.5～8块/平方米，最高16块/平方米，加权平均2.57块/平方米。解剖卵囊一般每块有卵10～19粒，平均16粒，最高27粒。卵粒死亡率7.8%。虫源地发生范围沿大、小北江及其支流分布在三连一阳和英德市五个县（市）共38个乡镇，发生面积1.11万公顷，其中英德市桑地发生面积0.13万公顷，发生程度中等，局部偏重发生。

●河源市

主要农作物病虫中等发生，局部偏重发生，其特点是晚造重于早造，晚造稻纵卷叶螟迁入早、峰次多、虫量大，为近十年之最。全市水稻病虫发生面积60万公顷次，与2008年基本持平，挽回粮食损失18万吨，实际损失4万吨。2009年各类生物灾害发生面积及其与2008年比较如下：稻纵卷叶螟13.86万公顷次，增加2.13万公顷次；稻飞虱15.2万公顷次，持平；三化螟7.53万公顷次，增加1.13万公顷次；纹枯病13.13万公顷，增加1.06万公顷。花生病虫害5.53万公顷次，减少2万公顷次；柑橘病虫害9.33万公顷次，增加2.66万公顷次（2009年较旱，温度较高，近两年河源市柑橘种植面积有所增加）；蔬菜病虫害12.46万公顷次，增加0.46万公顷次；农田鼠害2.66万公顷，持平；草害面积7.86万公顷次，增加0.93万公顷次。

# 畜禽疫病灾害

## 【灾害概况】

### 1. 猪

引起猪只死亡的主要疫病有高致病性猪蓝耳病、猪瘟、猪伪狂犬病，其次是猪肺疫、猪链球菌病、猪支原体肺炎、猪副嗜血杆菌病，猪流行性腹泻、猪传染性胃肠炎、细小病毒病等对养猪业也造成一定危害。

### 2. 禽

引起鸡死亡的主要疫病是鸡新城疫、传染性法氏囊病、禽霍乱、鸡白痢、马立克氏病、传染性支气管炎、传染性喉气管炎等。导致鸭死亡的主要疫病是鸭瘟、鸭传染性浆膜炎、鸭病毒性肝炎。导致鹅死亡的主要疫病是小鹅瘟和鹅患鸭瘟。

禽大肠杆菌病对禽类也造成一定危害。

### 3. 牛

耕牛死亡原因以巴氏杆菌病、产气夹膜杆菌病为主，农药和毒鼠药中毒导致耕牛死亡也时有发生。腐蹄病、乳房炎、结核病和布鲁氏病是造成奶牛被淘汰和经济损失的主要原因。

## 【畜禽疫病新动态】

### 1. 高致病性禽流感

全省累计对19.076万份禽和猪血清进行H5、H9亚型禽流感监测，对7.509万份家禽、猪的咽、肛/泄殖腔棉拭子样品进行禽流感病毒核酸监测。结果表明，由于实施高密度禽流感免疫政策，家禽免疫抗体群体合格率较高，大部分家禽得到有效保护，有效阻断了禽流感疫情发生和传播，但仍需进一步强化免疫和监测力度，根据监测结果指导免疫。

### 2. 猪流感

对2205份非免疫猪血清进行抗体监测，阳性率19.59%。对7812份棉拭子进行病原学监测，未检出甲型H1N1流感病毒和经典H1N1流感病毒。

3．牲畜口蹄疫

全省对56943份家畜血清进行O型抗体监测，合格率70.28%。对4146份牛、羊血清进行亚洲Ⅰ型抗体监测，合格率16.96%。监测结果表明，牲畜O型免疫抗体合格率较高，但牛亚洲Ⅰ型抗体合格率偏低，须加强免疫。

4．高致病性猪蓝耳病

对5044份猪血清进行抗体监测，合格率61.2%。结果表明猪群抗体阳性率较高，但因监测方法无法区分自然感染和疫苗免疫抗体，尚不能客观反映猪蓝耳病感染状况。

5．猪瘟

全省共对51591份猪血清进行抗体监测，合格率84.93%；此外用PCR方法对871份样品进行了猪瘟病毒抗原监测。结果表明，个别猪场仍有隐性猪瘟散在，种猪猪瘟抗体合格率普遍高于80%，但散养、个体猪场较低。

6．新城疫

对82620份家禽血清进行抗体监测，合格率78.61%；此外对9743份家禽咽/泄殖腔棉拭子进行了强毒抗原监测。结果表明，新城疫免疫抗体合格率较高，但禽群中仍有带毒现象，一旦免疫抗体下降或病毒毒力发生变异，很可能发生疫情。

# 林业灾害

## 【森林火灾】

2009年广东省共发生森林火灾188起，过火面积2631公顷，其中受害森林面积1267公顷，受害率0.14‰。火灾造成2人死亡、3人重伤、1人轻伤。与2008年相比，森林火灾次数上升13.9%，过火面积下降5.5%，受害森林面积下降12.7%，人员伤亡下降14.3%。

年内森林火灾发生特点：一是时段集中。山火主要发生在1月、2月、10月和11月，期间发生森林火灾179起，占总数的95.2%。二是区域集中。清远、韶关、梅州、河源、汕头、茂名等6市共发生火灾137起，占总数的72.9%；受害森林面积887.8公顷，占总面积的70.1%。三是起因集中。烧田基草、烧荒、上坟烧纸、野外吸烟、痴呆人员玩火等原因引起的火灾占43.6%。

## 【较大森林火灾】

### 1. 肇庆市鼎湖区“1.12”森林火灾

1月12日15时左右，肇庆鼎湖区沙浦镇省属西江林业局高要林场发生森林火灾，至14日17时，明火全部扑灭。此次森林火灾过火面积约67公顷，无人员伤亡。火灾系因伐木工人野外做饭余留火种复燃所致。

### 2. 珠海市香洲区“1.30”火灾

1月30日，珠海市香洲区南屏镇黑面将军山顶部东南侧发生森林火灾，至2月2日11时20分，明火被扑灭。此起森林火灾过火面积230公顷，森林受害面积约96公顷，无人员伤亡。火灾系因登山人员上山玩擦炮引燃可燃物所致。

### 3. 清远英德市长江坝“11.2”森林火灾

11月2日9时40分左右，清远市英德辖区长江坝国有林场农队桉树林地发生森林火灾。5日早晨6时，火场外线明火全部扑灭。此起森林火灾过火面积446.7公顷，受害森林面积86.7公顷，其余为桉树林、阔叶林、灌木林和采伐迹地地表过火，无人员伤亡。火灾系因受强风影响，树冠与高压线碰撞导致树冠燃烧所致。

## 【林业有害生物灾害】

### 1. 灾害概况

2009年全省林业有害生物分布面积140.30万公顷，发生面积44.21万公顷，成灾面积4966.67公顷，成灾率为0.51‰。主要发生种类有松材线虫病、薇甘菊、松突圆蚧、椰心叶甲、刺桐姬小蜂、萧氏松茎象、马尾松毛虫、湿地松粉蚧、竹林害虫、桉树病虫害等。

林业有害生物发生的主要特点：一是发生面积有所减少（比2008年减少3.22万公顷），成灾面积稍有增加（比2008年增加900公顷）；二是外来林业有害生物入侵危害形势严峻，入侵频次增加，种类增多，危害面积总体呈逐年扩大趋势，2009年新发现桉树枝瘿姬小蜂（Leptocybe invasa Fisher et LaSalle）和扶桑绵粉蚧（Phenacoccus solenopsis Tinsley）两种外来入侵林业有害生物；三是常发性病虫害发生形势总体平稳，速生丰产林病虫害发生面积继续扩大。

全省实施监测调查面积2490.77万公顷次，测报准确率达91.1%；实施防治作业面积25.61万公顷，无公害防治99.7%；实施种苗产地检疫面积6900.9公顷，种苗产地检疫率98.7%；实施产地检疫林木种子330.6吨、花卉726.6万株；调运检疫林木种子2.8吨、苗木20809.9万株、花卉417.6万株、木材349.5万立方米、药材2.5吨；检疫复检种子2.9吨、苗木987万株、木材20万立方米、花卉0.9万株。

### 2. 主要林业有害生物

●松材线虫病

2009年有8个市发生松材线虫病，分布在21个县（市、区）共85个乡镇，发生危害面积1.40万公顷，比2008年减少2366公顷；病死树11.32万株，比2008年减少12.97万株，有8个县（区）病死树率控制在万分之三以下；始兴县和广州市黄埔区鱼珠街道、封开县江川镇、深圳市龙岗区坪山、坑梓街道、惠州市惠城区汝湖镇发病小班松林全面实施皆伐改造，根除了1个县级疫区和5个镇级疫点疫情。

●薇甘菊

薇甘菊在省内17个市的54个县（市、区）有分布，比2008年增加7个市共23个县（市、区），分布面积2.97万公顷，发生危害面积2.68万公顷。其中深圳、惠州两市灾情较重，发生面积分别为9267公顷和11134公顷，占全省发生危害面积的76%。发生危害面积达万亩以上的县级行政区有龙岗区、宝安区、惠城区、惠阳区和博罗县。疫情从珠三角地区向粤西、粤东两翼迅速扩散蔓延。

●松突圆蚧

松突圆蚧在省内18个市的74个县（市、区）有分布，年内未增加新的疫区市、县。分布面积84.74万公顷，发生危害面积23.01万公顷，比2008年减少4.65万公顷；重度危害面积2512公顷，危害程度比2008年有所减轻。其中信宜市灾情最重，发生危害面积达7.02万公顷；新丰县、五华县、阳春市、罗定市发生危害面积也超过1万公顷。

●椰心叶甲

椰心叶甲在省内12个市的33个县（市、区）有分布，危害植株67.88万株，年内新增疫区县2个。发生较严重地区有广州、珠海、东莞、湛江、茂名等市。其中湛江灾情最重，受害植株达34.40万株，占全省受害植株的50.7%。受害植株达10万株以上的县级行政区有香洲区和徐闻县。

●刺桐姬小蜂

刺桐姬小蜂在省内9个市的28个县（市、区）有分布，危害植株5.19万株，年内无新增疫区市、县。吴川县灾情较重，受害植株1.89万株，占全省受害植株的36.4%。

●萧氏松茎象

萧氏松茎象在省内6个市的18个县（市、区）有分布，分布面积1.05万公顷，发生危害面积8632公顷。清远市危害最重，发生危害面积达5385公顷，占全省发生危害面积的62.4%。

●马尾松毛虫

马尾松毛虫在省内16个市的84个县（市、区）有分布，分布面积10.78万公顷，发生危害面积2.37万公顷。发生危害面积达万亩以上的县（市、区）有韶关市的武江、曲江，肇庆市的怀集、封开、德庆，梅州市的兴宁，河源市的龙川、连平、和平，云浮市的罗定。

●竹林害虫

主要竹林害虫有黄脊竹蝗、华竹毒蛾和竹笋夜蛾，在竹子产区造成不同程度危害。其中黄脊竹蝗在省内13个市的44个县（市、区）有分布，分布面积1.23万公顷，发生危害面积8380公顷。韶关市的乐昌、南雄，肇庆市的广宁，梅州市的丰顺灾情较重，发生危害面积达万亩以上。竹笋夜蛾在肇庆市的怀集、广宁两县分布面积1.03万公顷，发生危害面积5738公顷。华竹毒蛾在韶关市的始兴、仁化、南雄分布面积993公顷，发生危害面积666公顷。

●湿地松粉蚧

湿地松粉蚧在省内18个市的85个县（市、区）有分布，年内未增加新的疫区市、县。分布面积26.82万公顷，发生危害面积6.60万公顷，危害程度比2008年略有减轻，无重度危害面积。

●桉树枝瘿姬小蜂

桉树枝瘿姬小蜂是一种入侵性外来有害生物，是桉属（Eucalyptus）植物的重要枝叶害虫。主要危害桉树苗木和幼林，在叶片、主脉、叶柄及当年生枝条上形成虫瘿，导致苗木倒伏、落叶、植株矮化、枝梢枯死，甚至植株死亡。近年在广西、海南省（区）部分地方发生严重危害，对桉树林造成较大威胁。2009年该虫在内新发生，分布在6个市的18个县（市、区），分布面积2497公顷，发生危害面积808公顷，江门、阳江两市灾情较重。

●阔叶树尺蠖

桉树尺蠖在省内17个市的59个县（市、区）有分布，分布面积6.88万公顷，发生危害面积3.61万公顷。发生万亩以上的县（市）有：江门市的台山、开平、鹤山，湛江市的遂溪、廉江、雷州，茂名市的化州，肇庆市的怀集、高要，河源市的东源，揭阳市的普宁，云浮市的罗定。相思尺蠖在省内5个市的11个县（市、区）有分布，分布面积2567公顷，发生危害面积1307公顷。

●桉树病害

桉树病害是主要由细菌、真菌引起的叶、茎、根部病害，在省内9个市的23个县（市、区）有分布，分布面积1.01万公顷，发生危害面积5070公顷，发生危害万亩以上的县有江门市的台山、鹤山，惠州市的惠城，肇庆市的封开和湛江市的雷州。

●松褐天牛

松褐天牛是松材线虫病的自然传播媒介，在省内6个市的15个县（市、区）有分布，发生危害面积 4946 公顷。

此外，一些有害生物在局部区域发生危害。桉树同安钮夜蛾在新丰、蕉岭两县发生危害面积 1622 公顷，毒蛾在乐昌市危害椎树面积达 940 公顷，马占相思蜡蝉在阳春发生危害面积 827 公顷，红椎赭红葡萄天蛾在广州市的黄埔、增城、从化和河源市的新丰县（市、区）发生危害面积 733 公顷，木麻黄棉蝗在湛江、茂名沿海防护林发生危害面积 464 公顷，有害植物无根藤在饶平县和惠来县发生危害面积 457 公顷。阳西、阳东、吴川受台风影响，发生木麻黄青枯病 261 公顷。

表 13 **2009 年主要林业有害生物发生防治数据统计表**

单位：万公顷、万株①、万公顷次②

| 序号 | 种类及区域 | 分布面积 | 发生合计 | 发生轻度 | 发生中度 | 发生重度 | 成灾面积 | 防治作业面积 |
|---|---|---|---|---|---|---|---|---|
| 一 | 松材线虫病 | 1.4029 | 1.4029 | 1.0975 | 0.3044 | 0.001 | 0.0149 | 9.044 |
| 1 | 广州市 | 0.4111 | 0.4111 | 0.4111 | 0 | 0 | 0 | 0.9905 |
| 2 | 韶关市 | 0.0432 | 0.0432 | 0.0371 | 0.0055 | 0.0005 | 0.0005 | 3.5593 |
| 3 | 深圳市 | 0.0597 | 0.0597 | 0.0597 | 0 | 0 | 0 | 0.0613 |
| 4 | 汕头市 | 0.0157 | 0.0157 | 0 | 0.0157 | 0 | 0 | 0.4093 |
| 5 | 肇庆市 | 0.0431 | 0.0431 | 0 | 0.0431 | 0 | 0 | 1.72 |
| 6 | 惠州市 | 0.6633 | 0.6633 | 0.4272 | 0.2361 | 0 | 0 | 1.8462 |
| 7 | 梅州市 | 0.1034 | 0.1034 | 0.1034 | 0 | 0 | 0.0124 | 0.3093 |
| 8 | 东莞市 | 0.0426 | 0.0426 | 0.0426 | 0 | 0 | 0 | 0.06 |
| 9 | 省属林场 | 0.0208 | 0.0208 | 0.0163 | 0.004 | 0.0005 | 0.002 | 0.088 |
| 二 | 薇甘菊 | 2.9685 | 2.6833 | 1.5744 | 0.8123 | 0.2967 | 0.1028 | 2.2431 |
| 1 | 广州市 | 0.1387 | 0.1387 | 0.1387 | 0 | 0 | 0 | 0.2807 |
| 2 | 深圳市 | 0.9267 | 0.9267 | 0.5065 | 0.4 | 0.0202 | 0.0202 | 0.86 |
| 3 | 珠海市 | 0.0474 | 0.0419 | 0.0318 | 0.0101 | 0 | 0 | 0.0152 |
| 4 | 佛山市 | 0.0137 | 0.0137 | 0.0016 | 0.012 | 0 | 0 | 0.0162 |
| 5 | 江门市 | 0.0246 | 0.0246 | 0.0118 | 0.0126 | 0.0002 | 0.0002 | 0.019 |
| 6 | 茂名市 | 0.024 | 0.0073 | 0.0063 | 0.001 | 0 | 0 | 0 |
| 7 | 惠州市 | 1.1956 | 1.1134 | 0.5448 | 0.2943 | 0.2744 | 0.0804 | 0.6545 |
| 8 | 梅州市 | 0.02 | 0.02 | 0.0067 | 0.0133 | 0 | 0 | 0.02 |
| 9 | 汕尾市 | 0.0933 | 0.0933 | 0.0933 | 0 | 0 | 0 | 0.0227 |
| 10 | 阳江市 | 0.0407 | 0.0405 | 0.0381 | 0.0025 | 0 | 0 | 0.0099 |

续上表

| 序号 | 种类及区域 | 分布面积 | 发生合计 | 发生轻度 | 发生中度 | 发生重度 | 成灾面积 | 防治作业面积 |
|---|---|---|---|---|---|---|---|---|
| 11 | 东莞市 | 0. 2787 | 0. 108 | 0. 06 | 0. 048 | 0 | 0 | 0. 208 |
| 12 | 中山市 | 0. 016 | 0. 016 | 0. 016 | 0 | 0 | 0 | 0. 016 |
| 13 | 潮州市 | 0. 0933 | 0. 0867 | 0. 0743 | 0. 0113 | 0. 001 | 0. 001 | 0. 0764 |
| 14 | 揭阳市 | 0. 0558 | 0. 0524 | 0. 0444 | 0. 0071 | 0. 0009 | 0. 0009 | 0. 0444 |
| 三 | 松突圆蚧 | 84. 7373 | 23. 0084 | 14. 9189 | 7. 8383 | 0. 2512 | 0. 2512 | 3. 2247 |
| 1 | 广州市 | 2. 8587 | 0. 3147 | 0. 3147 | 0 | 0 | 0 | 0 |
| 2 | 韶关市 | 3. 5723 | 1. 7993 | 1. 7313 | 0. 068 | 0 | 0 | 0 |
| 3 | 深圳市 | 0. 082 | 0 | 0 | 0 | 0 | 0 | 0 |
| 4 | 珠海市 | 0. 1227 | 0. 1227 | 0. 1227 | 0 | 0 | 0 | 0 |
| 5 | 佛山市 | 1. 38 | 0 | 0 | 0 | 0 | 0 | 0 |
| 6 | 江门市 | 1. 3613 | 0. 278 | 0. 2627 | 0. 0153 | 0 | 0 | 0. 0933 |
| 7 | 茂名市 | 15. 5184 | 8. 8077 | 3. 9758 | 4. 6333 | 0. 1985 | 0. 1985 | 1. 306 |
| 8 | 肇庆市 | 6. 959 | 0. 9223 | 0. 921 | 0. 0013 | 0 | 0 | 0. 2 |
| 9 | 惠州市 | 10. 622 | 0. 0773 | 0. 0773 | 0 | 0 | 0 | 0. 0607 |
| 10 | 梅州市 | 2. 44 | 1. 2367 | 1. 2367 | 0 | 0 | 0 | 0 |
| 11 | 汕尾市 | 1. 5647 | 0. 2847 | 0. 2847 | 0 | 0 | 0 | 0. 1 |
| 12 | 河源市 | 15. 6677 | 0 | 0 | 0 | 0 | 0 | 0 |
| 13 | 阳江市 | 3. 4697 | 3. 3859 | 1. 8328 | 1. 5532 | 0 | 0 | 0. 3333 |
| 14 | 清远市 | 0. 9804 | 0. 3081 | 0. 3081 | 0 | 0 | 0 | 0 |
| 15 | 东莞市 | 0. 2647 | 0. 0067 | 0. 0067 | 0 | 0 | 0 | 0. 0647 |
| 16 | 中山市 | 0. 1 | 0. 0001 | 0. 0001 | 0 | 0 | 0 | 0 |
| 17 | 揭阳市 | 0. 55 | 0. 3391 | 0. 2704 | 0. 0687 | 0 | 0 | 0. 1333 |
| 18 | 云浮市 | 16. 828 | 4. 7293 | 3. 2687 | 1. 4187 | 0. 042 | 0. 042 | 0. 9333 |
| 19 | 西江林业局 | 0. 3957 | 0. 3957 | 0. 3052 | 0. 0798 | 0. 0107 | 0. 0107 | 0 |
| 四 | 椰心叶甲 | 81. 708 | 67. 878 | 47. 136 | 20. 52 | 0. 222 | 0. 192 | 71. 016 |
| 1 | 广州市 | 1. 8 | 1. 8 | 1. 8 | 0 | 0 | 0 | 3 |
| 2 | 深圳市 | 0. 48 | 0. 48 | 0. 48 | 0 | 0 | 0 | 0. 492 |
| 3 | 珠海市 | 20. 088 | 20. 088 | 20. 088 | 0 | 0 | 0 | 20. 088 |

续上表

| 序号 | 种类及区域 | 分布面积 | 发生合计 | 发生轻度 | 发生中度 | 发生重度 | 成灾面积 | 防治作业面积 |
|---|---|---|---|---|---|---|---|---|
| 4 | 汕头市 | 0. 348 | 0. 288 | 0. 12 | 0. 12 | 0. 048 | 0. 048 | 0. 348 |
| 5 | 江门市 | 0. 108 | 0. 108 | 0. 06 | 0. 048 | 0 | 0 | 0. 108 |
| 6 | 湛江市 | 48. 174 | 34. 404 | 14. 442 | 19. 932 | 0. 03 | 0. 03 | 34. 44 |
| 7 | 茂名市 | 4. 188 | 4. 188 | 3. 624 | 0. 42 | 0. 144 | 0. 114 | 0. 348 |
| 8 | 惠州市 | 0. 36 | 0. 36 | 0. 36 | 0 | 0 | 0 | 0. 186 |
| 9 | 阳江市 | 0. 342 | 0. 342 | 0. 342 | 0 | 0 | 0 | 0 |
| 10 | 东莞市 | 4. 8 | 4. 8 | 4. 8 | 0 | 0 | 0 | 11. 4 |
| 11 | 中山市 | 0. 18 | 0. 18 | 0. 18 | 0 | 0 | 0 | 0. 606 |
| 12 | 揭阳市 | 0. 84 | 0. 84 | 0. 84 | 0 | 0 | 0 | 0 |
| 五 | 刺桐姬小蜂 | 5. 946 | 5. 193 | 3. 405 | 1. 758 | 0. 03 | 0. 03 | 5. 244 |
| 1 | 深圳市 | 0. 459 | 0. 402 | 0. 402 | 0 | 0 | 0 | 0. 408 |
| 2 | 珠海市 | 0. 579 | 0. 579 | 0. 579 | 0 | 0 | 0 | 0. 579 |
| 3 | 佛山市 | 0. 18 | 0. 09 | 0. 09 | 0 | 0 | 0 | 0. 18 |
| 4 | 江门市 | 0. 009 | 0. 009 | 0. 009 | 0 | 0 | 0 | 0. 015 |
| 5 | 湛江市 | 4. 188 | 3. 63 | 2. 277 | 1. 326 | 0. 027 | 0. 027 | 3. 63 |
| 6 | 茂名市 | 0. 033 | 0. 033 | 0. 018 | 0. 012 | 0. 003 | 0. 003 | 0. 03 |
| 7 | 惠州市 | 0. 048 | 0 | 0 | 0 | 0 | 0 | 0 |
| 8 | 东莞市 | 0. 42 | 0. 42 | 0 | 0. 42 | 0 | 0 | 0. 303 |
| 9 | 中山市 | 0. 03 | 0. 03 | 0. 03 | 0 | 0 | 0 | 0. 099 |
| 六 | 萧氏松茎象 | 1. 0462 | 0. 8632 | 0. 693 | 0. 1601 | 0. 01 | 0. 0307 | 0. 3415 |
| 1 | 广州市 | 0. 0033 | 0. 0007 | 0. 0007 | 0 | 0 | 0 | 0. 0013 |
| 2 | 韶关市 | 0. 3886 | 0. 264 | 0. 2286 | 0. 0347 | 0. 0007 | 0. 0307 | 0. 2831 |
| 3 | 肇庆市 | 0. 0487 | 0. 0133 | 0. 0133 | 0 | 0 | 0 | 0. 0131 |
| 4 | 梅州市 | 0. 0591 | 0. 0387 | 0. 0327 | 0. 006 | 0 | 0 | 0. 0359 |
| 5 | 河源市 | 0. 008 | 0. 008 | 0. 008 | 0 | 0 | 0 | 0. 008 |
| 6 | 清远市 | 0. 5385 | 0. 5385 | 0. 4097 | 0. 1195 | 0. 0093 | 0 | 0 |
| 七 | 马尾松毛虫 | 10. 7766 | 2. 3651 | 2. 2129 | 0. 1449 | 0. 0073 | 0 | 3. 6092 |
| 1 | 韶关市 | 0. 9279 | 0. 6612 | 0. 579 | 0. 0749 | 0. 0073 | 0 | 0. 686 |

续上表

| 序号 | 种类及区域 | 分布面积 | 发生合计 | 发生轻度 | 发生中度 | 发生重度 | 成灾面积 | 防治作业面积 |
|---|---|---|---|---|---|---|---|---|
| 2 | 汕头市 | 0.1187 | 0.0507 | 0.0507 | 0 | 0 | 0 | 0.112 |
| 3 | 佛山市 | 0.0157 | 0.003 | 0.003 | 0 | 0 | 0 | 0.009 |
| 4 | 江门市 | 0.7041 | 0.0639 | 0.0639 | 0 | 0 | 0 | 0.0485 |
| 5 | 湛江市 | 0.0593 | 0.0589 | 0.0589 | 0 | 0 | 0 | 0.059 |
| 6 | 茂名市 | 1.676 | 0.0253 | 0.0253 | 0 | 0 | 0 | 0.0093 |
| 7 | 肇庆市 | 2.6561 | 0.3172 | 0.3172 | 0 | 0 | 0 | 0.6082 |
| 8 | 惠州市 | 0.2696 | 0.1243 | 0.1243 | 0 | 0 | 0 | 0.102 |
| 9 | 梅州市 | 2.012 | 0.1147 | 0.1087 | 0.006 | 0 | 0 | 0.196 |
| 10 | 汕尾市 | 0.0767 | 0.0385 | 0.0385 | 0 | 0 | 0 | 0.0293 |
| 11 | 河源市 | 0.634 | 0.4333 | 0.4267 | 0.0067 | 0 | 0 | 0.4847 |
| 12 | 阳江市 | 0.2625 | 0.0427 | 0.0393 | 0.0033 | 0 | 0 | 0.0427 |
| 13 | 清远市 | 0.135 | 0.1163 | 0.1137 | 0.0027 | 0 | 0 | 0.5863 |
| 14 | 潮州市 | 0.0573 | 0.0033 | 0.0033 | 0 | 0 | 0 | 0.2367 |
| 15 | 揭阳市 | 0.0751 | 0.0344 | 0.0344 | 0 | 0 | 0 | 0.0355 |
| 16 | 云浮市 | 1.0967 | 0.2773 | 0.226 | 0.0513 | 0 | 0 | 0.28 |
| 八 | 竹林害虫 | 2.3603 | 1.4778 | 1.3706 | 0.1065 | 0.0007 | 0.0007 | 1.454 |
| （一） | 黄脊竹蝗 | 1.2299 | 0.838 | 0.7633 | 0.074 | 0.0007 | 0.0007 | 0.9454 |
| 1 | 广州市 | 0.021 | 0.0203 | 0.0203 | 0 | 0 | 0 | 0.024 |
| 2 | 韶关市 | 0.3837 | 0.2597 | 0.2403 | 0.0193 | 0 | 0 | 0.2693 |
| 3 | 佛山市 | 0.0746 | 0.0186 | 0.0186 | 0 | 0 | 0 | 0.0532 |
| 4 | 江门市 | 0.043 | 0.0143 | 0.0143 | 0 | 0 | 0 | 0.0183 |
| 5 | 茂名市 | 0.0594 | 0.0142 | 0.0135 | 0.0007 | 0 | 0 | 0.003 |
| 6 | 肇庆市 | 0.0833 | 0.08 | 0.08 | 0 | 0 | 0 | 0.1187 |
| 7 | 惠州市 | 0.0347 | 0.0173 | 0.0173 | 0 | 0 | 0 | 0.0173 |
| 8 | 梅州市 | 0.2527 | 0.18 | 0.1467 | 0.0333 | 0 | 0 | 0.2 |
| 9 | 汕尾市 | 0.0033 | 0 | 0 | 0 | 0 | 0 | 0.0013 |
| 10 | 河源市 | 0.0573 | 0.0507 | 0.0507 | 0 | 0 | 0 | 0.0573 |
| 11 | 阳江市 | 0.0433 | 0.0193 | 0.018 | 0.0013 | 0 | 0 | 0.0307 |

续上表

| 序号 | 种类及区域 | 分布面积 | 发生合计 | 发生轻度 | 发生中度 | 发生重度 | 成灾面积 | 防治作业面积 |
|---|---|---|---|---|---|---|---|---|
| 12 | 清远市 | 0. 1635 | 0. 1582 | 0. 1382 | 0. 0193 | 0. 0007 | 0. 0007 | 0. 1435 |
| 13 | 揭阳市 | 0. 01 | 0. 0053 | 0. 0053 | 0 | 0 | 0 | 0. 0087 |
| (二) | 竹笋禾夜蛾 | 1. 0311 | 0. 5738 | 0. 5413 | 0. 0325 | 0 | 0 | 0. 4279 |
| 1 | 肇庆市 | 1. 0311 | 0. 5738 | 0. 5413 | 0. 0325 | 0 | 0 | 0. 4279 |
| (三) | 华竹毒蛾 | 0. 0993 | 0. 066 | 0. 066 | 0 | 0 | 0 | 0. 0807 |
| 1 | 韶关市 | 0. 0993 | 0. 066 | 0. 066 | 0 | 0 | 0 | 0. 0807 |
| 九 | 湿地松粉蚧 | 26. 8297 | 6. 5963 | 6. 0852 | 0. 5111 | 0 | 0 | 0. 0853 |
| 1 | 广州市 | 0. 4633 | 0. 06 | 0. 06 | 0 | 0 | 0 | 0 |
| 2 | 韶关市 | 0. 0864 | 0. 0327 | 0. 0327 | 0 | 0 | 0 | 0. 008 |
| 3 | 深圳市 | 0. 0023 | 0 | 0 | 0 | 0 | 0 | 0 |
| 4 | 珠海市 | 0. 1529 | 0. 1529 | 0. 1177 | 0. 0352 | 0 | 0 | 0 |
| 5 | 佛山市 | 0. 5947 | 0 | 0 | 0 | 0 | 0 | 0 |
| 6 | 江门市 | 5. 407 | 0. 4394 | 0. 4081 | 0. 0313 | 0 | 0 | 0. 0773 |
| 7 | 湛江市 | 0. 2161 | 0. 1947 | 0. 1947 | 0 | 0 | 0 | 0 |
| 8 | 茂名市 | 0. 3367 | 0. 1118 | 0. 0991 | 0. 0127 | 0 | 0 | 0 |
| 9 | 肇庆市 | 2. 5774 | 0. 5113 | 0. 5113 | 0 | 0 | 0 | 0 |
| 10 | 惠州市 | 2. 524 | 0. 066 | 0. 066 | 0 | 0 | 0 | 0 |
| 11 | 汕尾市 | 0. 9275 | 0. 0667 | 0. 0667 | 0 | 0 | 0 | 0 |
| 12 | 河源市 | 2. 0604 | 0 | 0 | 0 | 0 | 0 | 0 |
| 13 | 阳江市 | 7. 0278 | 3. 0049 | 2. 7203 | 0. 2846 | 0 | 0 | 0 |
| 14 | 清远市 | 0. 9638 | 0. 4871 | 0. 4871 | 0 | 0 | 0 | 0 |
| 15 | 东莞市 | 0. 002 | 0. 002 | 0. 002 | 0 | 0 | 0 | 0 |
| 16 | 中山市 | 0. 4087 | 0 | 0 | 0 | 0 | 0 | 0 |
| 17 | 揭阳市 | 0. 0508 | 0. 0248 | 0. 0248 | 0 | 0 | 0 | 0 |
| 18 | 云浮市 | 2. 9567 | 1. 4373 | 1. 29 | 0. 1473 | 0 | 0 | 0 |
| 19 | 西江林业局 | 0. 0713 | 0. 0047 | 0. 0047 | 0 | 0 | 0 | 0 |

续上表

| 序号 | 种类及区域 | 分布面积 | 发生合计 | 发生轻度 | 发生中度 | 发生重度 | 成灾面积 | 防治作业面积 |
|---|---|---|---|---|---|---|---|---|
| 十 | 桉树枝瘿姬小蜂 | 0.2497 | 0.0808 | 0.042 | 0.0387 | 0 | 0.0808 | 0.0145 |
| 1 | 广州市 | 0.0017 | 0.0017 | 0.0017 | 0 | 0 | 0.0017 | 0 |
| 2 | 江门市 | 0.1703 | 0.0093 | 0.0083 | 0.0011 | 0 | 0.0093 | 0.0083 |
| 3 | 湛江市 | 0.0022 | 0.0022 | 0.0022 | 0 | 0 | 0.0022 | 0.0001 |
| 4 | 肇庆市 | 0.006 | 0.006 | 0.006 | 0 | 0 | 0.006 | 0.006 |
| 5 | 惠州市 | 0.0005 | 0.0005 | 0.0005 | 0 | 0 | 0.0005 | 0 |
| 6 | 阳江市 | 0.069 | 0.061 | 0.0233 | 0.0377 | 0 | 0.061 | 0 |
| 十一 | 阔叶树尺蠖 | 7.1343 | 3.7424 | 3.6368 | 0.0956 | 0.01 | 0 | 4.0943 |
| (一) | 桉树尺蠖 | 6.8776 | 3.6117 | 3.5228 | 0.0789 | 0.01 | 0 | 3.8776 |
| 1 | 广州市 | 0.0293 | 0.0293 | 0.0293 | 0 | 0 | 0 | 0.032 |
| 2 | 韶关市 | 0.1038 | 0.0972 | 0.0972 | 0 | 0 | 0 | 0.0852 |
| 3 | 佛山市 | 0.2638 | 0.0447 | 0.0413 | 0.0033 | 0 | 0 | 0.2376 |
| 4 | 江门市 | 1.9662 | 0.3374 | 0.3374 | 0 | 0 | 0 | 0.3374 |
| 5 | 湛江市 | 1.6474 | 1.3797 | 1.3644 | 0.0153 | 0 | 0 | 1.3675 |
| 6 | 茂名市 | 0.5653 | 0.4901 | 0.4601 | 0.02 | 0.01 | 0 | 0.4333 |
| 7 | 肇庆市 | 1.1081 | 0.4643 | 0.452 | 0.0123 | 0 | 0 | 0.5516 |
| 8 | 惠州市 | 0.1007 | 0.1007 | 0.1007 | 0 | 0 | 0 | 0.0467 |
| 9 | 梅州市 | 0.255 | 0.0617 | 0.0617 | 0 | 0 | 0 | 0.0617 |
| 10 | 汕尾市 | 0.01 | 0.0013 | 0.0013 | 0 | 0 | 0 | 0.0013 |
| 11 | 河源市 | 0.27 | 0.25 | 0.25 | 0 | 0 | 0 | 0.25 |
| 12 | 阳江市 | 0.0067 | 0.0067 | 0.0067 | 0 | 0 | 0 | 0.0067 |
| 13 | 清远市 | 0.0639 | 0.0639 | 0.0639 | 0 | 0 | 0 | 0.0639 |
| 14 | 东莞市 | 0.0347 | 0.0087 | 0.0087 | 0 | 0 | 0 | 0.1 |
| 15 | 潮州市 | 0.0033 | 0.002 | 0.002 | 0 | 0 | 0 | 0 |
| 16 | 揭阳市 | 0.1081 | 0.1036 | 0.1036 | 0 | 0 | 0 | 0.1081 |
| 17 | 云浮市 | 0.3413 | 0.1707 | 0.1427 | 0.028 | 0 | 0 | 0.1947 |
| (二) | 相思尺蠖 | 0.2567 | 0.1307 | 0.114 | 0.0167 | 0 | 0 | 0.2167 |
| 1 | 珠海市 | 0.062 | 0.062 | 0.062 | 0 | 0 | 0 | 0.062 |
| 2 | 茂名市 | 0.0013 | 0 | 0 | 0 | 0 | 0 | 0 |
| 3 | 阳江市 | 0.12 | 0.0487 | 0.032 | 0.0167 | 0 | 0 | 0.0347 |

续上表

| 序号 | 种类及区域 | 分布面积 | 发生合计 | 发生轻度 | 发生中度 | 发生重度 | 成灾面积 | 防治作业面积 |
|---|---|---|---|---|---|---|---|---|
| 4 | 东莞市 | 0. 0667 | 0. 0133 | 0. 0133 | 0 | 0 | 0 | 0. 1133 |
| 5 | 云浮市 | 0. 0067 | 0. 0067 | 0. 0067 | 0 | 0 | 0 | 0. 0067 |
| 十二 | 桉树病害 | 1. 391 | 0. 7925 | 0. 7134 | 0. 0791 | 0 | 0 | 0. 4345 |
| 1 | 韶关市 | 0. 0107 | 0. 0107 | 0. 0107 | 0 | 0 | 0 | 0 |
| 2 | 江门市 | 0. 3507 | 0. 1527 | 0. 1527 | 0 | 0 | 0 | 0. 1533 |
| 3 | 茂名市 | 0. 2387 | 0. 094 | 0. 0687 | 0. 0253 | 0 | 0 | 0. 0127 |
| 4 | 肇庆市 | 0. 2728 | 0. 1342 | 0. 1336 | 0. 0007 | 0 | 0 | 0. 0347 |
| 5 | 惠州市 | 0. 1467 | 0. 1467 | 0. 1467 | 0 | 0 | 0 | 0 |
| 6 | 清远市 | 0. 012 | 0. 012 | 0. 012 | 0 | 0 | 0 | 0. 012 |
| 7 | 云浮市 | 0. 0473 | 0. 0233 | 0. 0213 | 0. 002 | 0 | 0 | 0. 0233 |
| 8 | 湛江市 | 0. 1133 | 0. 1 | 0. 06 | 0. 04 | 0 | 0 | 0. 0667 |
| 9 | 阳江市 | 0. 1989 | 0. 1189 | 0. 1078 | 0. 0111 | 0 | 0 | 0. 0651 |
| 十三 | 松墨天牛 | 0. 5641 | 0. 4946 | 0. 2966 | 0. 198 | 0 | 0 | 0. 4831 |
| 1 | 珠海市 | 0. 0021 | 0. 0021 | 0. 0021 | 0 | 0 | 0 | 0 |
| 2 | 汕头市 | 0. 1967 | 0. 1967 | 0 | 0. 1967 | 0 | 0 | 0. 196 |
| 3 | 佛山市 | 0. 0342 | 0 | 0 | 0 | 0 | 0 | 0 |
| 4 | 梅州市 | 0. 0002 | 0. 0002 | 0. 0002 | 0 | 0 | 0 | 0. 0002 |
| 5 | 阳江市 | 0. 311 | 0. 2757 | 0. 2743 | 0. 0013 | 0 | 0 | 0. 1667 |
| 6 | 清远市 | 0. 02 | 0. 02 | 0. 02 | 0 | 0 | 0 | 0. 02 |
| 十四 | 其他有害生物 | 0. 732 | 0. 6154 | 0. 5972 | 0. 0026 | 0. 0161 | 0. 0157 | 0. 4907 |
| 十五 | 全省总计 | 140. 2966 | 44. 2097 | 33. 2984 | 10. 3183 | 0. 593 | 0. 497 | 25. 6095 |

注：①椰心叶甲、刺桐姬小蜂危害、防治作业面积单位按“万株”计，其余有害生物为害面积单位按“万公顷”计，病虫害总计中椰心叶甲为害面积按每公顷900株折算，刺桐姬小蜂为害面积按每公顷450株折算。

②其余有害生物防治作业面积单位为“万公顷次”。

# 城乡火灾

## 【火灾概况】

2009 年广东省共发生火灾 4548 起（指统计月，不含森林、草原、军队、矿井地下部分火灾，下同），死亡 107 人，受伤 76 人，直接财产损失 1.26 亿元。与 2008 年相比，火灾起数、死亡人数、受伤人数分别下降 6.7%、51.4%、51.6%，直接财产损失上升 9.5%。其中重大火灾 1 起，死亡 13 人，受伤 3 人，直接财产损失 21.7 万元；较大火灾 3 起，死亡 10 人，受伤 2 人，直接财产损失 50.8 万元。另外，全省发生刑事放火案件 47 起，死亡 28 人，受伤 1 人，直接财产损失 7.5 万元。

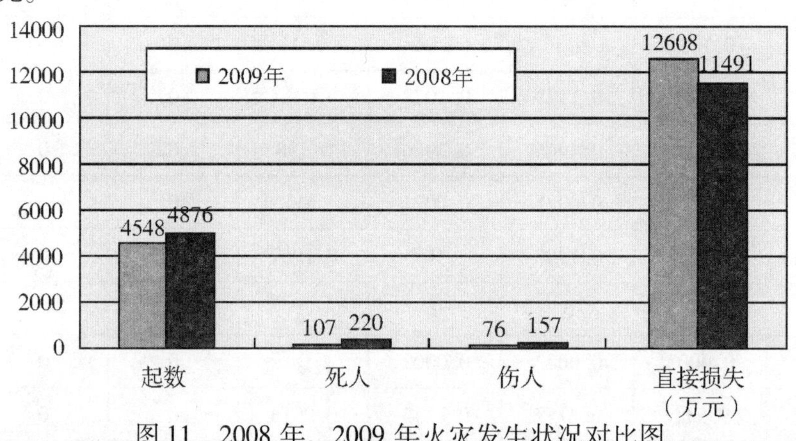


图 11　2008 年、2009 年火灾发生状况对比图

## 【火灾特点】

### 1. 火灾形势持续稳定，较大以上火灾全面下降

2009 年是近 17 年广东省火灾死亡人数最少、火灾形势最稳定年份。全年共发生较大以上火灾 4 起，死亡 23 人，受伤 5 人，直接财产损失 72.4 万元；与 2008 年相比，火灾四项数字（依次为火灾起数、死亡人数、受伤人数、直接财产损失数，下同）分别下降 71.4%、80.3%、93.5% 和 93.1%。韶关、珠海、清远三市全年未发生亡人火灾，其中韶关、珠海连续三年未发生亡人火灾。

### 2. 人员密集等重点场所整治成效显著，人员伤亡明显减少

各类人员密集场所共发生火灾 597 起，死亡 9 人，受伤 6 人，直接财产损失 1378 万元；与

2008年相比，火灾起数、死人、伤人数分别下降16.2%、87.8%和92.7%，直接财产损失数上升44.2%。易燃易爆场所发生火灾29起，直接财产损失125万元，分别比2008年下降38.3%、74.3%，而死、伤人数均为零。高层、地下建筑未发生较大以上火灾。

**3. 14个地区火灾同比减少，粤东地区亡人火灾多发**

与2008年相比，全省共有14个地区火灾起数下降，分别是广州、韶关、深圳、珠海、汕头、佛山、江门、惠州、梅州、阳江、清远、中山、揭阳、云浮等市。按分片区状况看，珠三角9个市（广州、深圳、珠海、佛山、江门、东莞、中山、惠州和肇庆）发生火灾3679起，死亡59人，分别下降9.4%和62.9%；东翼4个市（汕头、汕尾、潮州、揭阳）发生火灾239起；死亡32人，分别下降4.4%和22.0%；西翼3个市（湛江、茂名、阳江）发生火灾426起，死亡9人，火灾起数上升49%、死亡人数下降10%；山区5个市（韶关、河源、梅州、清远、云浮）发生火灾204起，死亡7人，分别下降32.2%和30%。粤东地区火灾起数仅占总数的5.3%，火灾死亡人数却占总数的29.9%。

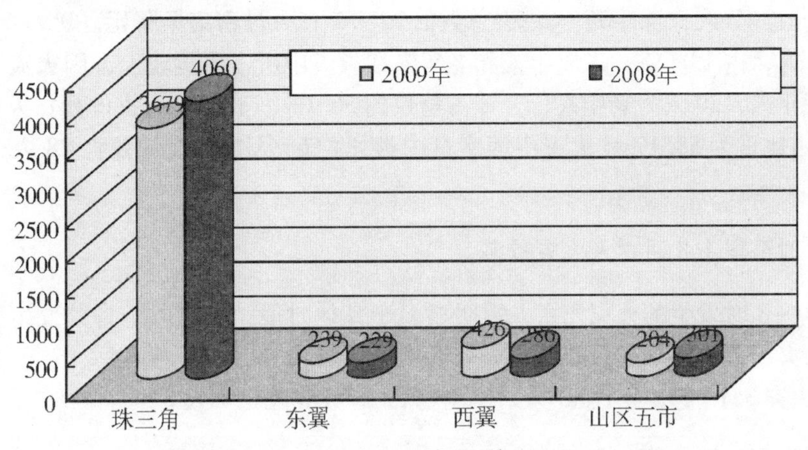


图12　2008年、2009年分片区火灾对比图

**4. 冬春季节火灾多发，7月火灾最少**

冬春季节，全省共发生火灾2598起，死亡61人，受伤40人，直接财产损失6124.9万元，其中火灾起数占全年总数的57.1%，死亡、受伤人数和损失分别占57%、52.6%和48.6%；夏秋季节火灾四项数字分别占全年火灾总数的42.9%、43%、47.4%和51.4%。1月为全年火灾起数最多月份，全省火灾达636起，占全年火灾总数的14%；7月为全年火灾最少月份，火灾起数为全年总数的6.2%。

**5. 城镇火灾普遍减少，农村火灾起数增加**

2009年全省城市共发生火灾1259起，死亡30人，受伤16人，直接财产损失2975.9万元；农村共发生火灾1015起，死亡45人，受伤19人，直接财产损失3009.2万元；县城集镇共发生火灾1880起，死亡31人，受伤40人，直接财产损失5245.8万元。与2008年相比，城市火灾起数、死人、伤人数分别下降17.3%、68.1%和81.8%，直接财产损失上升22%；县城集镇火灾四项数字分别下降8.1%、56.3%、16.7%和6%；农村火灾起数上升18.9%，死人数、伤人数、直接财产损失数分别下降2.2%、5.0%和10.2%。

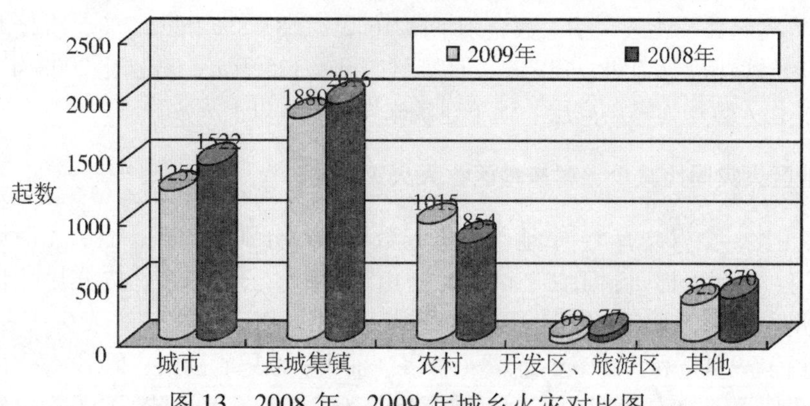

图 13　2008 年、2009 年城乡火灾对比图

**6. 住宅宿舍亡人火灾集中，窒息中毒死亡率高**

火灾亡人场所分布以住宅宿舍较为集中。在全年因火灾死亡的 107 人中，住宅火灾死亡 60 人，宿舍火灾死亡 17 人，合计 77 人，占总数的 72.0%；人员密集场所死亡 9 人，占 8.4%；其他场所死亡 21 人，占 19.6%。未成年人和老年人在火灾中所占比例较大，因火灾死亡的 107 人有 40 人为未成年人，20 人为老年人，合计占总数的 56.1%；在住宅火灾的死亡人员中，未成年人和老年人所占比重为 58.4%。火灾中因窒息中毒死亡 68 人，因烧灼死亡 28 人，合计占火灾死亡总数的 89.7%。

**7. 夜间 0 时至早上 8 时亡人火灾较多**

一天之中 0～8 时发生的火灾死亡人数明显多于其他时段。该时段全省共发生火灾 1035 起，死亡 64 人，火灾起数只占总起数的 22.8%，但死亡人数占 59.8%，平均每 16 起火灾死亡 1 人；其他时段发生火灾 3513 起，死亡 43 人，平均每 82 起火灾死亡 1 人。

**8. 电气、用火不慎是引发火灾的主要原因**

分析结果表明，电气、用火不慎是引发火灾的主要原因。年内因电线短路、过负荷及电气设备故障等电气原因引起的火灾共 1678 起，占火灾总数的 36.9%；生活用火不慎引发火灾 570 起，占 12.5%。其他原因所占比例为：玩火 2.7%，吸烟 3.5%，生产作业不慎 6.3%，自燃 3.8%，雷击、静电等其他原因 25.7%，不明原因及正在调查的占 7.0%。在 4 起较大以上火灾中，有 3 起为电气原因引起。

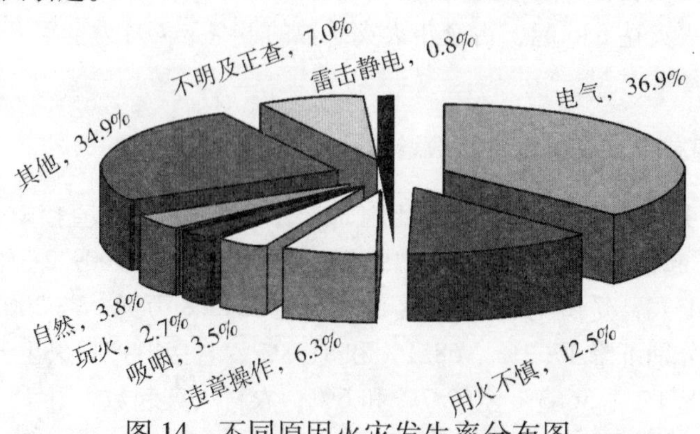

图 14　不同原因火灾发生率分布图

### 9. 公安消防部队日均接警作战近百次，抢险救援和社会救援比重大

全省公安消防部队共接警出动3.4万起，出动车辆7.2万辆次、官兵38.9万人次，共救出遇险被困人员6236人，抢救和保护财产价值89.7亿多元。其中，参加火灾扑救4970起，灾害事故抢险救援13062起，社会救助及其他出动16481起。抢险救援、社会救助及其他出动起数占总数的86.7%。

## 【重大火灾】

5月21日，汕头市潮阳区谷饶镇上堡居委会五片张某家庭作坊发生火灾，共造成13人死亡、3人重伤。起火建筑为村民自建住宅，四层半（局部五层）钢筋混凝土结构，一层为生产车间和男员工宿舍，东西长15.5米，南北宽12.1米，建筑面积为187平方米；二层为生产车间，三层为业主住房，四层为女员工宿舍和员工活动场所。二至四层东西长15.5米、南北宽13.7米，每层建筑面积为212平方米；第五层原为内衣配件生产车间，已停用；5层东西长15.5米、南北宽9.5米，建筑面积为147平方米，总建筑面积970平方米，建筑一层东部设有一条敞开式楼梯直通至五层。火灾是因家庭作坊一层南墙西端上方穿线孔内电源线短路，引发电源侧距短路点70～220厘米范围内电源线多处短路，产生迸溅熔珠引燃下方可燃物起火所致。该起火灾过火面积187平方米，烧毁机器设备、耳机面料等物品一批，直接财产损失21.6万元。

该起火灾事故教训主要有个方面：一是家庭作坊大量存在，经营者违法违规生产经营是造成火灾事故的根本原因。张某家庭作坊长期无证照非法生产经营，擅自改变建筑物使用功能，在家庭住宅内违法设置生产场所及员工集体宿舍，并未按要求设立封闭楼梯间，仅有一条敞开疏散楼梯，且首层楼梯与生产场所直接连接，未设置直通室外安全出口，各层窗口用防盗网封死，未设置逃生口，导致着火后烟气直接蔓延至楼上各层，员工难以自救逃生，导致火灾发生后人员伤亡惨重。二是基层消防安全责任制不落实，政府、职能部门监管不到位。起火建筑所在地区建筑物大部分未办理规划、建设等审批手续，有关职能部门对该类建筑物大量存在及用途更改现象处于失控监管状态。起火建筑物于2000年建成，建筑设计为住宅，2001年开始进行零散加工，2008年大量招收员工生产耳机配件，改变原有建筑使用性质。在此过程中，有关部门均未对其进行监管，基层消防安全责任制得不到落实。三是从业人员消防安全意识淡薄，逃生自救能力差。起火建筑员工接受消防宣传教育培训少，法律意识、消防安全意识淡薄，火灾发生后，四楼员工不懂得阻止烟气进入房间，缺乏消防逃生自救常识，致使13名员工因吸入大量有毒烟气中毒、窒息死亡。四是公共消防设施“欠账”多，防范和扑救火灾能力薄弱。汕头市虽然是经济特区，但近年经济发展速度较慢，财政压力大，消防经费投入较少，城镇公共消防设施及消防装备建设未能及时跟上经济建设发展步伐。一些乡镇防火安全条件差，消防供水等公共消防设施建设滞后，火灾扑救力量缺乏。潮阳区只有一个公安消防中队，大部分镇、村远离公安消防中队；谷饶镇也只有一个专职消防队，装备严重不足，市政消火栓欠账严重，无法有效扑救初期火灾。

## 【较大火灾】

### 1. 中山市沙溪镇万源制衣厂火灾

7月30日4时50分，位于中山市沙溪镇龙头环村宝环街2巷7号之一的陈某经营的万源制衣厂发生火灾，过火面积280平方米，烧毁厂内布匹、衣服半成品及制衣机械等一批，直接财产损失444312元，火灾造成4人死亡。火灾系因该厂四楼车间南侧板房木隔断中间位置的电气线路故障发热引燃周围可燃物蔓延所致。

### 2. 阳江市阳西县上洋镇民居火灾

8月22日5时50分，阳江市阳西县上洋镇文明路附近一间一层砖木结构住宅民房发生火灾，阳西县公安消防大队于5时50分接警出动，6时30分到达火灾现场，此时火势已处于下降阶段。火场指挥员迅速组织扑救火灾和抢救人员，大火于6时40分被扑灭。该起火灾过火面积29.2平方米，火灾中烧毁家用电器、日常用品一批，直接财产损失3万元；共造成3人死亡、1人受伤。经调查，火灾系该民房阁楼木板底部电气线路短路所致。

### 3. 深圳市宝安区松岗街道民居火灾

12月18日1时36分，深圳市宝安区松岗街道红花旧村110号单层旧屋因电气线路故障引起火灾，造成3人死亡，直接财产损失3.36万元。

表 14

# 广东省各地级以上市火灾状况表

数据统计时限:2008. 12. 21 ~2009. 12. 20

| 市别 | 火灾概况 | | | | | | 较大火灾 | | | | | 重大火灾 | | | | | 特别重大火灾 | | | | |
|---|---|---|---|---|---|---|---|---|---|---|---|---|---|---|---|---|---|---|---|---|---|
| | 起数 | 死人 | 伤人 | 损失 直接财产损失(元) | 损失 烧毁建筑(平方米) | 损失 受灾户数 | 起数 | 事故率(%) | 死(人) | 伤(人) | 直接财产损失(元) | 起数 | 事故率(%) | 死(人) | 伤(人) | 直接财产损失(元) | 起数 | 事故率(%) | 死(人) | 伤(人) | 直接财产损失(元) |
| 合计 | 4548 | 107 | 76 | 126079034 | 345468.9 | 705 | 3 | 0.1 | 10 | 2 | 507906 | 1 | 0 | 13 | 3 | 216534 | | | | | |
| 广州市 | 1188 | 17 | 8 | 13984023 | 33805.8 | 124 | | | | | | | | | | | | | | | |
| 韶关市 | 45 | | | 3080993 | 3214.6 | 14 | | | | | | | | | | | | | | | |
| 深圳市 | 774 | 12 | 25 | 11581031 | 23104.1 | 24 | 1 | 0.1 | 3 | | 33594 | | | | | | | | | | |
| 珠海市 | 89 | | 1 | 2528843 | 2603.1 | 18 | | | | | | | | | | | | | | | |
| 汕头市 | 40 | 25 | 5 | 2828296 | 6490.8 | 18 | | | | | | 1 | 2.5 | 13 | 3 | 216534 | | | | | |
| 佛山市 | 54 | 6 | 2 | 7039253 | 21118.6 | 18 | | | | | | | | | | | | | | | |
| 江门市 | 135 | 3 | | 4146810 | 21309.5 | 17 | | | | | | | | | | | | | | | |
| 湛江市 | 115 | 3 | 3 | 1510584 | 4486 | 61 | | | | | | | | | | | | | | | |
| 茂名市 | 295 | 3 | | 4819365 | 14014.4 | 40 | | | | | | | | | | | | | | | |
| 肇庆市 | 43 | 4 | | 7543601 | 7384 | 20 | | | | | | | | | | | | | | | |
| 惠州市 | 286 | 7 | 3 | 6754433 | 49514 | 28 | | | | | | | | | | | | | | | |
| 梅州市 | 21 | 1 | 3 | 2215621 | 1827.1 | 17 | | | | | | | | | | | | | | | |
| 汕尾市 | 105 | 1 | | 969452 | 4305 | 3 | | | | | | | | | | | | | | | |
| 河源市 | 20 | 4 | 9 | 1872968 | 4822.8 | 6 | | | | | | | | | | | | | | | |
| 阳江市 | 16 | 3 | 1 | 744091 | 4687.2 | 7 | 1 | 6.3 | 3 | 1 | 30000 | | | | | | | | | | |
| 清远市 | 85 | | | 1095605 | 3766 | 7 | | | | | | | | | | | | | | | |
| 东莞市 | 1058 | 6 | 2 | 37810866 | 97323.4 | 163 | | | | | | | | | | | | | | | |
| 中山市 | 52 | 4 | 9 | 8763792 | 15086.8 | 50 | 1 | 1.9 | 4 | 1 | 444312 | | | | | | | | | | |
| 潮州市 | 72 | 3 | 2 | 2422010 | 16604.2 | 29 | | | | | | | | | | | | | | | |
| 揭阳市 | 22 | 3 | 1 | 2249143 | 5749 | 36 | | | | | | | | | | | | | | | |
| 云浮市 | 33 | 2 | 2 | 2118254 | 4252.5 | 5 | | | | | | | | | | | | | | | |

# 省直部分单位
# 防灾减灾工作

# 广东省防汛防旱防风总指挥部办公室

## 【防汛防旱防风措施】

2009年有8个热带气旋严重影响广东省，其中5个正面袭击；珠澳供水形势严峻，粤北、粤东干旱严重。在国家防总和省委、省政府正确领导下，全省三防部门开拓进取，科学防御，不断创新三防工作思路和方法，组织干部群众战胜接踵而来的多次热带气旋袭击和局部特大暴雨山洪地质灾害，有效应对粤北和粤东地区严重干旱和珠澳供水严峻形势，三防工作取得显著成效。

### 1. 认真做好汛前准备

●领导重视，及时会商，及早部署三防工作

坚持早部署、早检查、早安排。2月19日，省政府召开全省水利和三防工作会议，传达学习全国防汛抗旱会议和省委、省政府主要领导指示精神，要求各地以建立应急责任体系、应急预案体系、应急指挥体系、应急抢救体系为重点，对防汛工作进行全面动员和部署。3月20日，省防总总指挥、副省长李容根主持召开2009年三防形势会商会，会议根据省气象局、水文局、南海预报中心对2009年气候趋势的分析，研究部署应对措施。5月18日，省政府在佛山市三水区召开2009年北江大堤防汛工作会议，省长黄华华到会并讲话，进一步部署北江大堤安全度汛和全省防汛防风工作。

●落实防汛责任制，全面检查，确保水利工程安全度汛

春节刚过，省防总就发出通知，部署各地及早开展汛前检查，要求做到“宗宗有检查，检查有记录，记录有签名，签名有负责”。在各地自查基础上，省政府于3月2日派出6个检查组，分赴各地开展全省汛前安全大检查，通过认真排查，对工程隐患采取强制性措施逐宗进行处理，并将其中安全隐患最严重的清远英德市波罗坑一级电站等4个小水电站予以拆除。省防总于4月21日在《南方日报》公布省管工程、十大堤围、大中型水库行政责任人名单，明确“一人负责一宗工程”；各地落实辖区内防洪工程责任人，切实把使各项防汛工作责任落到实处。

### 2. 全力防御和抗击热带气旋和暴雨洪水灾害

在省委、省政府正确领导下，全省开展有效防御热带气旋和暴雨洪涝工作，三防减灾工作取得显著成效，确保“水库无垮坝，重要堤围不决口，无群死群伤事件”，把灾害损失降到最低程度。主要体现在以下几方面：

●加强会商分析，提高防御工作的科学性和主动性

省防总在汛前和汛中先后举行形势分析会商，汛前会商对2009年汛期台风偏多、中小河流洪水等做出预见，汛期7月会商对后期热带气旋及江河来水形势作出较准确判断。副省长李容

根和省水利厅厅长黄柏青多次主持召开异地视频防御会；遇较大汛情和热带气旋登陆时，专门召集专家会商，针对“浪卡”、“莫拉菲”、“天鹅”、“巨爵”等热带气旋特点，部署加强防御，及时启动应急预案。2009 年省防总会商及视频会议达 20 次，启动应急响应 15 次。同时，省防总注重防汛抗旱两手抓，提高旱情预见性和应急抗旱能力。在主汛期多次会商会上，省防总根据专家关于东江和韩江来水将偏少的预测，强调在保证水库安全前提下尽量多蓄水，科学调度，以保证汛后用水。早在 7 月上旬，根据东江流域降雨和水库蓄水状况，在深入调研基础上，就进一步加强东江流域水量调度进行专题研究，提出“优化调度保供水、科学防洪多蓄水、未雨绸缪节约水”的工作目标，制订东江三大水库水量调度计划，为东江流域防旱抗旱提前做好充分准备。

●创建三防督导机制，提高防御工作的规范性和针对性

2009 年省防总陆续出台防汛防风有关制度。其中如防汛防风督导制度，对省防总派出的防御工作指导组的任务、性质、责任和工作方式进行明确，主要强调加强督导；对省水利厅直属各单位参与督导工作进行分工，突出区域针对性。年内省防总先后向市县派出防御工作指导组 47 组次，这些工作组均很好地完成了督导和指导抢险工作任务。在粗石坑电站出险时，省防总迅速派出专家组到现场检查督导抢险和拆除工作，圆满完成这起违规电站的处理；当阳春市永宁镇张公龙水库大坝发生漫顶重大险情时，省防总派出的督导组最先向省防总汇报信息，督导组成员还冒着公路山体塌方等危险赶赴现场督导抢险，为张公龙水库最后化险起到重要作用。其他督导组认真履行职责，使地方较好地贯彻落实省防总部署，确保防汛安全。

●加强值守和抓好信息宣传报送

在热带气旋和暴雨洪水影响期间，全省各级三防办坚持 24 小时领导在岗带班，并加强值班力量，每天安排多人次昼夜值守，及时有效掌握辖区内风情、雨情、水情、工情，迅速应对各种可能出现的问题。省防总进一步规范三防信息发布和新闻宣传工作，建立新闻发言人制度，明确省防总新闻发言人为省水利厅厅长，省防办发言人为省三防办常务副主任等。省防总与广东电视台开通通信专线，每次有较大防御活动时，广东电视台都在省防总进行现场直播报道，便于公众第一时间了解到有关防汛防风信息。2009 年共制作发出省三防快报（防汛抗旱简报）158 期、省防总和防办明电 179 份，并多次向国家防总和省委、省政府报送较大灾害防御行动专题报告，将各类信息及时传达到领导和相关单位。

●调整充实指挥机构，健全沟通协调机制

3 月下旬，省政府对省防总指挥机构进行调整，对副总指挥单位和人选进行精简，设立秘书长和副秘书长单位，使防总机构更符合防汛抗洪抢险实际需要，运转效率更高。强化与邻省（自治区）的协调与合作。按照“合作、共享、发展”理念，12 月上旬，省防总与湖南省防汛抗旱指挥部签订《粤湘北江流域防汛抗旱应急管理合作框架协议》，建立定期与不定期相结合的交流沟通协调机制，做到防汛抗旱监测设施合作共建，信息互通共享。与其他省级防汛抗旱指挥部协商建立防汛抗旱应急管理合作机制工作进展顺利。此外，强化与气象、海洋、渔业、海事等部门的统一指挥与合作，充分发挥各成员单位积极性，为防总决策和部署提供重要信息支撑。从 2009 年起，省防总对人工影响天气实行统一部署、统一指挥、统一管理，有效开展人工增雨各项工作。通过整体科学规划、区域有效联动、强化统筹协调、密切观测天气形势等有效措施，人工增雨工作取得显著效益。

●及时修复水毁水利工程设施

针对 2009 年水利设施损毁状况，省三防办及时做好受损水利工程设施核查统计汇总，积极

向国家防总和省财政厅进行汇报和沟通，争取中央和省财政支持。2009 中央下拨 7050 万元特大防汛经费，省财政安排 3410 万元用于水毁水利工程修复，同时督促和指导各地多渠道、多形式筹集资金，千方百计修复受损水利设施。

### 3. 抓好抗旱工作，确保城乡居民及港澳地区供水安全

尽管 2009 年登陆热带气旋偏多，但受影响区域主要为西部和南部，东部和北部降雨总体偏少。全省全年平均雨量为 1565 毫米，比多年同期平均减少 11.6%，韩江流域及粤东沿海地区减少 31%，东江流域偏少 23%、北江流域偏少 18%。8 月开始，东江流域、粤东沿海及粤北地区相继出现旱情，部分人畜饮水困难，并持续到年底。旱情最重时，全省农作物受旱面积达 216 万亩、干枯 8.6 万亩，饮水受影响群众 32.5 万人，其中饮水困难 16.75 万人。根据省防总部署，各地抓住一切有利时机、利用一切可能条件、采取一切有效措施挖掘水源、增辟水源，按照“电调服从水调、生产服从生活”原则，全力保障供水，始终把确保城乡居民饮水安全摆在抗旱工作首位。全年全省累计投入抗旱人员 153 万人次，投入机动抗旱设备近 11 万台（套）、抗旱资金 2.57 亿元（其中中央特大抗旱资金 2500 万元），浇灌面积 235 万亩，解决近 40 万人临时饮用水问题。

此外，省三防办全力配合东江流域枯水期分水方案实施工作，积极协助珠江防总做好西江水量调度，确保港澳地区供水安全。进一步强化抗旱水源统一调度，加大节约用水宣传力度，开展全省水库动态应急调水能力分析评价，并将“正确处理防汛与蓄水抗旱的关系”提上议事日程。同时协助省水利厅规计处指导省水利电力规划勘测设计研究院开展抗旱规划编制。

### 4. 履行防冻职能，切实做好防御低温冰冻灾害工作

年初，省防总起草《广东省防御低温冰冻灾害总体应急预案》初稿，并充分征求省防总各成员单位和各地市三防指挥部修改补充意见，对预案初稿进行认真修改和完善后上报省政府审批，并按省政府要求，将该预案与防汛防旱防风预案合并整编。1 月下旬，省防总首次举行防御低温冰冻灾害综合演练，对广东省应对低温冰冻灾害决策指挥能力、综合协调能力、应急处置能力进行一次大检阅，进一步提高决策指挥能力和应急处置能力。11 月初，受北方两股强冷空气南下影响，各地出现近年同期罕见的寒冷天气。对此，省防总于 11 月 18 日举行防御低温冰冻综合会商，对受影响地区低温防御工作做出具体部署。

### 5. 做好水利反恐安保工作，维护社会和谐稳定

根据国家和省反恐部门部署，认真落实重点水源、供水工程和防洪工程安全保卫措施，重点做好新中国成立 60 周年庆典和澳门回归 10 周年庆典期间水利反恐安保工作，组织省水利厅机关、直属单位和负有重要供水任务的地市水利（水务）局，对预案和措施进行回头看、再检查，并对一些重要部门和重点部位进行抽查，确保水利安全。

### 6. 加快三防能力建设，提高三防科学决策水平和应急快速响应能力

●不断完善责任体系

制订完善并印发《广东省三防值班工作制度》、《广东省三防信息报送管理规定》、《广东省防总防汛防旱防风工作会商决策制度》、《广东省防汛防旱防风总指挥部防汛防风督导工作暂行规定》、《广东省三防办公文管理制度》、《广东省三防办财务和资产管理制度》、《广东省三防办机动

车辆和驾驶员管理规定》等，健全检查和问责制度，把省委、省政府对三防工作的部署落到实处。

●加强预案体系建设

2009年省三防办继续完善和补充各类应急预案，完善防御特大暴雨、超强台风、山洪地质灾害应急处置中的人员转移预案。与各有关单位合作，完成省、市、县（区）、镇（乡）、村（组）五级预案文档整编录入，共5000多件，形成方便查询的三防预案库。组织人员赴粤东、粤西沿海地区开展防台风工作调研，探索建立防御超强台风预案。省防总于9月底启动防御秋冬春连旱专项预案编制，省级专项预案已形成初稿并在修改完善。

●稳步有序推进三防信息化建设

广东省三防指挥系统一期工程各标段通过单项验收和合同结算，二期工程基本完成建设任务，除决策支持业务应用系统、洪水预报与防洪调度系统、资料收集整编录入标段外的大部分项目通过验收；投入应用的各子项目在汛期均发挥良好效益。省防总大力推进全省重点水利工程视频监控系统建设，对大中型水库、重要堤防、渔港以及三防设施重要部位进行全程实时监控。按照“统一标准、分开建设、加强监督、确保质量、分级管理”原则，省防办印发《广东省水利工程视频监控系统技术规范（试行）》，编制《广东省重点水利工程视频监控系统建设规划》，建设省三防指挥中心视频监控平台，整合接入北江大堤、飞来峡水利枢纽、潮州供水枢纽、惠州、广州、江门、中山、阳江、广西等现有视频监控系统共230个监控点。广东省三维电子沙盘初步成果已提交，在会商室使用专门图形工作站运行，为广东省三防应急管理及会商决策提供更为直观准确的信息服务和技术支持。

●加强抢险队伍建设和物资储备

2009年省防总又组建两支省属三防机动抢险队，使省属三防机动抢险队伍达到11支，抢险力量进一步增强，形成布局科学的全省抢险救灾体系新格局。5月，省防总对省属五支轻舟机动大队集中进行专业技能综合训练考核评比，同时对省属三防机动抢险队进行大规模、抢险技能要求高的综合演练，受到国家防总和省政府高度评价。完成省级1700多万元的防汛物资采购，对防汛物资进行补充更新，确保防汛抢险需要。下半年粤东、粤北地区旱情严重，省防总无偿调拨一批省级抗旱设备支援旱区，及时解决部分旱区抗旱设备不足问题，为各地有效缓解旱情提供保障。省防汛物资中心仓库于11月建成并投入使用，4个区域仓库前期准备工作有序进展，省三防物资储备中心经省编委批准成立，为提高三防抢险救灾能力、更好地履行三防工作职责打下坚实基础。

●着力推进山洪灾害防治试点工作

全国山洪灾害防治试点工作2009年正式开展。防治工作以非工程措施为主，全国试点县（市）共103个，平远、阳春、信宜三县（市）位列其中，每个县（市）由中央财政补助150万元。2009年这3个县（市）都发生了较严重山洪灾害，充分证明省防总将这3个县（市）列为试点率先进行防治的正确性和必要性。同时省财政对试点项目予以大力支持，共配套450万元用于项目建设。省水文局、省水利厅防汛抢险技术保障中心、试点县共同抓紧项目建设，并拟于2010年汛期投入使用。

## 【重大自然灾害防抗】

### 1. 6月中下旬暴雨

6月8～16日，广东省持续降雨，部分市县发生强降水过程，粤西和粤东出现洪涝灾情。省委、省政府认真贯彻国务院副总理回良玉批示精神和国家防办通知要求，积极组织灾害防抗工作。副省长李容根先后3次就防御暴雨和抢险救灾工作作出指示，要求有关部门和地区确保人员、水库安全，并给省三防办和受灾地区政府负责人打电话了解情况，部署抗灾救灾。省三防办加强值班，严密部署暴雨防御工作，对日雨量超过100毫米、1小时雨量超过30毫米的地方逐一电话提醒，及时掌握各地天气及水雨情动态和灾害损失，做好信息上传下达，督促暴雨地区做好防御，指导灾区抗灾救灾。茂名、阳江、梅州等市大暴雨、特大暴雨受灾期间，省三防办主要领导坚守值班室，密切保持与灾区主要负责人的联系，及时掌握受灾和抗灾救灾进展，做好抢险队伍和防汛物资调度准备。各地特别是受灾地区把国务院、国家防总和省有关领导批示精神落到实处，认真有序开展暴雨洪水防抗工作，受灾县（市、区）党政主要负责人深入一线组织指挥抢险救灾、做好人员转移安置。

**2．强热带风暴“莲花”**

第0903号强热带风暴“莲花”6月21日在福建省晋江市沿海地区登陆。受其影响，22～23日，粤东地区出现暴雨到特大暴雨，梅州市受灾严重。国家防办发出《关于做好热带低压防御工作的通知》，派出工作组前往广东指导防风、防汛。19日上午，国家防总召开防御“莲花”视频会商会，随后召开视频会议贯彻会议精神，副省长李容根要求各地、各有关单位积极迅速行动，扎实做好各项防御措施，把“莲花”造成的损失降到最低程度。省防总副总指挥、省水利厅厅长黄柏青坐镇省防办指挥抗洪抢险救灾。省防总根据“莲花”发展态势，依据《广东省防汛抗旱防风应急预案》，于19日11时启动防风Ⅳ级应急响应，先后紧急下发《关于进一步做好“莲花”防御工作的紧急通知》和《关于切实做好第3号强热带风暴“莲花”防御工作的通知》，并于20日15时将应急响应提升至Ⅲ级，同时组织受风暴影响地区各类出海船只于20日20时之前回港或就近避风，不漏一艘船；海上渔排作业人员于20日20时之前全部撤离上岸，确保不漏一人，禁止上岸人员擅自返回，避免人为造成险情。

省防总根据《广东省防汛防旱防风总指挥部防汛防风督导工作暂行规定》，于20日上午派出督导组赴汕尾、汕头、潮州等市指导台风防御。同时要求省三防机动抢险四队和正在粤东地区作业的分属省三防机动抢险一、二、三队的抢险分队，以及省防汛抢险民兵轻舟机动二大队、五大队立即进入临战状态，确保接令后半小时内出发，及时到达指定地点投入抢险救灾。至20日21时，深圳、惠州、汕尾、揭阳、汕头、潮州等6市共15235条渔船已全部在港避风，并转移海上作业人员11645人、危险区域人员8206人。根据副省长李容根指示，省防总于23日上午派出由省水利厅、省民政厅和省三防办人员组成的工作组，赴灾情较严重的平远县了解灾情，慰问干群，指导救灾。在防御过程中，气象、海洋、水文等部门及时发布预警和相关信息，为省防总决策提供科学依据和有力保障。

**3．热带风暴“浪卡”**

第0904号热带风暴“浪卡”于6月26日在惠州市惠东县平海镇登陆。受其影响，阳江、江门、梅州、汕尾、河源、惠州和清远等地发生强降水，阳江等地受灾。“浪卡”为2009年首个登陆广东的热带气旋，在国家防总统一部署和省委、省政府正确领导下，全省各市县加强领导，严阵以待，认真落实各项防风和防暴雨措施，取得防抗“浪卡”重大胜利，得到国家防总充分肯定。

一是各级政府高度重视热带风暴“浪卡”防御。中共中央政治局委员、省委书记汪洋、省长黄华华要求密切关注“浪卡”动态，及早部署做好防御工作。26日下午，国家防总副总指挥鄂竟平专门指示在做好防风工作的同时加强防暴雨工作。省防总一开始就立足于防御“浪卡”正面登陆，把握防御工作主动权。国家防总和省防总密切会商，准确判断“浪卡”将给广东省带来大范围强降雨，沿海地区须做好防风工作，同时全省特别是珠三角及粤东地区更要做好暴雨洪水防御。省防总于25日17时和26日9时先后启动防风Ⅳ级和Ⅲ级应急响应，直接受影响的惠州、汕尾等市也相继启动应急响应，及时有序地组织防御。二是密切监视，加强预警预报和宣传。全省各级三防指挥机构和气象、海洋、水文等部门严格执行24小时值班制度，密切监视热带风暴动向，通过各级新闻媒体及手机短信发布热带风暴信息，提高群众自我防范避险意识。广东电视台实现在省防总的多时段实时直播，加密台风报道频次；惠州、汕尾、深圳等市从25日起就通过电视、广播电台以及当地报纸等及时报道防御热带风暴有关消息，引导群众做好自我防范。三是层层督导，全方位落实防御措施。国家防总派出由珠江委副主任黄远亮带队的工作组赴广东省检查督导，省防总也派出2个督导组奔赴防风一线检查防风措施落实状况，惠州、汕尾、深圳、揭阳、珠海等市共派出26个市级工作组、156个县级工作组赶赴防风一线加强督导。层层督导确保了各项防御措施落实到位。四是以人为本，狠抓人员安全转移。突出抓好海上作业、山洪地质灾害易发点、依山建房户、低洼危险区域人员转移安置。针对热带风暴影响区域的不确定性，扩大转移工作覆盖面，沿海12个市各类船只33835条全部召回进港避风，转移海上作业及危险区域人员21729人。惠东县、大亚湾开发区共启动12个避风场所，妥善转移5232位海上作业及危险区域人员。因措施得力，全省无一人因“浪卡”伤亡。

#### 4. 台风“莫拉菲”

自2003年以后对珠江口影响最严重的台风——“莫拉菲”于7月19日在深圳市龙岗区南澳镇沿海地区登陆。在“莫拉菲”防御过程中，高度重视，周密部署，科学防御，措施到位，取得“无人员伤亡、把灾害损失降到最低程度”的重大胜利。

一是高度重视，周密部署。中共中央政治局委员、省委书记汪洋，省长黄华华，省委副书记、深圳市委书记刘玉浦和省委常委、深圳代市长王荣等领导对全省或深圳市防御工作作出指示。18日上午，副省长李容根主持召开防御“莫拉菲”会商会，传达国务院副总理回良玉和水利部部长陈雷在国家防总会商会议上的讲话精神，对防御工作进行周密部署。李容根和省水利厅厅长黄柏青一直在省防总坐镇指挥，通过电话检查各地防汛责任人到位和措施落实状况。省防总各成员单位按照预案要求，迅速行动，各司其职。省国土资源厅及时派出3个工作组分赴深圳、惠州、汕尾等地，督促检查地质灾害防御各项准备。相关市县各级领导赶赴一线检查督促落实防御措施。广州市及时成立由主要领导任总指挥的防风应急总指挥部，统一指挥防御工作；深圳市副市长吕锐锋坐镇市三防办，多次召集防御会议，逐区、逐街道、逐项措施检查督促落实，确保不留死角。惠州市市委书记黄业斌、市长李汝求，珠海市市长钟世坚，肇庆市市委书记覃卫东等均坐镇本市三防指挥部指挥防御工作。二是密切监视，适时预警，及时响应。省气象、海洋、水文、海洋渔业等部门密切监视台风动向，对“莫拉菲”发展动态、移动方向、登陆点、风暴潮、影响程度作出及时准确预报，为防御工作提供科学依据。全省各级三防指挥机构严格执行24小时值班制度，并根据台风发展动态及时作出防御部署。省防总于17日16时启动防风Ⅲ级应急响应，18日9时将应急响应级别提高到Ⅱ级。全省21个地级市共有13个市启动防风应急响应，其中Ⅰ级1个、Ⅱ级4个、Ⅲ级6个、Ⅳ级2个。全省各大新闻媒体也及时对防风工作进行有力的宣传报道。三是以人为本，狠抓人员安全转移。安排足够力量对海上养殖渔排、进港避风船只、低洼易涝地区、在建工地、山洪灾害易发区等进行拉网式检查。在主要安置点和交通道口设置岗哨，防止转移人员和船只提前返回海上作业或进入尚未解除警报的危险区域。受台风影响地区全部停止海边及水上活动，严禁户外集中活动。沿海各市45627条渔船全部在港避风，转移海上作业人员183986人，转移危险区域人员42349人。针对珠江三角洲地区工厂企业多、简易工棚多、外来人口多等实际，深圳、珠海、中山、惠州等市共开放450多个避风场所，妥善安置危险区域人员。由于措施得力，全省无一人因灾伤亡。四是科学防御，全面落实防御措施。加强对水利、电力、交通、通讯、供水、供气等城乡基础设施、低洼地区、地下空间和排水管网等有关设施的安全检查，及时消除安全隐患。受台风严重影响区域特别加强对校舍、车站、码头、建筑工地、旅游景点等人口密集场所的安全检查，采取果断措施，坚决杜绝人员伤亡事件发生。珠三角地区尤其注意提高工厂、企业自我防范意识。加强水利工程巡查防护，对水库进行24小时值守、严密防护、科学调度。省防总还要求省三防机动抢险队和省民兵轻舟队伍做好出动准备，各地、各部门及时落实各类抢险救灾物资。国家防办副巡视员张旭率工作组赴检查督导；省防总派出3个督导组，全省7市共派出35个市级工作组、258个县级工作组赶赴防风一线进行督导，确保防台措施落实。

**5. 强热带风暴“天鹅”**

第0907号强热带风暴“天鹅”于8月5日在台山市海宴镇沿海地区登陆，造成江门、阳江、茂名、湛江、云浮、珠海、东莞等市受灾较严重。省委、省政府高度重视“天鹅”防御工作，省领导多次做出指示，要求全省做好防风工作。省防总于8月4日上午8时召开防御“天鹅”会商会，上午9时启动防风Ⅲ级应急响应，发出紧急通知，要求汕尾以西沿海各市出海船只4日18时前全部回港避风。4日下午，召开防御“天鹅”视频会议，传达国家防总会商会和省领导批示精神，强调重视“双台风”效应，加强防风、防暴雨洪涝灾害工作。“天鹅”登陆前，省水利厅厅长黄柏青一直坐镇省防总指挥，并通过电话联系江门、阳江、茂名、湛江等市防指领导检查防御措施落实状况。江门、阳江、茂名、深圳、珠海、东莞等市主要领导和各县（区）党政领导靠前指挥，迎战“天鹅”。

“天鹅”登陆时适逢天文大潮，风暴潮对海堤构成威胁，沿海地区在“天鹅”登陆前加强海堤围内人员转移工作，确保人员安全。省防总根据“天鹅”的不确定性，扩大防御覆盖面，要求汕尾以西沿海各市渔船全部回港避风。尽管由于休渔期刚结束，渔民出海心切，给渔船安全避风增加了难度，但沿海有关市县坚决贯彻执行省防总部署，采取果断措施，落实渔船“百分百”回港避风。“天鹅”中心移入雷州半岛后，尽管有减弱趋势，但湛江市政府仍然保持高度警惕。6日下午，市长阮日生主持会议部署防御工作，强调继续加强渔船安全避风工作。因此湛江市渔船自始至终安全在港避风，避免了“天鹅”之后又加强为热带风暴造成祸害。在防御“天鹅”过程中，湛江、阳江、茂名、江门、珠海、中山、深圳、惠州等市各类船只47144条全部在港避风，转移海上作业人员183268人；安全转移危房、低洼、地质灾害易发点等危险区域人员转移人口26561人，确保人员生命安全。

省气象、海洋、水文、海洋渔业等部门密切监视台风动向，对“天鹅”发展动态、移动方向、登陆点、风暴潮及影响状况作出及时准确预报，对困难估计充分。全省各级三防指挥机构按照省委、省政府工作要求，根据台风发展动态及时作出防御部署，省三防办发挥有效参谋和指挥作用，并加大对市、县以及水利工程管理单位人员在岗状况抽查。在“天鹅”移入北部湾后仍保持高度警惕，保持防风Ⅲ级应急响应不变。国家防总派出工作组赴广东省，省防总派出2

个工作组，江门市市县共派出52个工作组、172人，深入防洪、防风第一线指导工作。

各地各部门立足于防强风、防暴雨、防山洪、防内涝，加强城乡基础设施、低洼地区、地下空间和排水管网等有关设施安全检查，及时消除安全隐患。全面加强水利工程安全管理，全省水库做到安全度汛。江门市位于暴雨中心，水库防洪压力最大，但江门市采取预先加大水库泄洪量等措施，对水库进行有效调度，腾出较充足库容，使水库经受住考验；虽然个别水库（如东方红水库）曾一度出现险情，但因巡查到位、措施有力，险情得以迅速排除。

### 6. 台风“巨爵”与热带风暴“彩虹”

第0915号台风“巨爵”于9月15日在台山市北陡镇登陆，引发粤西大雨到特大暴雨、沿海地区风暴潮，造成当地较为严重的灾害损失。该台风是年内登陆风力最强、海浪最大、风暴潮最严重、山洪地质次生灾害最重的台风。国家防总和广东各级政府对该台风防御工作极为重视。14日，国家防总召开防御视频会商会，传达国务院副总理回良玉批示精神，对防御工作进行部署。中共中央政治局委员、省委书记汪洋，省长黄华华，副省长李容根等先后对台风防御工作作出指示。13日下午，省防总召开防台会商会，14日上午，李容根组织召开全省视频会商会议；另一方面要充分利用台风带来的雨洪资源，为抗旱工作多蓄水。14日晚至15日早晨台风登陆时，省防总领导一直坐镇省防总指挥台风防御工作。16日，云浮罗定、阳江阳春、茂名信宜遭遇强降雨袭击，副省长李容根迅速部署抢险救灾，沿海各市主要领导赶赴一线检查督促落实防御措施。阳江市委书记林少春和市长魏宏广深入乡镇、渔港检查指导防风工作；湛江市委书记陈耀光组织召开市三防指挥会议部署工作；江门市委常委、常务副市长聂党权在台风登陆前一直坐镇市三防指挥，并于第一时间赶赴灾区指导抢险救灾。国家防总派出工作组赴广东省检查指导，省防总先后派出4个防御和抢险救灾督导组，全省7个地级市共派出68个市级工作组、459个县级工作组赶赴防风一线进行督导。省三防办加强人员在岗状况抽查，对个别责任不到位的县（区）领导和三防工作人员给予通报批评。

13日13时省防总启动防风Ⅲ级应急响应，14日18时将应急响应级别提高到Ⅱ级。全省21个地级以上市中，共有9个市启动防风应急响应，其中Ⅱ级3个、Ⅲ级6个。针对灾害进展，省防总于14日半夜发出紧急通知要求加强风暴潮防御，16日多次通过电话督促有关市加强防御暴雨山洪灾害。各大新闻媒体及时对防风工作进行宣传报道，各地发送手机预警信息近8000万条。

切实做好人员安全转移安置。受台风影响地区全部停止海边及水上活动，严禁户外集中活动。针对珠江三角洲地区工厂企业多、简易工棚多、外来人口多等实际，深圳、珠海、东莞、江门、中山、惠州等市均设置多个避风场所，妥善所转移人员。沿海各市出海船只5.26万艘（共175743人）全部回到港口或就近避风。针对局部险情，如云浮罗定市船步镇等3镇严重内涝导致7000多人被洪水围困，茂名信宜市县思贺镇发生严重山洪灾害，阳江阳春市张公龙水库漫坝严重威胁下游群众安全等，当地政府主要领导率工作组火速赶赴灾区指导抢险救灾，全力抢救和转移受困和受威胁群众。全省共转移安置8.76万人，有效避免了群死群伤事故。

加强科学调度，防台风和防旱工作两手抓。前期降雨较多、水库水位较高的江门、茂名、湛江等市加强巡查严密防护，全面做好防汛工作，其他前期降雨较少或工程蓄水较少地区则利用“巨爵”带来的雨洪资源多蓄水，大中型水库蓄水量增加近3亿立方米。

抓好灾后救灾复产。受“巨爵”影响，部分地区受灾人口多，水毁设施严重。中共中央政治局委员、省委书记汪洋，省长黄华华，常务副省长黄龙云，副省长李容根等都作出批示，要求灾区政府要从保增长、保民生、保稳定高度抓好灾区救灾复产。省防总及时下发《关于迅速开展救灾复产工作的紧急通知》，并会同省财政部门向受灾最严重的罗定、信宜、阳春3市紧急下拨救灾资金300万元。省民政、交通、水利、国土、电力、农业、海洋与渔业、卫生等三防成员部门迅速派出工作组赴灾区指导救灾复产。灾区主要领导组织干部深入灾区一线，指导、帮助灾区群众做好灾后复产，妥善安置受灾群众，加快交通、电力、通讯、供水等生命线工程修复，抓紧抢修水利水毁工程，以确保灾后复产顺利进行。

在台风“巨爵”登陆前，第0913号热带风暴“彩虹”9月11日登陆海南文昌，受其影响，粤西南沿海出现大雨到特大暴雨，徐闻等部分地区出现灾情。在“彩虹”防御期间，省防总迅速做好海上作业人员上岸、船只回港避风组织工作，期间6市海上船只38604条（其中湛江市15929条、茂名市3845条、阳江市6989条、江门市2211条、中山市1713条、珠海市7917条）全部回港避风，避免事故发生。

# 广东省气象局

2009年广东省气象灾害总体呈现“来得早、灾害多、影响大、局地重”的特点，特别是10次主要暴雨洪涝过程和8个登陆或严重影响的热带气旋给防灾减灾工作带来巨大挑战。在中国气象局和省委、省政府正确领导下，全省各级气象部门广大干部职工齐心协力，扎实工作，有效防御气象灾害，取得明显成效。省气象台2009年台风路径预报与实况误差持续减小，其中48小时、72小时路径误差分别比2008年缩减20千米和42千米。暴雨天气质量较好，短时临近预报水平继续提高，雷雨大风天气预报比2008年提前3分钟。全年各级气象台站共发布灾害性天气预警信号5599次，发布各类警报多次。年内省气象台共为省委、省政府等和相关部门制作《重大天气气象信息快报》117份、《重大天气气象信息专报》16份、《天气报告》389份。副省长李容根批示：“广东气象科技水平、气象高素质人才、气象服务能力建设明显提高，预报预警能力明显增强，为广东现代化建设作出了积极贡献。”

## 【灾害性、关键性天气预报服务】

### 1. 做好低温雨雪天气预报，保春运保平安

省委、省政府领导对春运天气高度重视。1月24日，副省长佟星在2009年第五期重大气象信息快报上批示，要求春运办随时掌握天气变化状况，做好预案，确保春运工作圆满完成。省气象台制定2009年春运气象保障服务方案并进行严密部署，按照汛期气象服务高标准、严要求开展春运气象服务保障工作。从1月11日零时起，全省雷达联防和短时预报服务提前进入警戒期。省气象台与广州市公安局春运指挥部密切联系，专门搭建春运公安专用气象信息网页，协调安排市局3名民警驻扎气象台，每天进行分析研判，以提高春运天气预警能力，以便公安部门实时掌握铁路、高速公路沿线及北方重点航站地区气象状况。

### 2. 做好前汛期预报服务，取得良好社会效益

2009年广东开汛异常早（3月5日），较常年平均（4月14日）偏早近40天，前汛期强降水频繁发生，局地强对流激烈，雷击灾害多，局地洪涝重。气象台准确预报出3月27～28日、5月17～20日、5月22～26日、6月7～16日等几次特大暴雨、强雷雨和雷雨大风过程。4月，“亚洲第一塔”——广州新电视塔天线提升工程进入关键施工阶段，天线提升分多次进行，施工天气条件要求很高，必须提前1天做出精细化气象要素预报，提前1个小时做出高空工作平面风力预报。面对如此高、精、专的要求，省气象台领导高度重视，调动精兵强将，加强天气会商，加密小区天气监测预测，派出应急保障车到现场开展服务，并取得良好预报服务效果，获得施工公司好评。

### 3. 认真完成热带气旋预报服务

2009年共有“莲花”、“浪卡”、“苏迪罗”、“天鹅”、“彩虹”、“莫拉菲”、“巨爵”、“芭玛”等8个热带气旋登陆或严重影响，其个数较常年异常偏多。省气象台认真贯彻落实中国气象局、省委、省政府和省气象局领导指示精神，从热带气旋生成到登陆、减弱，一直密切跟踪和做好服务，安排值班人员严密监视其动态，同时通过手机短信、汇报、传真、邮件等方式及时向省委、省政府、省防总和有关部门汇报其最新动态、预测信息、防御建议，另外及时与海上石油平台用户沟通，以便对方提早做好防御准备，及时安排撤离，准确预报和周到服务受到用户好评。通过精心组织，严密监测，依靠科学，准确预报，及时预警，服务到位，省气象台全力以赴做好每个热带气旋的气象预报服务，做到报“早”、报“准”、报“稳”，为各级政府防御台风提供科学决策依据。

### 4. 做好亚运气象服务系统建设和亚运预报演练

为做好广州2010亚运会预报服务工作，按照中国气象局和省气象局部署，省气象台做到汛期服务、亚运准备“两不误、两手抓”，认真落实亚运气象服务各项工作。在中国气象局亚运气象服务领导小组领导下，集中技术力量加快亚运气精细化预报系统，亚运场馆预报制作系统和亚运预报监测、封装、分发系统（AMIS）三大预报服务系统建设。为提高亚运协办城市预报服务水平，省气象台专门制订方案，派出首席专家到东莞、汕尾等亚运协办城市台站进行短时临近预报、海洋预报等技术指导，并派专家参与亚运2009年演练方案制定修改，对参加亚运预报团队人员进行亚运城市天气气候背景、业务系统、岗位职责、工作流程等多方面培训。11月1～17日，亚运气象服务综合演练全面铺开，通过人员培训、系统测试、开闭幕式和赛事保障、人工消雨、宣传报道等实战演练，健全亚运气象服务组织机构，磨合服务团队，完善亚运气象服务业务系统和工作流程，达到演练预期目的。为广州亚运海上项目服务的汕尾海洋气象观测浮标站于年内建成（这也是南海第一个大型海洋气象观测浮标站），并完成广东奥林匹克体育中心等亚运重要比赛场馆等7个自动气象站建设。

### 5. 发布灾害性天气预警信号

年内全省各级台站共发布灾害性天气预警信号5599次，其中台风658次（白色324次、蓝色226次、黄色83次，橙色22次，红色3），暴雨1003次（黄色757次、橙色214次、红色32次），雷雨大风618次（蓝色613次、黄色4次、红色1次），高温1178次（黄色1045次、橙色131次、红色2次），寒冷942次（黄色595次、橙色316次、红色31次），大雾230次（黄色170次、橙色54次、红色6次），灰霾黄色22次，道路黄色结冰3次，森林火险945次（黄色511次、橙色292次，红色142次）。其中广州市各级气象台站发布的预警信号包括台风8次、暴雨23次、雷雨大风6次、高温23次、寒冷14次、大雾2次、灰霾4次、森林火险10次。

## 【农业气象服务】

### 1. “三农”气象服务取得新进展

年内制定出台《关于贯彻落实〈中共中央关于推进农村改革发展若干重大问题的决定〉的

意见》，进一步强化农业气象防灾减灾体系建设。3月下旬，印发《广东省气象局农业气象服务周年方案》，围绕全年农业气象服务重点任务，积极开展农业气象服务工作，并取得明显成效。3月，省农业厅与省气象局签订《广东省农业厅与广东省气象局合作备忘录》，提出深入推进农业与气象部门合作，充分发挥气象为农业生产服务的职能和作用，促进粮食生产增收和农业稳定发展。6月19日，省农业厅和省气象局在肇庆市联合召开全省早稻生产形势分析会，组织省气象局、省农业厅、全省种粮大市农业种植业管理部门、统计和科研部门专家、领导共同会商，对早稻生产形势进行客观评价，为准确做好早稻产量预测打下良好基础。

省气候中心认真做好“三农”气象服务，引导广大农民趋利避害，依靠气象科技提高生产效率和经济效益，促进农业和农村经济持续、健康发展。一是定期制作水稻产量预报、农业气象情报预报、生态质量气象评价等业务产品，并按规定报送上级领导和有关部门，或在广东气象公众网上发布；二是根据天气气候变化和农业生产需求，不定期制作发布寒冷灾害监测预测公报（寒冷监测预警）、水稻病虫害气象等级预报、农业干旱监测预报（干旱监测预警）和农业气象专题分析材料；三是定期制作农业气象灾害定时监测产品，包括干旱监测、寒害监测（1~3月）、高温监测（6~8月）等农业气象服务指导产品，指导市县气象部门做好农业气象服务；四是进一步增进农业气象服务信息产品的针对性、多样性、准确性和及时性，不断完善现有农业气象信息加工、处理和服务系统，建成国内先进的农业气象信息共享平台，实现与广东农村信息直通车和省信息产业厅进行信息交换与信息共享，在“广东农村信息直通车网”和“广东农村信息网”上发布农业气象旬报、台站农情调查和农用天气预报等，2009年共发布信息约400条；五是依托省政府“民心工程”项目和科技部2009年重点项目，启动“村村通”综合气象信息电子显示屏建设试点示范工作，首批130台LCD农村综合气象信息显示屏分别在阳山、徐闻、台山、南澳等县（市）分县（市）、镇（乡）、村三级安装，初步形成LCD气象信息显示屏示范网络，完成涵盖天气预报、气象灾害预警、气象实况、气象防灾减灾科普知识等内容的可视化产品制作，实现气象信息进村入户，解决气象信息传播“最后一千米”问题。

**2. 地市气象部门高度重视为农服务**

2月16日，东莞市气象局和市农业局有关人员就建立健全合作长效机制举行座谈，就气象为农业服务工作达成共识。双方在重大农业气象灾害预报预警、政策性农业保险服务、资料共享、科研、科普等方面展开全方位、深层次合作，包括利用“农信通”更好地为农民提供气象服务、共同推进生态园区科普项目等，为进一步推进为农服务奠定基础。

5月，在湛江市纪委支持下，湛江市气象局与市纪委党廉室和中国移动湛江分公司联手，在市纪委开通的“村务e路通”网站中开辟气象网页。“村务e路通”是一个面向湛江市农村基层的党风廉政建设信息公开平台，系统覆盖全市11个县（市、区）、88个乡镇、1503个行政村。根据湛江市纪委关于“网页主要为三农服务”的要求，“村务e路通”气象网页针对当地农时节令，设置气象动态、危险天气预警、天气预报、天气回顾、防灾指引、科普知识等栏目，及时为村民开展短期天气预报服务和重大气象灾害预警服务。村民通过网络、电视、手机短信、手机WAP网站等多种途径，不出门便可查询到有关农业经济综合信息和气象预报预警信息，服务效果显著。

韶关市气象部门努力创新为农服务形式：一是2009年共建设安装225块户外气象信息电子显示屏和6套卫星音频广播系统；二是在曲江利用“村村通”广播，使气象预警信息及时入村入户；三是开通面向广大农民群众的《田园气象站》短信服务栏目。通过上述措施，大力推进气象信息进农村工作，受到广大农民欢迎。

### 3．农业气象科研项目结硕果

全省气象科技工作者按照大农业、大气象思路，继续推进农业气象科研与创新并取得丰硕成果，为建设社会主义新农村提供科技支撑。2009 年有多项成果获得省农推奖：省大气探测技术中心完成的“地面气象资料实时采集系统应用”获农推奖一等奖；省农业气象中心的“农业气象信息资源开发与利用”获农推奖二等奖；中山市气象局的“气象信息大容量数据库系统及其应用”、龙川县气象局的“天气影视制作控制系统软件应用推广”和韶关市曲江区气象局的“沙田柚栽培气候适应性分析”获省农推奖三等奖。此外，多项成果获省气象局科技奖励：省人影办的“基于 WebGIS 技术的人工增雨指挥系统”获成果应用一等奖；省气候中心的“名优水果气候生态问题研究”获研究开发二等奖；潮州市气象局的“潮州市城乡防灾减灾信息体系和应急预警发布系统建设”获成果应用三等奖。

## 【应对气候变化与防灾减灾】

### 1．应对气候变化能力不断增强

省人大将“应对气候变化，加强气象防灾减灾能力建设”列入《人大常委会 2009 年监督工作计划》并开展专题调研。省人大常委会专题听取省政府《关于应对气候变化加强气象防灾减灾能力建设情况的报告》。省气象局局长余勇牵头提交的《关于进一步加强我省应对气候变化工作的建议》提案被评为省政协优秀提案。积极推进“中国气候观测系统”计划中珠江三角洲经济圈、南海海洋两个气候关键区启动工作。研发区域气象站观测资料质量控制系统；整编广州市百年气候资料；开展遥感产品精度检验和定位信息加工处理；开展气候变化风险防范、对农业、重大工程的影响研究；开展气候变化分析和模拟；完成第二次气候变化国家评估报告《华南区域的影响与对策》和中国适应气候变化战略报告《华南区域适应战略》。完成主体功能区规划中涉及气象的工作；基本完成全省风能资源专业观测网建设，初步开展农业气候资源精细化模拟与专题区划；组织开展 5 个核电厂、港珠澳大桥、风电场、输变电工程导线抗冰等重大工程建设项目的气候可行性论证。积极介入中科广东炼化项目、揭阳潮汕机场、中海惠州炼化项目的气候可行性论证和雷击风险评价。积极开展应对气候变化科普宣传。

### 2．省部合作步入新阶段

7 月 2 日，中国气象局与省政府签订《共同推进珠江三角洲地区气象防灾减灾工作合作协议》，为广东气象新发展注入新动力。该协议目标是全面提升珠江三角洲地区和南海海洋气象防灾减灾能力，构筑具有世界先进水平的气象灾害防御体系，使成为全国现代气象业务发展示范区。协议以气象防灾减灾和应对气候变化为着眼点，明确珠江三角洲中小尺度气象灾害监测预警中心、防灾减灾和应对气候变化先行先试示范区、灰霾天气监测预警体系等三个合作共建项目。

### 3．规划项目取得新进展

积极协助中国气象局参与《珠江三角洲地区改革发展规划纲要》编制，首次把气象事业发展纳入国家区域经济发展规划中。积极推进《珠江三角洲地区改革发展规划纲要》中的重大项目“珠三角中小尺度灾害天气监测预警中心”建设，已完成项目建议书编写并报送省政府立项，同时开展项目前期评估、论证工作；“广东省突发公共事件预警信息发布系统”项目纳入省财政2010年预算；“肇庆新一代天气雷达系统”项目已落实地方配套建设资金；牵头组织华南区域各省完成《南海海洋气象业务发展专项规划》编制，上报中国气象局审批并得到充分肯定。

4. 基层帮扶和对口援建工作真抓实干

2009年全省气象部门对口支援四川省汶川县气象局，援建资金180万元，超额完成中国气象局120万元的援建任务。牵头组织深圳、青岛和宁波市气象局作为支援方，对口支援甘肃省气象局所属受灾较重的八个地、县气象局，援建资金480万元，超额完成中国气象局援建任务；委派防雷专业骨干到甘肃陇南工作。支持内蒙古、云南、甘肃、青海等省艰苦台站经费补助350万元。深圳市与青海果洛、广州增城与海南沧江、东莞市与云南迪庆等气象局之间的文明对口交流工作圆满完成。

## 【公共气象服务效益显著】

1. 决策服务获各级党委政府好评

全年累计向省委、省政府报送《重大气象信息快报》117期、《重大气象信息专报》15期、《天气报告急件》386期；各级台站累计报送各类决策服务材料约6500份；累计为全省66921名应急责任人发送决策预警短信近400万条。省委、省政府领导在省气象局报送的决策材料上作出重要批示19次。黄华华省长指出：“这些年来，气象部门在预报和服务方面做了大量工作，预报精度不断提高，主动、及时地为省委、省政府决策提出科学建议”。汕头、韶关、肇庆等市党政一把手也先后批示肯定当地气象工作。省政府对气象工作的评分为99分。

2. 公众服务质量和水平不断提高

分区域、有所侧重地开展6个市、县级公共气象服务体系试点建设，其中深圳市气象局被称为全国公共气象服务“目标模式”，东莞市气象局已基本完成11个试点社区（村）服务中心建设。完成省级公众网改版和中国天气网省级站建设，中国天气网级站日点击率位列全国前三名。广州、深圳两市继续完善气象灾害分区预警和小区广播业务，同时积极发展手机电视、交互式网络电视、移动电视、地铁电视、数字电视等新媒体平台发布气象信息，完成广东卫视天气预报高清节目制作，中国气象频道在广州、深圳和惠州落地；云浮、阳江、中山、珠海年内推出上主持人的电视天气预报节目；手机气象短信服务用户1449万，全年向公众发布各类气象灾害预警信号5238次，发送公共服务类手机短信49亿条次；共建成1505个乡村气象信息站和1140块气象信息电子显示屏，全省气象信息员达到74253名，湛江市气象局依托当地各级妇联，建立气象信息“娘子军”。通过气象新闻发布会、接受媒体采访等方式认真做好气象新闻宣传工作。国家统计局广东调查总队调查结果显示，居民对气象工作的认可率达93.2%（城镇）和93.6%（农村）。

### 3. 专业专项服务效益显著

进一步完善水文、交通、能源、旅游、卫生等专业气象服务，重点强化重大活动和重大工程等专项气象服务。进一步完善和加强灰霾监测预测预警业务服务。圆满完成“五一”、端午、中秋及国庆等假期天气预报服务，及澳门回归10周年庆典、春运、高考、龙舟竞渡、横渡珠江、全运会火炬接力传递、国际旅游文化节、广交会、第18届亚洲田径锦标赛、中山“亚洲第一爆”、广州国际汽车展等重大活动气象保障服务。全年完成省委、省政府及相关部门专项气象保障任务138项。为电力、交通、能源、市政等重点行业和重大工程建设提供58项专业气象服务。联合广州市排水设施管理中心建立72小时天气预警联防制度，为防范城区“水浸街”提供科学依据。良好的气象服务受到各方面高度肯定，广州市公安局还派员送来感谢信。

### 4. 海洋气象服务先行先试

中国气象局局长郑国光在茂名主持召开海洋气象工作现场会，高度肯定先行先试开展海洋气象业务工作。“推进南海海洋气象业务服务工作”获得中国气象局创新工作入围项目。修改完善《海洋气象预报业务与服务规定（试行）》，沿海台站通过电视、电台广播、12121等方式对公众和专业用户发布海浪预报；基于MOM海洋环流模式、WAVEWATCH Ⅲ海浪模式、风暴潮模式的海洋数值预报系统实现准业务运行；新一代台风预报数值模式（GZLM）已实现业务化，预报准确性稳定提高；建立基于WEBGIS的在线台风业务系统；茂名电白海洋气象广播电台开展试播，海洋气象信息覆盖面可达南海大部分地区和北部湾海面。牵头组织华南区域各省完成《南海海洋气象业务发展专项规划》编制。

## 【现代气象业务体系建设】

### 1. 气象预报预测系统建设不断推进

初步建立由短临预警系统（SWAN）、CHAF系统和精细化预报系统（SAFEGUARD）支撑的全省0~7天无缝隙、精细化预报业务流程；建立华南区域动力气候模式产品降尺度解释应用系统，研发热带气旋频数预测降尺度解释应用模型，实现模式产品在干旱预测中的降尺度解释应用。年内各项预报质量均实现正技巧，重大气象灾害预报准确率稳步提高，汛期气候趋势预测基本准确。预报服务技术总结常态化。《广东省天气预报技术手册》修订版正式完成。

### 2. 综合气象观测系统建设稳步推进

年内新增区域站169个。河源、汕尾新一代天气雷达汛期前可基本具备吊装条件；闪电定位仪完成5个网站点建设并投入使用；完成汕头、阳江探空站水电解制氢设备更新；完成新丰、揭阳等等10个观测站点自动气象站建设及仪器备份；完成国家级气象观测站的自动气象站主要备件建设及省级技术装备维护维修设备购置；全部完成11个测风塔建设、仪器安装及运行、资料接收及上传工作。在沿海地区的南澳、斗门等7个气象站建成超声、螺旋桨、风杯对比观测试验和工程应用网。在电白、连州等地建立8个70米梯度观测塔。首次采用固定强风站、沿海梯度测风塔、多辆应急观测车对登陆台风进行联合观测。广州气象卫星地面站建立电离层电子总含量和闪烁监测站，韶关、茂名建立电离层闪烁监测站。广州卫星地面站B站区工程建设已全面铺开。已建立珠三角城市群大气灰霾观测站网和15个广州市城市热岛效应监测站。

**3．气象科技创新体系建设迈上新台阶**

建立科研成果业务化准入制度。密切与省科技厅的合作，首次与省科技厅联合立项科技计划（气象领域）项目。全年共申请到国家级、省部级课题40项，其中《农用天气预报及防寒减灾技术的示范推广》首获国家科技部农转基金资助。年轻科技人才培养初见成效，5项国家及省自然基金课题大部分是由35岁以下青年科研人员申报获得。年内获国家级奖励1项、省部级奖励8项，《基于GRAPES的综合临近预报系统（雨燕GRAPES－SWIFT）》获省科学技术奖二等奖。年内共获专利1项，计算机软件版权9项，向中国气象局申请科技成果登记19项。积极开展暴雨、台风、雷电等野外观测试验。

**4．国际、区域和部门合作进一步深入**

成功协办"北京奥运会预报示范项目/研究开发项目第四次国际研讨会"和"CIMO高空系统比对专家组暨高空系统比对国际组合会联合会议"。粤港澳紧密合作，共同完成海岛自动站维护，实现资料传输同步，共同研究编写中华人民共和国气象行业标准《霾（灰霾）的观测和预报等级》并通过编委会评审。会同广西、海南、福建省（区）气象局共同编写《南海海洋气象业务发展专项规划（2010—2020年）》，做好《华南区域气候变化评估报告编制》组织和协调工作，与广西、海南签署《海岛自动站共享协议》，组织召开华南区域中心雷电业务体系建设研讨会。与中国海洋大学、北京市气象局签署科技业务合作协议。与省卫生厅、农业厅、广东移动、中南空管局等10个厅局或单位签订合作协议。佛山等市气象局与当地国土资源局联合发布地质灾害预警信息；茂名等市气象局与海事局签订合作协议；清远等市气象局与中国移动签署信息化战略合作协议等。区域联防联动工作继续顺利开展并得到深化。

## 【人工影响天气】

**1．人工增雨作业为抗旱减灾服务**

2009年降水偏少且时空分布不均，全省大部分地区先后出现较为严重旱情。气象部门认真贯彻落实省委、省政府抗旱减灾指示精神，及早做好各项准备，主动协调相关部门与单位，周密部署，精心组织，采用地面火箭和飞机开展人工增雨作业，取得明显效益，受到各级党委、政府充分肯定和广大群众高度赞扬。年内全省共实施飞机增雨作业40架次，飞行作业约80小时，燃烧碘化银发烟管336支，发射碘化银烟弹1400枚，作业影响区域覆盖全省大部分地区。省内有13个市共开展地面火箭增雨作业270次，发射增雨火箭959枚。通过火箭和飞机立体作业，人工增雨增加降雨量约20亿立方米。在11月6～16日全省实施大规模人工增雨作业后，副省长李容根作出批示，省政府副秘书长颜学亮发来短信，给予充分肯定。

2月16日，韶关气象部门实施人工增雨作业首战告捷，标志着2009年人工增雨工作拉开序幕。3月1～6日，湛江、茂名、肇庆、云浮、河源、惠州、深圳、清远、韶关等地先后实施火箭人工增雨作业40次，发射增雨火箭149枚。3月7日开始，在广州空军司令部和民航中南空管局等有关部门大力支持和有力保障下，两架人工增雨作业专用飞机分别以空军佛山机场和深圳宝安机场为起降机场，在全省范围内开展大规模人工增雨作业。4月10日，针对粤西地区抗旱蓄水需要，“运七”增雨飞机转场民航湛江机场，以雷州半岛为重点，加大粤西地区人工增雨力度。与此同时，湛江、茂名、肇庆、云浮、河源、惠州、深圳、清远、韶关等地也不失时机地实施地面火箭增雨作业。空地大规模跨地区作业后，以上地区降水明显增加，江河水位明显上升，山塘、水库蓄水量明显增加，使全省水资源供需状况和生态环境大为改善。进入后汛期，各地降水比常年同期偏少近两成，粤北、粤东偏少三至五成，出现严重夏秋连旱。11～12月，全省组织韶关、清远、梅州、肇庆、河源、惠州、汕头、揭阳、潮州、云浮、深圳等市先后五次开展较大规模区域联动作业，实施火箭人工增雨作业170次，发射增雨火箭566枚。在有利天气条件和人工增雨共同作用下，粤东、粤北持续旱情得到缓解，人工增雨为抗旱减灾发挥了重要作用。

**2. 为广东国际旅游文化节提供人工消雨气象保障服务**

按照省政府办公厅和广东国际旅游文化节组委会要求，省气象局多次召开专题会议，研究和部署广东国际旅游文化节期间气象保障服务。11月9日起，受低压槽和冷空气共同影响，出现明显降水过程。由于降水系统强、范围大、维持时间长，很可能给旅游文化节开幕式带来不利影响。省气象台根据活动需要和人工消雨作业需要，做出滚动无间隙天气监测和预报服务。省人工影响天气办公室结合抗旱减灾需要，采取人工影响天气技术，改变降水时空分布，使雨水提前在上游降下，为13日在广州举行的旅游文化节开幕式创造有利条件。11月11日夜间至13日上午，韶关、清远、河源、肇庆、云浮、惠州、深圳等市气象局200多名人影作业人员，昼夜坚守作业现场，在空军、民航空管部门大力支持和密切配合下，共实施人工增（消）雨作业50多次，发射火箭250枚。作业后，12日降水明显加大，出现大到暴雨，13日开始降水系统明显减弱，天气好转，广东国际旅游文化节开幕式未受到降水天气影响。

**3. 做好亚运会人工消雨准备，开展人工消雨演练**

根据亚运会开闭幕式人工消雨气象保障服务需要，开展调研和有关科学试验，编制《2010广州亚运会开闭幕式人工消雨作业方案》。4月10组织专家对方案进行论证，形成《2010广州亚运会开闭幕式人工消雨可行性分析报告》报亚运组委会。按照《广州亚运会气象服务2009年演练方案》总体安排，组织开展亚运会人工消雨演练。为确保演练顺利进行，省气象局制定《2010年广州亚运会人工消（减）雨演练方案》并下发各有关演练单位执行，明确分工、落实到人。10月29日，省人工影响天气办公室专门就这次亚运人工消雨演练组织空军、民航召开亚运人工消雨演练空管协调会议。11月1～3日，在惠州市举办亚运会人工消雨业务技术培训班。11月10日，在清远市气象局清新县禾云镇作业点进行人工影响天气实弹演练。11月11～13日，组织韶关、清远、肇庆、云浮、河源、惠州、深圳等7个市、34台作业装备、近200名作业人员进行实战演练。演练期间恰逢久旱后出现有利增雨作业条件，省人工影响天气办公室紧急部署，启动各种业务技术系统，发布人工增雨作业指导产品，利用人工消雨指挥平台监控作业（演练）全过程，科学指挥各市开展作业（演练），并专门派员驻点佛山机场协调火箭发射作业，争取军民航空管部门大力支持与配合，确保整个作业演练顺利进行，实现增雨抗旱和消雨演练两不误、两促进。

**4. 开展防雹试验，拓展人工影响天气服务领域**

5月，省人工影响天气办公室与韶关市气象局联合开展人工防雹调查研究，制定防雹试验方案，举办人工防雹安全技术培训班，并就人工防雹空域安全问题与军民航空管部门进行协商，签订安全保障协议。6月2～3日，在韶关南雄市开展2次人工防雹试验，共发射人工防雹火箭16枚。作业后，当地降中到大雨，雨势均匀，作业区域未出现冰雹等强对流天气。首次人工防雹试验取得预期效果。

## 【履行社会管理职能】

### 1. 进一步强化气象应急管理

协助省政府应急办完成省专项预案——《广东省低温雨雪冰冻应急预案（初稿）》。全省21个市气象局全部制定气象灾害应急预案，其中19个已成为政府专项应急预案。收集全省市级气象部门各类应急预案40多部，典型案例50多件。全年共启动省级气象灾害应急响应15次。突发事件预警信息发布平台建设取得新进展，获得中国气象局肯定，通过突发事件预警信息发布平台发布各类气象、地震、卫生、社会安全等各类应急短信近3．5亿条。进一步加强应急队伍建设，选派专家加入各级政府应急管理专家组（库），通过省政府授权，在全省范围内重新确认气象灾害应急责任人66921名。派发各种气象灾害应急知识材料9万多份。省政府应急办专门组织召开气象灾害应急管理工作座谈会，对进一步加强部门合作做好气象应急工作进行深入探讨。认真做好气象应急物资储备工作，全省各型气象应急保障车辆达8辆。气象应急工作获得副省长李容根表扬。

### 2. 加强气候可行性论证与灾害评估工作

省政府142号令明确“省管权限重大规划、重点工程项目气候可行性论证”列为非行政许可行政审批事项并由省气象局组织实施；省政府令134号明确规定“省人民政府气象主管部门应当开展影响大气污染物输送、扩散和变化的天气气候条件现状评估，建立区域灰霾天气监测、预测、预警体系”，各级政府已把灰霾天数列为大气环境质量考核指标和大气污染防治成效参考指标；7月17日，省政府出台《关于进一步加强气象台站探测环境保护工作的意见》；省气象局按省政府要求提供的气象灾害评估已成为下拨省级自然灾害救灾款的重要依据。

### 3. 做好人工影响天气工作

面对严峻旱情，省委、省政府认真贯彻落实中共中央总书记胡锦涛、国务院副总理回良玉重要批示精神，加大防旱抗旱力度，注意做好蓄水防旱工作，并充分利用条件做好人工增雨工作。各级党委、政府严密部署，加大人工增雨、抗旱减灾经费投入，2009年全省投入人工影响天气经费共1359万元。各有关部门对人工增雨工作给予大力支持和协助。三防水利部门及时提供水文信息和防旱抗旱需求，统筹协调全省性、区域性增雨抗旱工作；广州军区空军司令部及时派出飞机和机组人员支援增雨作业；军民航飞行管制部门在保证空中飞行安全前提下，通过调整飞行训练计划、绕航、避让、备降等一系列措施，为人工增雨作业保驾护航。各地军分区、公安、武警等部门积极配合做好人工增雨作业装备采购、储存、运输及作业现场安全保卫等工作，为人工增雨作业提供安全保障。省人工影响天气办公室加强全省人工影响天气组织协调、安全管理和技术指导。省气象台根据人工影响天气作业需要，专门成立由专家和预报业务骨干组成的服务保障小组，加强天气监测预报，为人工影响天气作业提供服务保障。各地气象部门在当地政府统一领导下，精心组织，周密安排，积极开展人工影响天气作业，有力地保障广东防旱抗旱工作顺利开展。

### 4. 防雷减灾管理

2009年防雷减灾工作继续纳入全省安全生产目标管理考核。省政府多次组织全省安全检查工作，每次都将防雷安全项目列入主要检查内容。通过检查，及时发现和整改防雷安全隐患，并督促相关单位认真落实防雷安全工作责任和措施。4月14日，省气象局制定《广东省气象系统防雷“安全生产年”活动方案》。认真组织开展防雷安全执法检查，特别是对易燃易爆场所进行防雷安全监管。大力发展雷击风险评估业务；全省统一使用《重大雷击事故调查分析报告》进行重大雷电灾害现场调查、鉴定及上报。认真落实防雷行政审批工作。省气象行政服务中心行政审批服务事项按时办结率100%。联合教育部门做好防雷减灾安全教育，与广州市招生考试委员会办公室联合发文，对全市中考、高考考场防雷减灾工作开展安全专项检查。积极服务企业应对金融危机，减免或减收困难企业服务费。如广州市气象部门为数千个企业进行防雷检测和气象服务，排除安全隐患，为企业节省投资数亿元，受到有关企业好评。

# 广东省民政厅

## 【救灾救济工作】

2009年广东省先后出现暴雨洪涝、热带气旋、龙卷风、干旱、低温寒害等自然灾害。全省共计发生10次大范围强降水过程，其中5月22～25日和6月7～17日，先后出现持续性强降水过程，降水时间长，降水范围广，局地雨强大，引发局地洪涝，山体滑坡等灾害。年内相继有“莲花”、“浪卡”、“苏迪罗”、“莫拉菲”、“天鹅”、“彩虹”、“巨爵”和“芭玛”等8个热带气旋登陆或严重影响，较历年平均个数偏多。台风“莫拉菲”是1951年以后7月登陆珠三角最强的台风，强热带风暴“天鹅”登陆后在陆地停留超过48小时，创下有记录以后热带气旋停留陆地最长时间纪录。台风“巨爵”强度加强快、风雨影响大、风暴潮严重、移速变化快，给广东省造成严重灾害。8月中下旬至年底，全省大部分地区出现干旱，北部和东南部局部地区旱情持续扩大和发展。至11月10日，东部和北部有31个县（市）气象干旱等级达到重旱或特旱。此外，七八月各地出现大范围、长时间的高温天气，1月上中旬全省大部分地区出现低温霜（冰）冻过程，11月中旬遭遇重度霜降风，全年各月均出现雷击灾害。全省各地不同程度受灾。

### 1. 领导高度重视，靠前指挥

面对各种自然灾害，在省委、省政府和各级党委、政府领导下，各级民政部门牢固树立执政为民思想，高度重视自然灾害防灾救灾工作，充分认清抗灾救灾工作面临的严峻形势和做好防灾救灾工作的重要性，始终把防汛救灾作为中心工作来抓，做到早谋划、早部署、早落实，确保防灾救灾工作落到实处。每次灾害发生前，省民政厅都及时下发做好抗灾救灾工作的通知，对可能发生的重特大灾害及时启动救灾预警响应，要求各级民政部门坚持把群众生命财产安全放在首位，采取各项措施，切实做好抗灾救灾各项工作。全省各级民政部门严格落实值班制度，做到汛期24小时值班，发生重大灾情时由主要领导带班。一旦发生重大灾情，由相关厅（局）领导坐镇指挥，做到领导到位、措施到位、人员到位，严阵以待，集中力量投入防灾救灾工作，有效地应对各类自然灾害。

### 2. 强化应急处置，及时开展生活救助

各级民政部门按照省委、省政府指示精神，采取有力措施，成功处置各种自然灾害。

●及时启动应急预案

5月上旬，粤北和粤东地区出现暴雨到大暴雨，广州、清远、东莞、河源、梅州、韶关、惠州等地遭遇严重洪涝灾害，群众生产生活受到严重影响。针对广东洪涝灾害，国家减灾委、民政部于5月10日8时紧急启动国家四级救灾应急响应，并派出工作组赶赴灾区，查看灾情，慰问受灾群众，协助指导抗灾救灾工作。省民政厅启动三级救灾应急响应，紧急调拨棉被1000床、

毛毯1000床、衣服2000套运往灾区，妥善安排好受灾群众基本生活。

为应对“莲花”、“苏迪罗”、“浪卡”、“莫拉菲”、“天鹅”、“巨爵”等热带气旋灾害，省民政厅先后启动救灾预警响应7次、Ⅲ级救灾应急响应1次、Ⅳ级救灾应急响应2次；省防总启动应急响应15次，省气象局启动应急响应15次（其中Ⅰ级响应2次、Ⅱ级响应1次、Ⅲ级响应8次、Ⅳ级响应4次）。

●及时报告灾情

每次灾害发生后，各级民政部门及时收集、整理、上报灾情，年内共向省委、省政府和民政部上报灾情信息30期，并先后4次向民政部专题报告灾情和救灾工作开展情况，为上级救灾工作决策提供依据。

●做好灾民救助工作

各地民政部门认真落实自然灾害防御措施，积极做好灾民救助工作，及时下拨救灾款物，保障灾民生活。市、县、镇民政干部深入到乡（镇）、街道、村委会帮助转移危险地带群众，并通过下发救灾帐篷、搭建临时住所、投亲靠友等形式，妥善做好灾民安置工作。2009年全省各级安排灾害救助资金1.9亿元、折款1713万元的应急救灾物资，下拨救灾帐篷、衣被等救灾物资一大批，全省安排救济粮食9130吨，救济口粮113万人，发放衣被24万件，解决30万人衣被困难，安排好受灾群众基本生活，确保灾区社会稳定。

### 3. 帮助灾民恢复重建

2009年共有因灾全倒户7236户。省民政厅要求重建任务于年底前大部分完成，2010年春节前全面完成。各级民政部门早部署、早动手，把重建家园作为一项保稳定的民心工程来抓，主动向当地党委、政府汇报，争取相关部门支持配合，多方筹措资金帮助全倒户重建家园，共计投入资金20401.4万元（其中省级对14个经济欠发达地区每户全倒户补助5000元，共计3461万元；市县财政投入1578.5万元；社会捐赠396万元；灾民自筹14971.8万元）。各地制订重建家园工作方案，明确组织领导、职责分工、完成时限等，以确保重建工作有序进行。至2009年底，全省重建家园工作全部完成，全倒户灾民搬进新居欢度春节。

# 广东省地震局

## 【地震监测预报】

### 1. 年度监测预报

2009年粤闽交界地区被中国地震局列为重点危险区。省地震局加强年度监测预报工作，积极做好突发灾害应急准备：制定地震重点危险区震情跟踪工作方案和地震应急预案；与福建省地震局建立地震监测预报工作联动机制和地震应急联动机制；在汕头召开加强粤东地区地震工作现场会，加快粤东各市10多个地震观测项目建设进度，完成2个测震台勘选、6个强震台勘选、1个GPS站土建、10个强震台土建、1个地下流体观测项目仪器安装。此外，还印发《地震预测意见登记表》、《地震预测意见回执》、《可能与地震有关的异常现象报告登记表》。

为确保2010年广州亚运会顺利召开，省地震局与广州市有关部门合作，研究制定《2010年广州亚运会地震安全保障研究报告》和《2010年广州亚运会地震安全保障实施方案》。

在2008年度全国地震监测预报工作质量全国统评中，省地震局获地震编目二类单位第一名，肇庆台获地磁Ⅰ类台第一名，广东台网获地方遥测地震台网第二名。在首届全国地震速报竞赛总决赛中，省地震局代表队获得团体第二名。

11月17日，省地震局在广州召开2010年度地震趋势会商会，对地震趋势作出预测和判断：2010年度广东省陆地及近海区域存在发生5级左右地震的可能性，与2009年度相比，总体地震活动水平将有所增强。

### 2. 台网运行管理

广东省遥测地震台网运行连续率保持在96%以上（高于观测规范的95%），记录处理地震事件3729个，编目2455条，速报辖区地震4次，速报完成率及准确率均达到100%。建立全省地震速报系统，各市具备在省内发生地震后2分钟内同步自动获取省地震台网中心初定的地震参数的能力；承担《国家地震速报功能备份系统》建设任务通过验收，制定《国家地震速报备份系统》运行管理实施细则，向全省地震系统应急人员开通自动地震速报短信服务。省测震台网、强震台网、国家自动速报备份中心三大观测系统运行产出正常。制订《广东省地震前兆台网运行管理办法》，完成全省地震前兆监测仪器维护和标定，完成前兆数据库建设，举办广东省地震前兆台网运行管理培训班，前兆台网运行连续率为99%。此外，承担中国地震局华南片区地震仪器维修中心任务，并召开华南片区地震仪器维修技术交流会。

### 3. 台网建设

全省立体地震监测预报系统建设工程进展顺利。完成台网建设工作包括：汕头、潮州、清远、罗定、汕尾、湛江等6个市测震台站及德庆、南鹏岛2个中国测震背景场台站勘选；46个强震台站勘选及23个台站基建；粤东烈度速报台网建设方案获批；6个中国强震背景场台站勘选；汕头GPS、韶关GNSS基准站全部土建及汕尾市GPS基准站初步勘选；阳江地震监测台阵10个子台勘选；协助阳江海啸基地基建报建；石榴岗海啸预警中心工程勘测及协助基建报建；新丰江水库监测台阵10个子台勘选和综合实验中心基建报建（初步完成）；广州台五山前兆观测项目改造工程仪器安装调试；河源新丰江地震台沙层应力前兆观测点建设。

深圳市建成市动物园和光明高级中学2个试验台站；广州市完成1个测震台异地重建和2个测震台台址勘选和立项用地等前期工作，3个强震动观测台站进展顺利；珠海市完成3个强震台选址；汕头市完成1个测震台、3个国家强震台选址；韶关市完成3个测震台、GPS韶关基准站和1个强震台建设；中山市完成2个强震台观测房建设；揭阳市完成数字前兆观测项目建设，包括地网现场施工指导、仪器安装调试；东莞市完成GPS建设；茂名市完成3个强震台基建工程。

#### 4. 监测预报基础和应用研究

“广东省地震紧急信息服务平台建设及其产业化运用”项目在2009年度广东省现代信息服务发展专项公开招标中成功中标。完成佛开高速九江大桥、虎门大桥、珠江黄埔大桥强震动监测和警报系统硬件安装、软件研制等工作，对佛开高速九江大桥进行模态测试实验，完成Granite多通道数据采集器实时数据流读取软件等。“广州市燃气强震动监测预警处置系统可行性研究”项目通过评审。“地震预警与自动速报技术研发”、“粤港澳地区地壳三维结构成像及精定位研究”获得2009年度省科技重点科研项目经费资助；“地震目录新参数及其在地震预报中的应用”获地震行业科研专项经费支持；“南海北部滨海断裂带、深部发震构造与地壳稳定性研究”获国家自然科学基金重点项目经费支持。完成《中国近现代重大地震考证研究》（广东部分）项目课题研究。

### 【震害防御】

#### 1. 抗震设防管理

完成重要工程项目地震安全性评价报告行政审批共计298项。重大项目安全性评价审批按规定接受省监察厅在线监督，无黄牌或红牌现象，办结率达到100%。组织13人参加全国一级地震安全性评价工程师资格考试，有2人获一级安评师资格，2人获二级安评师资格。

#### 2. 震灾预防

开展香港元朗—屯门地区滑坡与地震影响小区划项目前期工作。启动管道燃气强震动监测预警处置系统建设可行性研究。中山震害预测、深圳市震害预测（一期）项目顺利通过验收；深圳市震害预测（二期）项目已通过深圳市发改局立项初审，进入初步设计报批阶段；东莞市活断层探测项目已完成4个专题验收，评审通过2009年度专题实施方案，各专题正在紧张实施。

完成对口支援汶川地震灾区抗震减灾项目。受汶川县政府委托，经省政府批准，省地震局组织科技人员经过大半年艰苦工作，完成汶川县地震小区划工作，并向汶川县政府及广东对口支援汶川县工作领导小组提交成果。

### 3. 中小学校舍安全工程

积极配合有关部门做好中小学校舍安全工程。充分发挥地震部门技术优势，提供地震重点监视防御区、七度以上地震高烈度区、地震断裂带等基础资料，参与校舍校址和校舍建筑安全排查及抗震性能鉴定，承担高危场址地震安全性评估，确定校舍抗震设防要求，并负责完成对湛江市落实实施该工程的督导检查。

### 4. 防震减灾宣传教育

开通12322防震减灾公益热线，24小时向社会公众免费提供地震科普知识、震情信息等公益信息服务。组织开展防震减灾科普基地开放日活动、防震减灾科普讲座、学校防震减灾应急疏散演练、家庭防震减灾知识竞赛活动，参加省减灾委员会主办的“防灾减灾日”活动；组织并指导全省各地开展5.12“防灾减灾日”、防震减灾宣传周宣传活动，派出专家赴各地讲授防震减灾及应急避震知识数十场次，指导全省各地开展上百次地震应急演练，增强公众防震减灾意识和应急自救互救能力。指导全省各地开展防震减灾知识进校园、进社区、进机关、进企业、进乡村活动。全省各地悬挂横幅标语2000多幅，发放各种防震减灾宣传材料150多万份（册）、VCD光盘3000多张，播放地震知识音像专场80多场，开展街头宣传咨询活动及讲座50多场，制作宣传展板100多套，开展地震知识讲座100多场，地震应急疏散演练100多次。做好省防震减灾科普教育基地评定工作，2009年共有13个科普教育场馆被认定为防震减灾科普教育基地。

继续发挥地震信息网及《防震减灾工作简报》宣传平台作用，进一步提高信息数量和质量。全年共报送信息700多条，上报中国地震局信息量和被采纳量均名列前茅。

## 【应急救援】

### 1. 应急预案

完成省直各部门（单位）地震应急分案修订。按照省政府应急办建立应急管理“一网五库”要求，建立地震应急管理专家库，在库专家包括建设、医疗、消防、地震等方面专家共21名。

### 2. 地震应急救援演练

组织开展中南地震应急协作联动区地震应急指挥技术系统联动演练。参加在湖北省举行的2009年度中南五省（区）地震应急联动演练、全国地震应急指挥联动演练。与福建省地震局在福建省漳州市云霄县联合举办2009年度粤闽交界地震应急联动演练。联合阳江市政府在阳江市共同开展市级多部门协同作战地震应急救援演练。在东莞开展地震应急现场工作演练。指导广州市举办首次地震应急综合演练（桌面推演）。通过一系列演练，有关部门和人员进一步熟悉地震应急预案，掌握地震现场工作程序，提高地震应急决策、指挥、协调能力。此外，还及时有效处置了2月19日粤西地区疑似有感地震事件。

### 3. 地震应急救援队伍和避难场所

召开省救援队一般事项联席会议，进行汶川地震救援行动总结，提出进一步完善救援队装备方案等措施。在省地震灾害紧急救援队驻地（广州）组织开展建筑物倒塌搜索与营救演练。

依托共青团和青年志愿者组织，指导全省各地积极组建地震应急救援青年志愿者队伍。新建成珠海、梅州、韶关等地 3 支地震应急志愿者队伍。全省共组建 21 支共 5600 人的地震应急志愿者队伍。指导全省各地结合实际，开展应急避难场所规划和建设。至 2009 年底，全省共建成 18 个避难场所。

4. 2010 年广州亚运会地震安全保障研究

为做好 2010 年广州亚运会地震安全保障，与广州市有关部门合作，研究制定了《2010 年广州亚运会地震安全保障研究报告》和《2010 年广州亚运会地震安全保障实施方案》。亚运分会场所在地佛山、东莞和汕尾等市地震部门同时开展亚运地震安全保障研究工作。

5. 应急技术系统

制定《地震应急值班管理制度》等 11 个管理制度。在全国系统内首创视频会议系统周轮巡检查和测试制度，并于 4 月正式实施。积极推进信息安全等级保护工作，顺利通过中国地震局保密、密码和信息安全检查。

## 【科技支撑】

1. 科研项目申报

2009 年共组织申报中国地震局科研项目 12 项。省级科研项目申报取得较大突破，全年获得科研项目资助超过 1000 万元。“地震预警与自动速报技术研发”、“富湾银矿开采对广东纺织职业技术学院高明新校区地震环境影响研究”、“四川汶川特大地震发震与成灾机理探索及的减灾对策研究”、“粤港澳地区地壳三维结构成像及地震精定位研究”获得 2009 年度省科技重点科研项目经费资助。“广东省地震紧急信息服务平台建设及其产业化运用”项目获得省财政支持经费 250 万元。为提高基层一线人员业务水平和科研能力，省地震局启动地震观测台站科研专项基金，2009 年共有 4 个项目获得资助。

2. 地震科技创新

省地震局承建的国家地震速报功能备份系统正式投入使用。该系统可同时处理国内外 1000 多个台站实时数据，具备对国内大部分地区 M≥3.5 级、周边 M≥5.0 级、全球 M≥6.0 级地震的自动速报能力（1~2 分钟）。自主研发的地震预警系统取得实质性进展。新一代海洋地震监测及海啸预判专用软件进入最后攻关阶段。加强与省交通厅等部门协调，签订黄埔大桥桥梁强震观测合同，完成佛开九江大桥和东莞虎门大桥强震动监测和警报系统实施工作。自主研发“基于 IP 技术的强震数据传输控制系统”并荣获全国唯一的强震动观测技术革新奖。国家 863 计划项目子课题“全向性地磁日变数据测控技术研究”接近尾声，其中 4 项新技术已申请国家新型实用技术发明专利。基本完成深孔地磁仪、深孔地电仪研制。在中国地震局 2009 年度防震减灾优秀成果奖评比中，“数字地震台网处理系统 JOPENS 研制与应用”、“肇庆地震台的建设及运行成果”分别荣获二等奖，“广东省数字地震观测网络项目测震分项建设”荣获三等奖。

3. 地震科技交流与合作

修订《广东省地震局和香港天文台合作工作范畴》，拓宽两地地震科技合作范围，深化合作内容。参加香港国际机场地磁观测项目国际邀请投标，并竞标成功。派出4批共5人次承担援助印尼、阿尔及利亚、萨摩亚等国家地震台网建设任务，完成对印度尼西亚气象与地球物理局科技人员的培训。共派出3批共13人次考察国外地震监测预报、应急救援、抗震设防等技术，取得一定成效。接待俄罗斯、印尼、日本和港澳地区来宾7批共65人次。《华南地震》出版4期期刊、1期增刊，总载文量比2008年多84篇。完成《5. 12汶川地震震害图集》编辑出版工作。

# 广东省国土资源厅

## 【防灾减灾措施】

2009年在省委、省政府和中华人民共和国国土资源部领导下，全省国土资源部门切实加强地质灾害预报防治工作，不断提高服务民生能力，年内全省成功预报地质灾害5起，避免人员伤亡2283人，地质灾害死亡人数同比下降48.6%，直接经济损失减少20.4%，有效地保障了群众生命财产安全，为保增长、保民生、保稳定作出积极贡献。对此，中共中央政治局委员、省委书记汪洋，省长黄华华等给予高度评价。

### 1. 及早部署落实防灾措施

按照国务院《地质灾害防治条例》、《广东省地质环境管理条例》和省政府办公厅《印发〈广东省突发性地质灾害应急预案〉的通知》要求，做到早谋划、早部署、早落实。经省政府同意，省国土资源厅印发《广东省2009年度地质灾害防治方案》。4~7月，全省先后5次召开全省汛期防范地质灾害防治工作视频会议和全省地质环境管理工作会议，贯彻落实中共中央、国务院、国土资源部和省委、省政府关于防灾减灾指示精神，周密部署2009年地质灾害防治工作。2月以后，省国土资源厅先后下发20多份文件，要求加强地质灾害防治，特别要做好预防热带风暴强降雨引发地质灾害防范工作，为使地质灾害应急防治工作更加科学规范、协调有序、快速高效，根据人员变动状况，及时调整由厅领导担任组长的8个地质灾害应急工作组，落实责任，分片负责全省21个地级以上市地质灾害防治工作监督指导和应急处置工作。6月30日，省国土资源厅印发《广东省国土资源厅地质灾害应急响应工作方案》，并提出具体要求。

### 2. 认真抓好汛期巡查

全省各级党委、政府和主管部门高度重视地质灾害防治，2月26~27日，省人大常委会领导在云浮市专门组织召开6个山区地质灾害多发市人大常委会有关人员参加的地质灾害防治工作座谈会，考察地质灾害现场和地质灾害治理工程，推进地质灾害防治工作。省国土资源厅领导多次带领地质灾害检查工作组，分别对全省21个地级以上市和56个地质灾害多发县（市、区）进行检查。全省各级国土资源主管部门主要领导和地质灾害应急工作组赶赴一线，靠前指挥，有效指导和处置地质灾害防灾减灾，避免群死群伤事件发生，工作成效显著。

### 3. 落实责任，完善制度

全省各级国土资源主管部门进一步完善汛期地质灾害防治工作领导分片负责制和汛期值班、险情巡查和灾情速报、专报制度及通讯保障体系，根据人员变动状况，及时调整地质灾害防治应急工作组。全省21个地级以上市和40%左右县（市、区）建立地质灾害防治工作责任制，全省30%的县（市、区）政府与各镇（乡）政府签订地质灾害防治工作责任书，50%的县（市、区）国土资源主管部门与镇（乡）国土所签订地质灾害防治工作责任书。

#### 4. 及时指导抢险救灾

一旦出现地质灾害灾情和险情，各级国土资源主管部门能够快速反应，在第一时间组织有关人员和专家赶赴地质灾害现场开展应急调查，协助指导地质灾害应急处置和抢险救灾。对因灾造成人员伤亡的家庭进行慰问和指导抢险救灾，进一步检查落实防灾措施和应急预案。1月以后，重点对佛山市南海区大沥镇黄岐海北片区地面塌陷和地面沉降地质灾害进行指导和监督。年内全省共检查3500多处地质灾害隐患点，指导编制特大型和大型地质灾害隐患点应急预案129处，有效地推动了各地地质灾害防治工作顺利开展。

#### 5. 加强预报，减少人员伤亡

省国土资源厅党组高度重视地质灾害监测预警预报工作，厅长招玉芳和分管厅领导多次带领有关业务处室负责人参与地质灾害气象预报预警会商。在强降雨期间，采用短历时降雨临灾分析模型进行预报预警，有效提高地质灾害预报预警准确率。全省乡镇、村建立地质灾害隐患点台账，部分乡镇、村建立平时监测、临灾预报、灾情速报义务巡逻队和抢险队，并在汛前将地质灾害“防灾明白卡”和“避险明白卡”发放到受地质灾害隐患点威胁人员手中，重大地质灾害隐患点落实监测预警责任人。全省共成功预报地质灾害5起，避免人员伤亡2283人，减少直接经济损失34.38万元，最大限度地减少了地质灾害损失，确保了群众生命财产安全。

#### 6. 加强基础建设，提高监测能力

积极推进“十有县”建设。首批达到地质灾害群测群防“十有县”标准的有广州市南沙区、佛山市禅城区、佛山市高明区、惠州市惠城区、云浮市新兴县等5个县（区）。全省乡镇、村建立地质灾害隐患点台账和平时监测、临灾预报、灾情速报义务巡逻队和抢险队。全省所有地质灾害隐患点均建立监测预报小组，参与群测群防人员85378人（次），并建立4358处地质灾害隐患点群测群防信息数据，落实防灾责任人和监测责任人。不断更新地质灾害监测设备，提高科技水平，增强防灾能力。全省已经安装地质灾害简易监测报警器1611个，安装位移监测仪32处、GPS定位系统监测8处，佛山、东莞等地还安装滑坡自动监测仪，从而提高监测预报整体水平。

#### 7. 落实方案，加快治理

汛前，全省完成勘查治理和搬迁避让安置地质灾害隐患点近60处。经省政府同意，将《广东省地质灾害防灾减灾工程“十一五”实施方案》和《全省威胁100人以上地质灾害隐患点危险点搬迁避让与勘查治理工程方案》印发各市、县（市、区）政府和省直有关部门，由各级政府积极组织实施。深圳市2009年各级财政安排10.85亿元，专门用于地质灾害勘查治理项目。

#### 8. 加大宣传，增强意识

一是在2月以后，省国土资源厅组织开展全省国土资源系统地质灾害突发事件应急管理全员培训和考试，全面提高主管人员地质灾害应急管理工作水平。二是各市、县根据实际，通过电视、广播、网站和报纸加大宣传力度，并在全国防灾减灾日掀起宣传高潮；同时，开展多种

形式宣讲活动，普及地质灾害防治基本知识，增强广大群众面对地质灾害的自我识别、自我监测、自我预报、自我防范、自我应急和自我救治能力与水平。三是各市、县在汛前或汛中，根据灾情和险情，及时把地质灾害宣传画张贴在地质灾害易发地区和居民密集区、将宣传册和防灾明白卡发至受地质灾害威胁居民手中。全省共发放地质灾害防灾及避险明白卡12.6万多份，印制、发放地质灾害宣传画97.3万张、宣传册43.7万册。

## 【成功预报地质灾害典型实例】

### 1. 成功预报地质灾害简况

2009年成功预报地质灾害5次，避免人员伤亡3170人，避免直接经济损失34.38万元。

表15 **2009年突发性地质灾害成功预报汇总表**

| 序号 | 地 理 位 置 | 时间 | 避免伤亡（人） | 避免损失（万元） | 规模 |
|---|---|---|---|---|---|
| 1 | 韶关市曲江县罗坑镇供销社宿舍楼背面 | 6月23日晚上8点 | 11 | 2.38 | 小型 |
| 2 | 韶关市乳源县乳城镇大联村九村 | 7月6日 | 26 | 20 | 小型 |
| 3 | 梅州市丰顺县黄金镇径双村双下龙窝坝 | 7月14日 | 15 | 12 | 小型 |
| 4 | 阳春市永宁镇永宁中学 | 9月16日 | 2005 | | 小型 |
| 5 | 阳春市永宁镇沙坪小学 | 9月16日 | 226 | | 小型 |
| 合计 | | | 2283 | 34.38 | |

### 2. 成功预报地质灾害典型案例

成功预报阳春市永宁镇沙坪小学后山滑坡：9月16日，由于受台风“巨爵”袭击，阳春市永宁镇沙坪小学后山发生滑坡，规模为小型。由于群测群防到位，通过监测，及时发现和预报，紧急撤离266人，虽然有1间教室和2间房屋被毁，但未造成人员伤亡，避免了226人伤亡的群死群伤事件发生。

# 广东省农业厅

## 【作物救灾复产措施】

### 1．迅速行动，全面部署

面对暴雨洪涝、热带气旋、干旱等自然灾害，各级农业部门按照省委、省政府工作部署，迅速反应，紧急动员，切实加强农业抗灾工作领导，落实工作责任，制订应急预案，积极组织力量，采取有力措施，全力投入抗灾救灾和灾后复产工作，确保农业救灾复产有序有效开展。省农业厅先后发出《关于做好农作物防寒工作的紧急通知》、《关于做好第16号热带风暴“凯萨娜”防御工作的紧急通知》、《关于做好热带风暴“莫拉菲”防御工作的紧急通知》、《关于切实做好农业抗旱工作的紧急通知》等，要求各级农业部门切实做好农业防灾救灾工作。针对秋旱严重威胁，10月23日，省农业厅在广州市召开全省农业抗旱工作专家会商会，分析旱情状况和发展趋势，听取各市农业部门和专家关于农业抗旱的意见和建议，研究部署农业抗旱救灾和冬、春季农业生产工作，千方百计减轻灾害损失。

### 2．精心组织，全力抗灾

灾情发生后，省农业厅多次派出工作组，深入韶关、清远、梅州、河源等农业受灾较严重地区调查灾情，指导和协助灾区做好农业抗灾工作，同时了解掌握主要农产品生产及市场供应状况，为农产品销售出谋划策，确保农产品市场供应。各级农业部门紧急派出工作组参与救灾复产，迅速组织技术人员深入生产第一线调查研究，指导农民开展抗灾减灾和灾后复产工作，协调抓好抗灾救灾物资调配，制定救灾工作方案，促进各项救灾复产措施落实。

### 3．坚持值守，报送灾情

密切关注灾情天气变化，及时掌握灾情动态，收集分析报送农业灾情。在启动灾害应急响应期间，各级农业部门加强应急值班，安排带班领导和具体值班人员，坚持24小时值班制度，确保信息渠道畅通。按照省政府应急办和农业部要求，及时启动灾情日报制度，做到农业灾情信息一天一报告，无灾情零报告。通过农情调度，及时掌握全省农业灾情动态，为省委、省政府指挥农业救灾复产工作提供决策依据。

### 4．分类指导，科学应对

各级农业部门充分发挥职能作用，立足灾情实际，落实各项防灾减灾措施，切实为农业抗灾保丰收做好服务：一是立足“抢收”。对灾前可收和灾后受损、已基本达到收获期的粮食、水果、蔬菜等作物，迅速组织群众进行抢收，减少损失。二是立足“抢管”。针对农作物受灾特点实行分类指导，如组织力量及时疏通沟渠，排除田间积水，缩短作物受浸时间；结合排水洗苗，清除覆盖在作物上的淤泥和垃圾；对香蕉、甘蔗等作物，及时竖桩、加固、扶正；加强受灾农作物田间管理，及时喷洒农药防治病虫害，追施肥料，恢复长势；加强农作物病虫害防治，落实防控措施。三是立足“抢种”。对受害作物和失收田块，及时清园消毒，指导群众因地制宜补改种效益好的经济作物，增加收入，弥补灾害损失。

5. **筹措物资，支援救灾**

积极筹备和组织救灾农资支援灾区，做好救灾复产所需种子种苗、肥料、农药和农机具等调剂调拨和管理。省农业厅多次紧急商请省财政厅下拨农业救灾复产资金，启动粮食应急种子储备实施方案，扶持农业重灾区救灾复产工作。及时向农业部汇报农业受灾状况，制订农业灾后重建实施方案，积极申请中央财政和省级财政给予农业灾后重建资金补助，帮助灾区做好农业灾后重建工作，抢修损毁农业生产设施，补助灾区购买救灾柴油、化肥、种子、种苗等生产资料，尽快恢复发展生产，确保灾区农业不减产，农民不减收。

## 【生物灾害防治措施】

2009 年广东省农作物生物灾害种类多，发生面广，发生量大，发生为害严重。各级政府和农业部门高度重视，加强有害生物监测预警，发动群众防控农田有害生物灾害，确保农业丰收。全省农作物主要有害生物发生面积 2334.67 万公顷次，防治面积 2877.86 万公顷次，挽回粮食损失 464.08 万吨，挽回果蔬等经济作物损失 829.16 万吨。全省农作物生物灾害化学防治面积 1140.82 万公顷次，生物防治面积 214.25 万公顷次，物理防治面积 111.29 万公顷次，综合防治示范面积 62.55 万公顷次。

1. **有害生物灾害防控**

2009 年全省大多数市、县政府成立农作物病虫害防控指挥部，加强重大病虫害防控组织领导，将重大病虫灾害防控上升为政府行为。5 月下旬，农业部召开全国农作物重大病虫暨蝗虫防控视频会议，省农作物重大病虫害防控领导小组随即召开成员会议，全面部署全年重大病虫害防控工作。在病虫防控关键时期，各市、县政府和农业部门及时召开会议、印发文件，对病虫害防控进行部署。2009 年广东省发生 10 多年间最严重的晚稻稻纵卷叶螟危害，副省长李容根要求各级政府迅速开展防控工作。9 月 23 日，省政府办公厅发出《关于切实做好当前水稻重大病虫害防控工作的紧急通知》，全省各地按照省政府和省农业厅部署，狠抓各项措施落实，大力开展防控工作。

2. **有害生物监测预报**

省植保总站先后于 3 月和 7 月召开专家会商会议，发布病虫情长期预报（《2009 年广东省上半年农作物病虫发生趋势》和《2009 年广东省下半年农作物病虫发生趋势》）。全省发布病虫信息 1013 期，其中省站发布 26 期；向农业部上报病虫情 28 期。长、中、短期病虫预警准确率分别在 85%、90% 和 95% 以上。有害生物监测预报为全省病虫害防控提供了科学依据。

### 3. 重大病虫防控

针对晚稻第六代稻纵卷叶螟来势凶猛的虫灾，各地按照省政府统一部署，召开防控会议，成立领导小组，组织全面防控。省农业厅派出6个督导小组赴全省各地检查落实防控状况。省植保总站组织全省病虫监测点加强监测，掌握发生动态，及时发布病虫预警和信息。各级财政投入防控经费1338万元支持防控工作。各地因地制宜，采取有效防控措施，确保防控效果。

### 4. 农药市场监管

省农药检定所制定《2009年种植业产品专项整治实施方案》和《2009年广东省农药市场监管年活动实施方案》，在全省21个地级市选定100家较具规模的农药批发单位，建立联系人制度，进一步明确监管责任，提高监管效率。加强农药市场质量抽检，省农药检定所共抽检近500批次，检出不合格农药产品一大批，为开展农药市场执法提供有力支撑。各地加大农药市场执法检查力度，全省累计出动执法人员14430人次，检查农药生产经营单位9656家（次），立案查处各类违法案件235起。

### 5. 农药安全使用

全省各级农业部门通过多种方式，加大农药安全使用工作力度，通过宣传培训、建立安全用药示范区、推广高毒农药替代品种及强化农药使用监管，提高全省安全用药水平，有效减少农药使用安全事故。全省高毒农药用量连续多年大幅下降，其中2009年（4500多吨）比2008年（4800多吨）约减少6%。各项农药安全使用措施对确保农产品质量和保护农业生态环境起到重要作用。

### 6. 专业化防治

省植保总站积极推进病虫专业化防治工作。2009年全省建立植保专业化队伍1132支，人员2.26万人。2009年水稻病虫专业化防治面积达450多万亩次，是2008年的5倍以上，约占水稻病虫总防治面积的5%。阳东、惠东等地在植保专业化防治队伍建立和运作模式方面进行积极探索。阳东县成立惠群病虫害专业化防治协会，并在当地民政部门依法登记，成为第一支由政府引导和扶持、植保部门技术指导、农民自发组织、走市场化道路的专业化防治队。为保障病虫专业化防治顺利进行，协会制定一系列规章制度。通过一年实施，早、晚造均取得良好防效。在近十年罕见的晚稻稻纵卷叶螟严重发生环境下，专业化防治发挥了积极作用，充分表明专业化防治是农业防灾减灾、提高农作物产量的重要途径和保障。

### 7. 部分市防治生物灾害措施

●广州市

全市共设置鼠情监测点20个、重大病虫监测点31个，其中突发危险性病虫监测点11个。全市共发布农作物病虫情报120期，其中市站共发出病虫情报30期，测报准确率达到95%。自3月起执行农作物病虫发生防治信息周报制度，上报至省测报站，共上报周报16期。

通过防治，全市共挽回农作物病虫草鼠螺害损失折合人民币8.05亿元。其中挽回水稻损失40278.10万元，挽回蔬菜损失25683.66万元，挽回果树损失11262.58万元，挽回油料作物损失1388.12万元，挽回其他经济作物损失1854.57万元。同时，大大减少农药使用次数和使用量，避免农药中毒、农药残留事故，有效配合市政府搞好河涌污染综合治理，取得良好的生态和社会效益。

●韶关市

全市病虫监测工作从规范标准化测报入手，以“重大病虫预警系统”为平台，逐步向数字化监测预报发展。全年共发布病虫情报120期次、防治预警16期次，制作播出“病虫电视预报”66期次，播出电视“病虫防治”专题节目5期、新闻12期次，播出广播电台“病虫防治”专题节目13期次，利用“粤北农业信息网”发布防治信息62条次，“村村通”广播26期次，手机短信发送病虫信息1.6万条次，张贴病虫防治“明白纸”1.5万份，发放病虫资料12万份，悬挂横幅、大字报510条，向农业部农技推广中心和省植保总站上报稻飞虱候报72期、稻纵卷候报58期、稻瘟病旬报26期、蔬菜病虫候报28期。

晚造稻纵卷叶螟大发生，防控形势严峻。韶关市农业局9月8日发出《晚稻穗期病虫发生预报及防治意见》，9月14日发出《关于做好晚稻中后期病虫防控工作的紧急通知》，指导全市及时开展防控工作。

●清远市

在佛冈县汤塘镇高岭村委建立300亩综合防治技术示范区，大力推广电子灭蛾灯诱杀害虫，示范区共悬挂灭蛾灯20盏。在防治关键时期及时开展应急防治，早稻、晚稻各进行两次病虫防治，与常规施药比较，全年可减少3~4次施药，每亩可节约成本60~80元。建立水稻病虫防治专业队，队员78人，按指挥员、配药员、施药员分工，施药器械有电动喷雾器和机动喷雾器。加强农药市场监管，确保农药质量安全，全年共进行农药市场执法检查350人次，检查农药店铺155间，立案26案，罚没金额25万元。

全市共投入蝗虫应急防治经费75.3万元，组织敌敌畏等对口农药8.56吨，组建蝗虫应急防治专业队43支，专业队人员510人，启用机动喷雾器136台，举办蝗虫应急防治技术与机动喷雾器使用技术培训班9期，参加培训人员630人次。全市防治越北腹露蝗虫源地面积1.15万公顷，防治效果达93.4%以上。

●河源市

全市共发出关于加强稻纵卷叶螟防控的《病虫情报》、《防控通知书》12期次，及时引导群众抓住晴好天气，搞好穗纵卷叶螟防控。全市各级植保部门共印发《农作物病虫情报》70期（其中市级9期，龙川县达到16期），印发防治意见5万多份。9月7日，市农业局向各县区农业局下发《关于切实抓好稻纵卷叶螟、三化螟等重大病虫防控工作的通知》；9月7日和9月9日，市植保站印发两期农作物病虫情报，要求各县区高度重视晚稻中后期病虫防控，并提出具体防控意见和建议。针对晚稻稻纵卷叶螟发生的严重灾情，市农业植保部门高度重视，把晚稻病虫防控当作一项重要任务来抓。9月29日，市农业局召开全市现场会，分管副市长专题就防控稻纵卷叶螟等晚造病虫害进行部署，要求各级政府高度重视，各部门密切配合，积极抓好晚稻病虫防控，确保秋粮丰收。

## 【禽畜疫病防控措施】

### 1. 各级领导高度重视，认真落实防控责任

省委、省政府高度重视重大动物疫病防控工作，汪洋、黄华华、黄龙云、李容根等省领导

多次作出重要批示指示。省政府、省农业厅先后7次召开全省性工作会议部署防控工作。省、市、县、镇政府逐级签订《防控重大动物疫病工作责任书》。省农业厅与各公路动物防疫监督检查站所在市、县农业（畜牧）局签订责任书。各地继续坚持“常年免疫、全面免疫、全年防控”策略，把责任落实到人，任务分解到人，集中人力、物力、财力，依法、有力、有效地开展重大动物疫病防控工作。

### 2. 抓科学防控，扎实开展重大动物疫病防控工作

●坚持全面免疫、查漏补缺，做到应免尽免

全省各地除了抓好规模养殖场强制免疫，还切实加强农村散养畜禽集中免疫。2009年全省累计使用禽流感疫苗7.102亿毫升，免疫家禽12.223亿只次，平均疫苗注射率112.36%；使用口蹄疫疫苗9570.6万毫升，免疫牲畜4778.27万头次，平均免疫密度98.3%；使用高致病性猪蓝耳病疫苗5830万毫升，免疫生猪3056.86万头，平均免疫密度72.5%；使用猪瘟疫苗5571.61万毫升，免疫生猪4676.24万头次，平均免疫密度99.1%；使用新城疫疫苗8.5633亿羽份，免疫家禽7.485亿只次，平均免疫密度98.8%。扎实有效的免疫工作，使2009年全省畜禽发病数和病死数大幅下降，促进了养殖业增收增效。

●注重消毒灭原，及时排除疫源

各地加强对畜禽屠宰、批发、农贸等重要场所的防疫消毒，组织养殖场户做好畜禽栏舍消毒工作，同时积极开展疫源普查，有效切断疫病传播途径。全省共使用各种消毒药157.34吨，消毒面积达11亿多平方米，消毒车辆17.23万辆。

●实施重点监测，掌握疫情动态

年初制订下发全省重大动物疫病和主要人畜共患病监测方案。各地积极争取监测经费，按时完成监测任务。同时，根据疫情形势需要，对A型口蹄疫、猪H1N1流感、猪流感进行紧急监测。2009年全省累计监测动物样品60多万份。结果显示，全省重大动物疫病防控状况总体良好，畜禽群体免疫率较高，但交易市场和屠宰场畜禽抗体水平仍然较低，存在零星散发疫情风险。

### 3. 抓源头监管，保障动物产品质量安全

各地进一步加强对动物饲养、屠宰加工，动物及动物产品中转、交易等场所动物防疫条件的考核验收。建立养殖场防疫档案，并对强制免疫、消毒、病死动物无害化处理等状况进行定期检查。继续推行产地检疫申报制度，实行到场到点检疫，认真查验免疫证明和牲畜耳标。对批发市场派检疫员进驻，对进场畜禽实施严格的查物验证，对运载工具实施全面消毒；对农贸市场、动物产品储藏场所派专人巡查，督促档主进行每天清扫、定期消毒。各公路检查站切实加强外省动物及动物产品查物验证和调运车辆消毒。2009年全省产地检疫行政村开展面、规模场产地检疫开展率、屠宰检疫到位率、检疫出证率均达100%，共监督检查生猪4.21万车次计279.79万头，家禽12.81万车次计5572.99万只，累计产地检疫生猪3491.38万头、家禽8.7902亿只，屠宰检疫生猪3276.37万头、家禽1.3824亿只，对检出的7.45万头病猪、42.72万只病禽、313.01吨病害肉，均进行无害化处理。

此外，开展检疫证明电子出证试点，加强检疫证明管理与网络化查验。全年发放5种检疫证明计34.51万本共2778.1万份、动物免疫证220万张、动物及产品检疫验讫标志402.8万枚、滚印168套。

4. **抓试点与推广，推进动物标识及疫病可追溯体系建设**

这项工作是2009年重点抓落实的工作之一。省财政年内继续安排1800万元动物标识管理资金，用于牲畜耳标、识读器采购和人员培训。各市高度重视示范点建设，按照《动物疫病可追溯体系示范点建设实施方案》，每市选1个县、2~3个乡镇开展防疫信息传输示范工作。河源市试点应用工作已基本结束，个别县区已转入实际应用阶段。梅州、潮州、湛江、汕尾4市通过培训骨干、任务分解到镇、派发宣传单、加强督查通报等方式，提高生猪耳标佩戴率。年内全省累计领用牲畜二维码耳标2540万套，录入并上传信息777万条，具有可读信息的牲畜218万头，比2007年与2008年总和还多139万头，增幅达385%。其中，河源、东莞、惠州、阳江、广州、云浮、江门等7市具有可读信息的牲畜数量较多。

5. **抓联防联控，发挥动物疫病防控卫生监管区域合力**

组织召开珠三角动物及动物产品检疫监管协作座谈会、检疫监管联席会议，交流监督执法工作经验，研究如何建立检疫监管联席制度，进一步加强珠三角检疫监管区域联合巡查合作。组织粤东、粤西、粤北地区14个市，分4个片区开展动物卫生监督区域联合巡查活动。9月18日，广州、佛山两市动物卫生（防疫）监督所签订《广州佛山动物卫生（防疫）与畜产品质量安全管理合作协议》，正式建立联席会议制度。佛山、肇庆两市兽医主管部门、动物防疫监督所、养猪协会负责人进行直接对话，加强沟通交流，围绕两市生猪产销对接、检疫联动等事项进行深入探讨，推动互惠合作。汕头、潮州、揭阳、汕尾4市动物疫病联防联控工作机制已日趋成熟，每年轮流召开联防会议，交流防控经验。

整体上，全省区域性动物疫病联防联控、检疫监管协作机制已初步确立，防控合力日渐显现。特别是广州亚运无规定马属动物疫病区建设，在省农业厅组织协调下，相关动物卫生监督机构密切配合，严格按照《广州亚运无规定马属动物疫病建设方案》，实施马属动物疫病控制计划，落实免疫、监测、消毒、虫媒治理、野生动物防范等措施。广州亚运无规定马属动物疫病区已顺利通过国家验收，得到国际动物卫生组织（OIE）和农业部领导好评。

6. **抓好主要人畜共患病防控工作**

●血吸虫病

对原疫区5市共11县（市、区）的3岁以下幼牛、新购进牛和市场耕牛进行流行病学调查，血清学监测3023头耕牛血纸片均为阴性，但仍需防范外省疫情传入。

●狂犬病

全省组织采集3144份犬脑、唾液样品，2400份犬血清，送农业部狂犬病及野生动物与人共患病诊断实验室检测。结果犬脑组织、唾液样品均为核酸阴性，血清样品抗体合格率63.67%。结果表明，犬狂犬病免疫抗体水平偏低，应进一步加强犬只免疫，有条件最好使用进口灭活疫苗。

●结核病

全省共现场检疫29075头奶牛，对检出的65头阳性奶牛均作扑杀处理。

●布鲁氏菌病

监测猪、牛、羊血清60143份，对检出的19头阳性牲畜均均作扑杀处理。

●疯牛病

全省共采集318份牛、羊脑组织样品，送中国动物卫生与流行病学中心检测，未检出疯牛病因子。鉴于疯牛病对畜牧业和公共卫生安全的巨大威胁，仍需继续对出现神经症状或异常死亡牛、羊加强疯牛病因子监测。

**7. 抓监督执法，确保落实各项防控措施**

一是强化监督执法的规范化。下发《全省动物卫生监督执法工作方案》，进一步规范动物卫生监督执法记录，从加强队伍建设、完善规章制度、加大监查力度等方面加强监督执法工作。同时进一步规范屠宰场和批发市场防疫消毒和无害化处理，定期或不定期进行督促检查。二是各地通过举办动物卫生监督执法培训班，对业务骨干进行动物防疫法、行政处罚法、行政许可法等培训，切实提高监督执法水平。三是组织开展全省打击伪造检疫证明专项行动，对畜禽屠宰、交易、贮藏等重点场所进行拉网式检查，全面排查检疫证明使用和管理情况。共查处伪造检疫证明案件7起（伪造检疫证明29份）、屠宰经营病死动物案件2起、无检疫证明案件31起、其他违法案件8起，有力打击了伪造检疫证明等违法行为。四是各地继续保持对逃避检疫、经营病死畜禽等违法违纪行为高压严打态势。茂名市动物卫生监督所与当地公安联合执法，先后在茂南区、化州市、信宜市端掉屠宰加工、销售病死猪肉窝点5个，查获非法运输病死猪案件1起、病死猪33头、病害肉2900千克。佛山市会同当地公安部门现场抓获3名使用假冒检疫合格证明经营含瘦肉精生猪的猪贩。全省共查处违法案件275起，其中，现场处罚178起，立案处罚97起。

**8. 抓应急演练，提高重大突发事件有效应对能力**

2009年重大突发事件较多。1月，中国部分地区出现人感染高致病性禽流感病例和H5N1亚型高致病性禽流感疫情。2月初，湖北武汉市、上海奉贤区等地发生A型口蹄疫疫情，广州市出现人瘦肉精中毒事件。4月中下旬以后，国内外甲型H1N1流感疫情爆发蔓延，中国农业大学还从临床健康犬体内检出H1N1流感病毒。面对这些重大突发事件，各地未雨绸缪，积极演练。肇庆、茂名、汕尾、江门、湛江、广州市及珠海市金湾区畜牧兽医（农业）部门举办防控重大动物疫病应急演练或联合演练，应急预备队员对疫情报告、前期处置、现场诊断、划定疫区威胁区、隔离封锁、扑杀、消毒和无害化处理、紧急免疫接种等科目进行全面系统演练，进一步提高应急处置能力。

# 国家海洋局南海分局

## 【海洋灾害防御工作】

### 1．海洋灾害应急与预警预报

根据国家海洋局《关于做好汛期海洋灾害应急管理工作的通知》精神和《全国海洋预警报会商规定》要求，国家海洋局南海分局认真做好海洋灾害应急管理与预警预报工作，切实履行南海区海洋灾害预报与防御职责。国家海洋局南海预报中心（海洋预报台）（以下简称预报台）与南海分局下辖沿海各地海洋环境监测站共同搭建海洋灾害警报服务系统。2009 年预报台向、市、县三防部门和渔业、海事、部队等多个政府有关单位发布风暴潮预（警）报共 73 次，其中，发布风暴潮消息 9 次，风暴潮Ⅳ级预报（蓝色）38 次、Ⅲ级警报（黄色）13 次、Ⅱ级警报（橙色）1 次、解除报 12 次。灾害性风暴潮发生期间，发布海浪警报消息共计 115 条。年内预报台还为省海上搜寻救助中心提供海难搜救预报 22 份。鉴于南海分局为海上救助工作作出显著贡献，海上搜寻救助中心连续 7 年对该局予以表彰。

2009 年预报台通过网站、传真、短信、电视、电台等媒体和平台向公众发布南海大面海域、华南沿岸 6 个海水浴场、10 个旅游区的水温、海浪及潮汐预报及华南沿岸赤潮发生条件预测产品，共提供南海海域大面海浪预报 700 多份次，提供海水浴场、旅游区及广州市海洋环境预报 300 多份次，发布赤潮旬预测产品 30 份次，通过海洋灾害短信向沿海渔民免费发布海洋灾害预警手机短信超过 160 万条。预报台坚持“早”、“密”、“广”的应急服务原则，精心组织、及时响应，预报结果与实况吻合度高，预警预报工作得到各界好评。

### 2．海洋防灾减灾宣传与公众服务

为提升公众海洋防灾减灾意识，5 月 12 日，南海分局举行“海洋防灾减灾日”科普宣传活动，向广大中小学生及市民宣传海洋防灾减灾及避险知识，帮助公众学习和了解海洋灾害及防灾避险知识，提高海洋防灾减灾响应能力。5 月 8 日，南海预报中心举行 2008 年海洋灾害评估及 2009 年海洋灾害预测新闻通报会，首次向羊城晚报、香港大公报、广州日报、广东电视台、广州电视台等 20 多家媒体发布《南海区海洋灾害 2008 年回顾及 2009 年预测报告》。南海分局在海洋灾害防御方面的宣传与公众服务措施，为广大群众了解海洋灾害、提高海洋防灾减灾意识起到积极作用。

### 3．海洋灾害预报业务与管理能力建设

南海预报中心建立南海海域气象和海浪业务化数值短期预报系统，并改进南海区域数值预报系统，开展数值分析预报产品检验和解释应用，与统计预报开展融合，开展基于 WRF 天气预

报模式的台风预报、风暴潮数值预报和近岸浪数值预报，以及海流数值预报。建立珠江河口—网河区一体化风暴潮漫堤业务化预报系统，为开展风暴潮漫堤预报试点工作。

南海预报中心与国家和地方各预报部门建立远程视频会商系统，实现国家—海区—省级之间预报远程视频会商，使得在灾害性天气系统特别是台风及强对流天气系统影响期间，可以通过电话、传真等形式及时进行沟通和会商，为各级防汛部门提供权威预警信息，大大提高海洋预警预报显示度。

#### 4. 溢油灾害应急

南海分局下辖各环境监测中心负责海区溢油灾害应急处置。当溢油灾害发生时，监测人员及时响应，开展事故灾情调查和环境影响监测等工作，获取第一手资料，为防止事故进一步扩大及各部门后续处理工作提供有利依据。同时，中国海监南海总队进行事故现场调查，提供法律支援等服务。

#### 5. 赤潮防治

为加强赤潮防治，南海分局全面开展赤潮灾害监视监测工作，及时向地方政府有关部门报告赤潮灾害状况，向公众发布信息，协助当地政府组织赤潮灾害治理，并进行赤潮灾后评估工作，积累有效资料，为赤潮灾害防治提供研究素材。2009 年南海区（包括香港海域）共监测到赤潮灾害事件 8 次。年内南海区赤潮灾害具有频次少、成灾面积小、持续时间短等特点。

# 广东省海洋与渔业局

## 【热带气旋防御措施】

### 1. 提高防台能力

2009广东省年海洋与渔业局根据国务院办公厅和农业部办公厅关于“安全生产年”活动部署，指导各地抓好“三项行动”（执法行动、治理行动和宣传教育行动），发放渔业安全生产宣传教育片，并通过广播、电视开展宣传工作，提高渔民群众防台和安全生产意识。

“五一”前、6月底和国庆期间，省渔政总队先后3次组织开展全省渔船安全检查。检查期间，派出3个工作组对各市安全大检查行动进行指导、督查，力促安全监管工作落到实处。3次检查中，全省共出动渔政执法人员6157人次、执法船艇1069艘次；派发宣传资料16374份，张贴标语2191条，悬挂横幅351条；共检查渔船16265艘次、渔港273个次，查获各类违反安全生产管理规定的渔船3308艘次；对违规渔船责令当场改正1458艘次，限期整改575艘次，发出整改通知书684份。

通过内部清理整顿、登船检查以及对渔港销售点检查等措施，对全省数万艘渔船的救生、消防、灯光信号等安全设备存在问题进行整改。至6月底，全省渔船新配备5.6万件救生衣、1.3万个救生圈、2.9万个灭火器及3万盏信号灯。该项工作在国家农业部渔业局安全隐患排查工作中受到表扬，全省渔船产品检验工作也跃上新台阶，其中渔船产品检验发证总量全国第一。

省渔政总队总值班室自2008年3月成立后，功能逐渐完善，及时启动防台值班，全面收集相关数据，提前发送相关信息，值守工作有序到位，在防台、海难救助与日常值班中发挥明显作用。在2009年防台工作中，总值班室共传达领导指示和接到反馈电话1700多个，收发文件传真2000多份，发送防台信息2000多条，为全省渔船安全防台提供了积极帮助。

### 2. 提供安全服务

与省渔业互助保险协会加强沟通、协调，逐步理顺渔业船员管理培训机制，加强指导，促进渔业船员培训工作。1~9月，全省共举办各类船员培训班357期，培训船员23283人次。研发广东省渔业船员动态管理系统，提高船员管理准确度，缩短办证时间，实现全省渔业船员在互联网上办证、审证动态管理目标，开创全国渔业船员动态管理先河，更好地服务渔民。

为提高渔船抗台能力，在前两年全省渔业船舶气胀救生筏（浮）配备和技术升级基础上，省渔政总队制定《广东省渔业气胀救生筏（浮）检修站建设规划》，完善全省气胀救生筏（浮）检修站布局。至2009年底，引导全省共建立11个救生筏（浮）检修站，并上报部局进行考核。推进适用于小型渔船的小型救生浮研制工作，对项目进行专家评审，并逐步在省内全面推开配备。

1～9月，全省共指挥救助渔业海难事故80起，救助渔民406人、渔船59艘，投入救助经费69.8万元，挽回经济损失563.2万元。

## 【水生动物疫病及养殖病害防治】

围绕建设省、市、县三级水生动物防疫检疫体系和水产养殖病害监测网络体系这一中心，以全面提高水生动物疫病防控水平和水生动物疫病应急处置水平为重点，狠抓水生动物疫病预防控制技术、试验、示范、推广应用和水产品质量安全保障支撑措施建设，积极推进执业渔医制和水产养殖用药处方制试点，使水生动物疫病预防控制和水产养殖病害防治工作取得显著成效。

### 1. 建设水生动物防疫体系

2009年是《全国动物防疫体系建设规划》（二期）实施第一年。为加快推进广东省动物防疫体系建设，改变其落后于中西部地区局面，省发改委牵头编制《广东省动物防疫体系建设规划（2009—2013年）》，组织多部门研讨并上报省政府审批。全省水生动物防疫检疫体系建设取得新进展。湛江市水生动物防疫检疫站争取定性为参照公务员管理单位，3个县级水生动物防疫检疫机构获得地方编委批准成立。全省共增加水生动物防疫检疫站人员编制6个，市级水生动物防疫检疫实验认证正式启动。在省级财政鱼病防治专项资金扶持下，新建10个水生动物防疫检疫实验室，为18县（市、区）装配水生动物防疫检疫专用车。2009年广东省水产养殖病害监测诊断网络增建南海水产研究所、广东海洋大学、广东省特种淡水种苗繁育中心和广东省大亚湾水产试验中心4个专家平台点，及12个县水生动物防疫检疫站、4个执业渔医诊疗点共16个基层网点。每天通过网络系统会诊的病例达10多个，实现科技惠民，深受广大养殖户好评。

### 2. 防治水生动物疫病

为提高基层水生动物防疫检疫站检测技术，省水生动物疫病预防控制中心组织专业技术人员，通过试验总结制定对虾白斑病和细菌性耐药性检测操作方法，为基层站开展耐药性试验、病害检测、防病及安全用药等提供指导。全年共对12个市、县的17名技术骨干进行10天的一带一强化培训，使这批技术人员较熟练地掌握渔用药物敏感性检验、致病菌敏感药物筛选方法、水生动物细菌性疫病病原分离鉴定、寄生虫检测技术，及寄生虫固定、染色、封片、分类鉴定等检测技术，为开展水生动物病害监测、病害防治和安全用药指导提供技术保障。草鱼是广东淡水养殖最大宗品种，是内陆山区最主要养殖品种，养殖遍及全省淡水养殖区，养殖面积达300多万亩。而养殖草鱼“三大病”十分严重，尤其是病毒性出血病无药可治。通过开展人工免疫，可有效控制草鱼“三大病”病害，并可解决用药所致药残问题。但是养殖草鱼免疫注射率低，全省草鱼免疫注射率只有45%左右，内陆山区更低。为加强草鱼免疫预防注射推广力度，提高养殖户对免疫防病作用和意义的认识，解决免疫注射技术人员不足问题，2009年在建立中山、清远、韶关、梅州4个草鱼免疫防病示范区的基础上，增建揭阳、云浮、河源3个示范区。加快转化中山大学免疫防治刺激隐核虫病和罗非鱼链球菌病技术成果，实现科技惠民。联合广东省淡水名优鱼类种苗繁育中心、广东省大亚湾水产试验中心开展刺激隐核虫病和罗非鱼链球菌病免疫防病技术试验、验证，为技术大面积应用推广总结经验。同时，与湛江市水产技术推广总站合作，开展对虾红体病综合防治技术试验与验证。

### 3. 监测水生动物疫病

至2009年底，全省建立水生动物疫病测报点300个，监测池塘面积达18万多亩，监测养殖种类38种（含鱼类31种、甲壳类4种、其他养殖品种3种）。全省常发、多发52种水生动物疫病（含细菌病23种、寄生虫病15种、病毒病7种、真菌病2种、其他病5种）已纳入监测预警范围。2009年共发布监测、预警信息达36次。3~4月监测数据显示，茂名、惠州两市海水网箱养殖出现刺激隐核虫病，省、市、县三级水生动物防疫检疫机构反应迅速，及时发布预警信息，指导养殖户采取有效防控措施，避免病害扩散蔓延。2009年是近5年间全省第一次未发生刺激隐核虫病大面积爆发流行年份。7月初，肇庆、湛江等罗非鱼养殖主产区出现养殖罗非鱼零星发病死鱼状况，引起省、市、县水生动物疫控机构注意并加强监测。至8月下旬，病情迅速加剧，呈蔓延和爆发态势，发病严重的池塘每天死鱼数百公斤。灾情发生后，省水生动物疫病预防控制中心及时组织市、县水生动物疫控机构开展病情应急监测，组织专家赴肇庆和湛江等病情严重地区进行现场调查采样和指导防控，提出减少投喂、降低饲养密度、增加开增氧机时间、加强水质调控、有条件的降低水温、适当投喂维生素C、免疫多糖增强免疫力、对症治疗、及时捞出病死鱼并作无害化处理、不随意排放未经消毒处理池水以防病情扩散等措施，同时加强渔农培训指导，共举办6期专题培训，并将有关情况上报农业部和省政府。按照副省长李容根批示要求，省水生动物疫病预防控制中心于9月30日组织专家分赴肇庆、湛江重灾区指导渔、农民做好病害防控工作，并将于11月4日组织国内有关专家、一线技术员和养殖户召开专题研讨会，研究和制定对策。

根据中华人民共和国农业部渔业局要求，并结合广东实际，积极开展重大水生动物疫病应急监测。省水生动物疫病预防控制中心制定详细监测计划，组织包括省、市、县三级水生动物防疫机构和有关科研单位共46名技术人员参与监测。1~6月，共采样检测虾样359份、鱼样16446份、水样108份，较好地完成了农业部下达的应急监测任务。通过此次监测，初步掌握9种多发、常发水生动物疫病发病与流行动态，为研究有效防控这9种水生动物疫病措施积累了第一手数据。继续承担农业部渔业局对虾白斑病监测任务，年内共采样检测虾样530份，其中阳性样本361份，平均阳性率为67%。

### 4. 提供质量安全服务

广东省执业渔医制和水产养殖用药处方制试点工作走在全国前列。2009年南方电视台、南方农村报等新闻媒体对广东省执业渔医工作进行系列报道，在省内引起强烈反响。省水生动物疫病预防控制中心根据水产养殖、渔药生产、渔药经销从业者要求，6月举办年内第一期执业渔医培训，培训29名执业渔医（含助理执业渔医）。同时，为进一步推动执业渔医制和水产养殖用药处方制试点工作，该中心积极引导湛江、茂名等地6个条件较好单位建立水生动物疫病诊疗机构（鱼病医院），其中全省首家鱼病诊所于11月5日在佛山南海区科达恒生水产公司正式挂牌。

4月2日，省水生动物疫病预防控制中心在广州市番禺区举办水产养殖规范用药科普下乡宣传活动暨重大水生动物疫病应急监测培训。农业部全国水产技术推广总站、中国水产学会、省海洋与渔业局、广州市番禺区领导和珠江水产研究所、南海水产研究所、中山大学等大专院校多名专家及水产养殖户400多人参加活动。专家们现场为渔农民讲解病害防治技术和安全用药知识，向渔农民赠送2吨多国标渔药，以此提高养殖户安全用药意识和用药技术水平，普及国标渔药使用知识。

2009年省水生动物疫病预防控制中心继续开展水产品质量全程跟踪与溯源试点工作，在茂名市信宜县建立中国首个水产品养殖全程质量监控技术示范试点县，并新增茂名信宜县大地农产品科技发展有限公司及番禺得力农业公司两个参试企业。参试养殖、加工企业和批发市场已达16个，全年向省级监管平台上传信息约1.2万条。

为更好地宣传水产品质量安全与溯源标识及溯源技术，省水生动物疫病预防控制中心与中国科普协会声像中心合作，拍摄开展水产品质量安全与溯源标识及溯源试点工作纪录片，片长约30分钟，纪录片经上级有关部门审定后，将在全国1000多家县级电视台科普节目中播放。

2009年省水生动物疫病预防控制中心还修订《省级财政鱼病防治专项资金管理办法》，出台《鱼病防治专项专项项目申报指南》，使省财政鱼病防治专项资金分配管理、项目申报更加规范、科学。

#### 5. 预控水生动物疫病

为转变传统海水网箱养殖模式，探索利用人工颗粒饲料替代冰鲜野杂鱼养殖海水鱼新模式，以减少人类水产养殖行为对海区的污染，2009年联合国粮农组织（以下简称FAO）和亚太地区水产养殖中心网（以下简称NACA）在中国、泰国、越南、印度尼西亚四国开展“人工颗粒饲料替代冰鲜野杂鱼养殖海水鱼的对比试验”项目，其中中国区项目由省水生动物疫病预防控制中心、中山大学和湛江市水生动物防疫检疫站共同承担。3月24～25日，“人工颗粒饲料替代冰鲜野杂鱼养殖海水鱼的对比试验项目”技术培训在湛江市顺利举办。该项目在湛江市特呈岛海区和流沙海区顺利实施。

2009年省水生动物疫病预防控制中心牵头组织中山大学、中国水产科学研究院南海水产研究所和广东海洋大学，联合开展近岸海水野生对虾、蟹类白斑病监测，在粤东区（揭阳、潮州、汕头、汕尾4市）、粤中区（惠州、深圳、中山、珠海、江门5市）、粤西区（阳江、茂名、湛江3市）共设立18个监测点，以掌握野生种群携带毒状况，已完成36批次采样、检测。

### 【水产品质量安全管理】

#### 1. 开展专项整治

2009年省海洋与渔业局在全省范围内组织开展大规模水产品质量安全专项整治工作。主要措施：一是加强组织领导。根据国务院和农业部部署，把2009年定为水产品质量安全专项整治行动年，成立专项整治领导小组及其办公室，制定行动实施方案；明确“四个百分之百、两个提高、一个有效推进和一个明显提高”的目标任务，3月专门召开全省会议进行工作部署。二是加强执法检查。以《农产品质量安全法》、《兽药管理条例》等为依据，在全省开展声势浩大的水产品质量安全执法大检查，组织种苗、网箱养殖、鲍鱼养殖3个专项执法行动，对违法、违规行为进行严厉打击。至2009年底，全省渔业系统共出动监管人员10753多人次，对1590家种苗场、6956多家成品养殖场进行地毯式检查，共查处违规、违法行为850多起，其中生产日志不全近600起、违法用药258起。除批评教育外，现场责令整改300多起；给予养殖场行政处罚342家，其中发出限期整改通知书331家，处以罚款11家，处罚金额近8万元；没收违禁渔药100多千克；对61家不符合生产条件的种苗场吊销生产许可证；对3万多千克涉案水产品进行无害化处理。三是加强质量安全监控。在认真实施常年质量安全监控计划的基础上，根据专项整治行动要求，加大抽检力度，抽样数量比2008年增加近50%。把孔雀石绿、氯霉素、硝基呋喃代谢物、甲基睾丸酮等作为重点监控项目，并首次增加污染物多氯联苯的监测。至9月底，共抽检各类样品2300个、17471项次。其中养成品1166个，水产苗种670个，天然海水贝类152个，有毒鱼类91个，市场水产品141个，投入品80个。药物残留抽检总合格率94.8%，比2008年提高2.4个百分点。四是加强宣传教育。根据专项整治工作部署，全省各地开展一系列宣传教育活动。至2009年底，全省海洋与渔业主管部门共开展各类宣传教育活动196场次，举办水产品质量安全培训班或讲座400多场次，参加人员20826人，发放各种宣传资料近10万份。五是加强督促检查。七八月，组织4个工作督导组，由省局、渔政总队领导带队，到全省各地督查《2009年广东省水产品质量安全专项整治行动实施方案》贯彻实施等情况，对存在问题及时督导整改。六是加强信息交流。在全省海洋与渔业系统建立专项整治举报电话和举报信箱；实施专项整治行动状况每月两报制度，及时将上情下达、下情上达；编撰专项整治工作刊物，共编印《广东省水产品质量安全专项整治工作专报》11期。七是加强法规建设。根据省政府和农业部部署，积极协调省农业厅等部门，出台《广东省农产品标识管理办法》和《广东省农产品市场准入制度》，其中《广东省农产品标识管理办法》已由省政府发布并于10月1日起实施，《广东省农产品市场准入制度》也于2010年发布实施。

通过近7个月专项整治，全省水产品质量安全状况得到明显改善，具体成效：一是完成2155家种苗场登记注册，种苗场生产许可证领证率达到100%；二是水产健康养殖示范场、出口原料备案基地、无公害水产养殖基地、水产苗种场等四类生产单位100%建立生产记录、用药记录和销售记录，监管率达到100%；三是生产过程中使用硝基呋喃类、孔雀石绿、氯霉素等违法行为基本得到遏制，水产品药物残留抽检合格率第三季度比上半年提高近10个百分点，水产品质量安全水平进一步提高；四是重要水产养殖质量安全隐患摸查工作有效推进，应对水产品质量安全突发事件能力明显增强，生产者守法生产、守法经营意识明显提高。

**2. 加强基础管理**

编制2009年渔业标准化项目计划，发布省级渔业地方标准56项（为历年最多）。完成27项省级渔业地方标准制定，建设11个省级渔业标准化示范区。至2009年底，全省制（修）订省级渔业地方标准172项，建设省级以上渔业标准化示范区34个，初步建立起以国家标准为基础、行业标准为依托、省级标准为配套、逐步与国际接轨的渔业标准体系。在地理标志方面，出台水产品地理标志申报程序，申报工作逐步推开，有99位业务骨干获得首批全国水产品地理标志注册核查员资格。

全年共认定202个无公害水产品产地，审核上报89个无公害水产品。全省获认定无公害水产品产地677个，面积约110万亩；获农业部认证无公害水产品392个，在全国名列前茅。至2009年底，共收集和发布各类水产品质量安全信息94条，分别被广东省食品安全网、广东省海洋与渔业局政务信息网、广东省水产品质量安全信息网、农业部农产品质量安全整治暨农产品质量安全执法年活动工作小组办公室等采用。在广东省食品安全网发布信息的省直14个厅局中，省海洋与渔业局信息量名列第一。

## 【环境监管与污染防治措施】

### 1. 立法与规范性文件制定

积极推动《广东省实施〈中华人民共和国海洋环境保护法〉办法》出台，为广东开展海洋环境保护工作提供依据。《广东省实施〈中华人民共和国海洋环境保护法〉办法》于3月31日广东省第十一届人民代表大会常务委员会第十次会议通过，并于7月1日起实施。贯彻落实《珠江三角洲改革规划纲要》，编制《珠江口及邻近海域环境生态修复规划编制实施方案》。认真实施《广东省海洋经济发展“十一五”规划》和《广东省海洋环境保护规划》，推动全省各地级市加快编制《广东省海洋环境保护规划》。通过多种形式，开展《水生生物资源养护行动纲要》宣传，进一步修改《广东省水生生物资源养护行动方案》并上报省政府。

### 2. 环境监管与污染防治

认真贯彻实施《防治海洋工程建设项目污染损害海洋环境管理条例》，坚持海洋经济建设与生态环境保护并重原则，在涉海涉渔工程建设领域积极开展管理工作，严格把好建设项目环境影响评价关，在海洋污染防治和生态保护等方面发挥重要作用。2009年省海洋与渔业局审核、核准海岸、海洋工程建设项目环境影响报告书30多项。

参与完成广东省水产养殖业污染源普查工作。清查及普查结果显示：广东省共有水产养殖污染源7类，有规模化水产养殖场和养殖专业户120723个（其中规模化养殖场数量288个、养殖专业户数量120435个）、养殖面积4751955亩，其中海水养殖27937个、1640610亩，淡水养殖92786个、3111346亩。

通过惠州市大亚湾海洋环境容量研究试点工作，开展重点海域环境容量评估。试点工作进展顺利，完成大亚湾历史调查资料收集与整理、第一期大亚湾现状监测调查（调查共分两期进行）及水环境数学模型构建与初步验证。珠江口、海陵湾、湛江湾和柘林湾、汕头港环境容量研究开始启动。和中山大学等科研机构签订合同，通过分析珠江八大口门水—沙—污染物变化规律，结合污染源数据，求解珠江口环境容量；以海陵湾、湛江湾、柘林湾、汕头港为重点海湾，建立海湾水动力和水质数值模型，结合海洋生态环境和社会经济资料，确定港湾海域环境容量和污染物排放总量控制目标。

### 3. 海洋生态修复与补偿

为保障《珠三角规划纲要》顺利实施，省海洋与渔业切实履行海洋行政主管部门职责，组织开展珠江口及邻近海域生态修复工作。选定中山大学、中国科学院南海海洋研究所、中国水产科学研究院南海水产研究所、国家海洋局南海海洋监测中心等4个驻穗科研单位作为技术承担单位，组织联合攻关，共同编制《珠江口及邻近海域生态修复规划》。年内已编制完成《珠江口及邻近海域环境生态修复规划编制实施方案》。

生态补偿方面，主要就广深沿江高速公路工程东莞段、鉴江口上剑利沙海砂开采项目、湛江港调顺岛港区300号泊位技术改造填海工程和珠海市横山岛开发利用工程等项目海洋生态损失补偿事宜达成协议。

4. 海洋生态环境监测

加强全省监测工作指导协调，根据国家海洋局《全国海洋环境监测工作方案》，结合实际情况，组织编制《广东省海洋与渔业环境监测工作方案》。

加强入海排污口监测，强化对陆源污染物排海及其对邻近海域生态环境影响的监督管理。不断加大力度对主要陆源入海排污口及其邻近海域环境进行监测，以便整体掌握主要陆源入海排污口排放入海污水量、污染物种类、数量及陆源入海排污口污水超标排放状况。

组织编制并发布《海洋环境质量公报》，在公报中公布超标排放污染物企业名单和排污河名单，以及入海排污口超标沿海地级市、超标工业废水入海排污口所属企业等，以此敦促有关单位采取整改措施，沿海各地政府进一步重视海洋环境保护。

## 【渔业安全生产保障措施】

1. 加快渔业防灾减灾体系建设

广东省渔业安全生产通信指挥系统建设全面铺开。省指挥中心基本完成建设，全省管理指挥软件平台已初步开发完毕，各子系统功能模块基本实现。各市县分中心建设进展顺利。

2. 组织开展“渔业安全生产年”活动

把“三项行动”（执法行动、治理行动、宣传行动）作为“安全生产年”主要内容集中力量抓紧抓好。全省渔业安全生产总体形势较为稳定，安全生产主要指标均有所下降，其中死亡人数大幅下降。

3. 渔业保险工作取得新进展

1～10 月，全省共有 11483 艘渔船、11.1 万人次参保，累计互保会费收入 4476 万元，同比增加 65%，共为 920 名出事渔民（其中死亡、失踪 85 人）、125 艘出事渔船支付互助补偿金共 1182 万元。渔业保险已成为广东省保障渔业安全生产、发展地方渔业经济的重要载体。

# 广东省环保厅

## 【环境保护措施】

### 1. 抓好环保审批，促进区域经济协调发展

●强化环评审批服务

对省重点建设项目开辟“绿色通道”，简化审批（查）程序，缩短审批时限，做好跟踪服务。同时，加强“双转移”（产业转移和劳动力转移）环保工作，全省共有33个产业转移园区通过环评审批，有效发挥省示范性产业转移工业园示范作用，促进了区域经济协调发展。

●严格环保准入

充分发挥环境保护宏观调控作用，对“两高一资”（高耗能、高污染和资源性）项目严格把关，促进产业结构优化升级。2009年全省环保系统共审理建设项目环评文件60186个，否决率6.27%，受理环保验收项目14717个，不通过率6.05%。

●推进规划环评

积极贯彻落实《规划环境影响评价条例》，完成《广东省油气主干管网规划（2009—2020年）》、《东莞虎门港长安新区规划》等规划环评审查。海峡西岸、北部湾经济区两个国家重点产业发展战略环评广东子项目进展顺利。电网、交通、水泥、电力、石化、水利水电等行业及部分市规划环评工作也取得突破。

### 2. 促进污染减排，超计划完成年度减排任务

●加快推进工程减排

针对东西北部地区污水处理设施建设滞后现状，省政府两次召开专题会议研究部署，进一步落实责任机制，加大督办力度，强化资金保障，确保2009年底前完成“一县一厂”建设任务。省环保厅加强对东西北地区污水处理设施建设工作的督办，实行厅领导包片负责，重点加强“一县一厂”项目跟踪督办。广州、深圳、佛山、东莞、中山等市结合水环境综合整治，全力推进污水处理厂及配套管网建设。年内全省新建成污水处理项目75个，新增日处理能力263.5万吨，新建污水处理设施配套管网1200多千米，累计建成污水处理设施239座，日处理能力1354.7万吨，配套管网超过3600千米，处理能力居全国首位，县县建成污水处理设施的目标已基本实现。珠三角地区73个中心镇中，35个镇污水处理设施已建成调试，中山市成为全省第一个镇镇建成污水处理厂的地级市。加快燃煤火电机组脱硫工程建设，2009年全省新增燃煤脱硫机组装机容量533万千瓦，至12月底全省累计脱硫装机容量达到3151万千瓦，脱硫装机容量居全国前列。

●有效推进结构减排

至2009年底，全省已关闭小火电1096万千瓦，淘汰落后水泥产能4629万吨、落后钢铁产能1035万吨和落后造纸产能30万吨以上。小火电、小水泥、小造纸已提前超额完成“十一五”淘汰任务，小钢铁淘汰超过预期进度。

●积极推进监管减排

为确保减排工程发挥成效，建立国控、省控重点污染源监管责任制和月巡查、季核查制度，加大对污水处理厂、火电厂脱硫工程、国控重点污染源在线监控设施等重点减排项目的监管力度。同时，加快重点污染源在线监测系统建设。全省安装污染源在线监控设备企业已达1200多家，其中，238家国控重点源在线监测设备安装率及联网率均达到100%，全省21个地级以上市污染源监控中心（平台）已全部建成。2009年化学需氧量和二氧化硫两项主要污染物排放总量分别比2008年减少6.54万吨和5.23万吨，同比下降5.8%和5.4%，超计划完成主要污染物年度减排任务，其中二氧化硫已提前一年实现“十一五”总量减排目标。

### 3. 抓好污染综合整治，改善环境质量

●积极开展水环境综合整治

至2009年底，已投入240多亿元实施珠江综合整治，共开展城市河段和河涌综合整治工程700多项，已基本完成470项，佛山市顺德、高明区基本消除劣V类水体，珠江广州河段、龙岗河等重点整治流域水质明显改善。积极推动淡水河污染整治，编制《关于加强东江水质保护工作的意见》，并于8月3日下发《淡水河污染整治工作方案》，流域内各地积极开展综合整治，取得较好效果。2009年淡水河深圳与惠州交接段西湖村和上垟断面的溶解氧分别比2008年提高25.9%和51.6%，生化需氧量分别下降40.4%和16.3%，部分河段黑臭现象得到改善。

●加快推进大气污染治理

3月30日，省政府第134号令发布《广东省珠江三角洲大气污染防治办法》，该办法自5月1日起施行。年内还制定《珠江三角洲清洁空气行动计划》、《亚运会空气保障方案》、《广东省火电厂降氮脱硝工程实施方案》，启动火电厂脱硝工程。强化机动车排气污染防治，报请国务院批准在珠三角提前实施国Ⅳ机动车新车准入标准，全面开展机动车环保分类标志管理，使广东省成为全国第一个全省范围实施机动车环保分类标志管理省份。制定和实施《广东省油气回收综合治理工作方案》。广州市深入实施“空气整治50条”，加快大气污染治理；深圳市作为全省试点城市已基本完成油气回收工作；东莞、佛山等市全面开展机动车污染整治。通过采取一系列措施，大气污染治理取得明显成效：2009年大气环境质量有所改善，全省二氧化硫和可吸入颗粒物年平均浓度分别比2008年下降8.0%和8.6%，降水pH年均值上升0.06个单位，酸雨频率下降3.4个百分点，重酸雨区由9个城市下降至5个。

●加大固废污染治理力度

加大对医疗废物处理处置单位及医疗废物产生单位的监管力度，加强甲型H1N1流感疫情防控期间医疗废物处置工作执法检查。年内拟定《广东省城镇生活污水处理厂污泥处置工作实施意见》，规范危险废物持证单位经营管理，打击非法处理处置固体废物行为，配合有关部门实施家电以旧换新，有效地推进电子废物管理工作。

●积极开展环保示范创建

东莞创建国家环境保护模范城市顺利通过环保部技术验收。深圳市盐田区成为首个通过环保部验收并命名的国家生态区，中山市、深圳福田区通过中华人民共和国环境保护部生态市

（区）考核验收。同时，加强农村环境保护工作，2009 年争取到中央财政农村环保专项资金 2097 万元，支持 24 个村镇开展环境综合整治和生态示范建设。至年底，全省已建成国家环境优美乡镇 25 个、国家级生态村 2 个、生态示范村镇 501 个。自然保护区建设得到加强，全省已建成国家级自然保护区 11 个、省级自然保护区 64 个。

●加强核辐射安全管理

加大大亚湾核电站和岭澳核电站现场检查力度，核电站三废处理设施运行正常。强化辐射安全许可，完善放射源管理，100% 的放射源和射线装置工作单位颁（换）发辐射安全许可证。重点加强稀土与伴生矿放射性污染防治，依法取缔非法铀矿、稀土与伴生矿放射性矿产资源开采冶炼活动，有效监控稀土与伴生矿放射性污染。

### 4. 抓好珠三角改革发展规划纲要实施，加快推进环保一体化

●建立珠三角区域污染联防联治机制

严格实施《跨行政区域河流交接断面水质保护管理条例》，对跨市河流交界断面水质达标状况进行考核，分别召开广佛肇、珠中江、深莞惠区域水质保护协调会，推动上下游联合治水。同时，加快推进粤港澳环保合作，联合签署《粤港环保合作协议》，积极推进粤港澳绿色大珠三角优质生活圈建设。

●开展“十二五”环境保护规划前期研究

完成“十一五”环保规划中期评估，提出下一步推进规划实施意见和建议。同时，在全面分析评估“十一五”规划实施状况基础上，结合污染源普查成果开发、863 大气污染防治研究、水专项研究、珠三角大气污染整治等工作成果，开展“十二五”环境保护总体战略和经济与环境协调发展等十大专题研究。

### 5. 扎实抓好环境监管，提高环境法治水平

●加强环境立法工作

《广东省珠江三角洲大气污染防治办法》、《广东省严控废物处理行政许可实施办法》两部政府规章均于 2009 年 2 月通过省政府常务会议审议，并于 5 月 1 日起正式实施；修订后的《广东省机动车排气污染防治条例》已通过省人大常委会第一次审查。此外还起草《广东省排污许可证实施细则》，拟订《广东省排污权有偿使用与交易试点工作实施方案》。

●加大环境执法力度

2009 年全省共出动执法人员 64 万人次，检查企业 27 万家，查处违法案件 11132 宗，罚没金额 2.1 亿元，限期整改及治理企业 9713 家，关停企业 2255 家。开展全省重点水库和饮用水源区环境风险排查，取缔饮用水源保护区内违法建设项目和各类排污口，对肇庆多罗山蓝宝石稀有金属有限公司等一批严重威胁水环境安全的企业实施停产整治。省环保厅、发展改革委等 6 部门对省政府认定的 30 个省级产业转移工业园区环保执行状况进行专项督查，对深圳南山（连平）产业转移工业园等环境违法问题进行查处。组织对 300 多家纳入重点污染源信用管理的企业进行环保信用评级，联合金融管理部门积极推进“绿色信贷”、“绿色证券”、“绿色保险”工作。

●推动重点环境问题整治

省环保厅联合省监察厅继续对淡水河、广州西部水源、独水河流域污染整治等 10 个重点区域环境问题和中石化广州分公司等 4 个环境问题突出企业进行挂牌督办，对南水水库、独水河

污染整治等进行现场督办，建立淡水河流域重点污染源月巡查制度，对淡水河和观澜河流域重污染行业进行“地毯式”核查，查处深圳市东部电镀工业基地管理有限公司等一批环境违法企业。独水河流域污染等8个区域环境问题和4家挂牌督办企业已经摘牌。

●解决群众关心的环境热点难点问题

继续加强环境信访工作，通过“民声热线”、开通网上投诉与咨询平台、建立“网络发言人”制度，进一步畅通环保投诉渠道；同时，实行领导包案和重点案件督办制度，解决一批群众关注的环保热点难点问题。妥善处理增城新塘镇工业污染、顺德生力啤酒厂污染扰民等一批群众反映强烈的环境问题。2009 年全省环保系统共收到信访案件 10 万多件，处理率达到 92%以上。

### 6. 加强应急管理工作，确保全省环境安全

●完善应急预案

省核管办从 2008 年开始在全省核应急单位协助下着手修编核应急计划，历时一年后完成相关修编工作。同时，省环保厅组织编制《环境污染与生态破坏事故应急操作手册》，并根据各业务处室职能调整，对《环保厅突发环境事件应急预案》进行修订。

●开展环境安全隐患排查和环境安全大检查

结合第一次污染源普查成果，省环保厅组织开展全省环境安全隐患排查和环境安全大检查，共检查饮用水源地、沿江河（库）、居民集中区域等环境敏感区域、重要工业园区以及危险化学品企业等风险源 2345 个。配合省安监局对全省 18 座存在安全隐患的尾矿库开展综合整治，要求汕头、韶关、河源、梅州、汕尾、肇庆、潮州等市认真落实整治方案，全力消除尾矿库安全隐患。开展全省重点水库、饮用水源区环境风险排查，及时对严重威胁北江水环境安全的肇庆多罗山蓝宝石稀有金属有限公司三期项目实施停产整治，对 86 个建于一级水源保护区内且有污水废水直排企业，实行领导包案负责，落实责任，督促各地取缔饮用水源保护区内违法建设项目和各类排污口等。

●加强环境监测预警与应急准备工作

为加强对各级环境监测站的督促和指导，省环保厅环境监测中心先后印发《关于加强汛期水质环境监测工作的通知》、《关于加强环境监测预警与应急准备工作的通知》、《东深供水水质预警监测方案》、《东深供水水质监测联动方案》、《参与处置化学恐怖袭击事件应急监测实施程序》和应对甲型 H1N1 流感专项应急监测预案。同时，加强全省各水质和空气自动监测站巡查，加强应急设备和车辆维护，确保仪器设备处于最佳状态。

●组织有针对性的应急培训和演练

针对年初韶关乳源南水水库和茂名高州水库因蓝藻暴发造成的水华事件，省环保厅环境监测中心与有关高校合作，分别举办一期全省藻类监测基础知识培训班和提高班，21 个地级以上市环境监测站约 140 名监测骨干参加；针对有机污染物应急监测的难点，专门与有关研究所举办一期有机污染物监测培训班，及时解决相关技术难点。

●搭建应急信息平台

对化工等十大重污染行业和大宝山等十大重点区域全面开展调查，并结合征收排污费、核发排污许可证等工作，建立污染源动态管理系统。及时发现问题并进行处理处置。进一步推进污染源在线监测监控系统建设，加快建设重点和敏感流域、危险废物和危险化学品、核辐射等环境预警与应急监测监控系统和环境应急管理信息平台，组建各类污染事故专家库，提高环境

污染事故预警和应急处理能力，并计划建立主要江河、重点区域地理信息系统和决策支持系统。

●加强应急能力建设

为进一步加强环保系统应急工作管理，省环保厅于11月成立信访与环境应急中心，负责统一协调环境应急工作。同时，2009年省环保厅完成455万元反恐和应急设备采购任务，并为广州、韶关、珠海、汕头、湛江、茂名、惠州、河源等8个重点城市招标1612万元应急监测设备，为阳江、江门、云浮、肇庆、清远、揭阳、汕尾、梅州、潮州等9个经济欠发达城市招标423万元应急监测设备。随着应急监测仪器设备和车辆陆续到位，全省各环境监测站应急监测能力得到大力加强。

# 广东省林业局

## 【森林防火减灾措施】

### 1. 加强领导，高位推进森林防火工作

2009年广东省各级党委、政府高度重视森林防火工作。各地强化组织领导，积极传达、贯彻落实国家、省委和省政府有关森林防火指示精神，主要领导亲自参与，周密部署、严格检查、狠抓落实各阶段森林防火工作。中共中央政治局委员、省委书记汪洋，省长黄华华，常务副省长黄龙云，副省长李容根等多次作出指示，要求切实做好森林防火工作。黄华华强调要加强森林火灾预防、监测和扑救体系建设，强化林业灾害防控能力；李容根严密部署、前往一线检查督导森林防火工作。省林业局始终把森林防火当作林业工作头等大事，精心组织，狠抓落实。2月4日和9月3日，省林业局和省政府先后组织召开全省林业局长工作会议和全省林业工作会议，黄华华、李容根和省林业局局长张育文等领导对做好2009年森林防火工作作出部署。2月9日和9月29日，省政府两次召开全省森林防火工作电视电话会议，李容根对抓好森林防火工作作出部署。3月30日，全国造林绿化和森林防火工作电视电话会议结束后，省政府接着召开全省森林防火工作电视电话会议，李容根对做好全省春防后期特别是清明期间森林防火工作作出部署；1月23日和9月7日，省政府办公厅先后发出通知，要求做好2009年春节期间和秋冬季森林防火工作。11月中旬和12月17日，省林业局先后召开省森林防火指挥部联络员会议和全省森林防火业务工作会议，省森林防火指挥部专职副总指挥杨胜强对今冬明春森林防火工作作出部署。通过加强领导，高位推进，2009年全省森林防火工作取得明显成效。

### 2. 加大力度，广泛开展森林防火宣传

省森林防火指挥部、省林业局通过多种形式，特别是充分发挥媒体阵地作用，广泛开展森林防火宣传。高火险天气期间，在电视台黄金时段连续播放森林防火广告宣传；继续与省气象局联合制作森林火险等级预报，每天在广东卫视台和珠江台播出；在电视台、广东气象网和广东森林防火网适时发布高森林火险红色预警信号，提醒广大群众注意森林防火。加大对新颁布的《森林防火条例》（以下简称《条例》）的宣传力度。省举办两期解读培训班，各地掀起学《条例》、讲《条例》、用《条例》高潮。清明、五一、国庆、中秋等节日和9月森林防火宣传月期间，各地充分利用电台、电视台、报刊、宣传标语、流动宣传车和影前宣传等多种形式，广泛宣传《条例》等法律法规。河源市共制作宣传牌1.3万个，印制森林防火宣传手册1.4万本，派发宣传挂历10万份，悬挂宣传横幅6000多条。清远市共树立宣传牌3000多块，张贴宣传标语6万多条，悬挂横幅3000多幅，发放宣传围裙12万条，发放宣传海报25.5万张，印制宣传手册20万本，发送森林防火宣传手机短信5万多条。云浮市印发森林防火宣传资料26万

份，发放《条例》手册5.5万份，张贴纸横额标语6万多条，电视、广播播出7600次，新建、翻新永久性宣传牌6000多块。韶关市在市科技馆举办为期45天的大型森林防火科普知识展览，市直各机关事业单位、社会团体、林业经营企业、中小学校等近3万多人前往参观，宣传教育效果良好。据不完全统计，2009年全省共印发《条例》120多万册，张贴宣传标语90多万条，悬挂大型横额标语1.8万多幅，出动宣传车9万多辆次，翻新固定宣传牌和标语1.6万多块，新增固定宣传牌1200多块，印发宣传资料2600多万份，电台、电视台播放宣传公告17万多次，教育中小学生410万人次。

**3．加强火源管理，积极排查火灾隐患**

全省各地以火源管理为核心，积极开展森林火灾隐患排查，强化整改力度，及时消除森林火灾隐患，着力治理森林火灾源头：一是加大巡查力度。林业员、村干部、护林员加强巡山护林，坚决管住野外用火。英德市在村委会成立森林防火管理委员会，制定《村民森林防火自治章程》。揭阳市组建180支巡逻队伍，共800多人。梅州市政府2009年出台《关于加强基层护林防火工作的实施意见》，决定市、县（市、区）两级财政每年共投入2000多万元，按每5000亩林地至少配1名护林员的标准，聘任5000名村级护林员；组建每镇30人、每村15人的扑火队伍；落实村干部森林防火工作绩效补助。至年底，全市聘请护林员4417名并已培训上岗，大部分镇、村级扑火队伍已组建，全市森林防火工作面貌焕然一新，森林火灾大幅下降。2009年入秋以后仅发生7起，与2008年同比减少56.5%。二是各地根据省印发的划定森林防火区的指导性意见，结合当地实际，划定森林防火区。森林防火期内，禁止在防火区内野外用火。严格生产性用火管理，高火险期严禁一切炼山作业，做到谁批准、谁负责。三是强化春节、清明、中秋、国庆、重阳等节日和“两会”等重点时期野外火源管理工作。在重点节日前，各地普遍成立治安防火指挥部，以市县、乡镇政府主要领导挂帅，林业、公安、民政、工商、旅游、城管等部门相互配合，齐抓共管，在重点区域、主要入山路口设卡布点，严禁入山人员携带火种进山。四是禁止销售、燃放“孔明灯”。清远、肇庆、江门、珠海、云浮、中山等市发出通告，并成立联合执法组，开展出售、燃放“孔明灯”整治行动。通过整治行动，使“孔明灯”燃放大为减少，有效减少森林火灾隐患。五是加强精神病人管理，严防其玩火烧山。六是加强检查督促。为落实森林防火各项措施，各级森林防火指挥部多次组织开展森林防火工作大检查。2月14～18日、3月2～6日，省森林防火指挥部先后两次派出工作组，对森林火灾多发地区进行森林防火工作督查，督促和指导做好森林防火工作。省森林防火指挥部专职副总指挥杨胜强部署巡查工作，组织4个巡查小组深入镇、村开展森林防火工作巡查督导，该项工作开展时间为2009年11月6日起至2010年4月。至年底，4个巡查督导组分两批，分别到韶关、清远，河源、梅州，惠州、汕尾，肇庆、阳江等8个市以及38个重点县（市、区）进行森林防火工作巡查督导，有效推动当地森林防火工作开展，使森林火灾大幅减少。11月6日至12月底，全省仅发生8起森林火灾。广州、深圳、珠海、佛山、汕头、江门、河源、清远、梅州、东莞、惠州、湛江、揭阳等地在清明、五一、国庆和重阳节前，组织开展以查火灾隐患为主题的森林防火专项检查，对火灾隐患及时发出整改通知书，明确整改要求，限期消除火灾隐患。

**4．加大投入，不断加强森林防火能力建设**

一是抓好森林防火指挥信息系统建设。省财政投入2600多万元，用于省森林防火指挥中心功能升级改造，主要建设内容为森林防火数据库建立、软件开发、视频会议系统、指挥中心基建、指挥通讯车辆配置，该项工作正在组织实施。2009年投入省级专项资金216万元，用于补助12个重点地区建设森林防火指挥信息系统。深圳市投入2700万元，设立40个视频监测点、18个卫星应急通信站点，并购置森林防火移动通讯指挥车。二是加强森林消防队伍建设。在队伍培训和演练方面，省先后于6月和8月举办全省《条例》解读培训班和全省森林消防专业技术培训班，大部分市、县也举办培训班和实战演练；在森林消防队伍装备建设方面，全年投入1252万元省级专项资金，购置15辆森林消防水罐车、28辆森林消防工具车、30台森林消防水泵、2.25万米消防水带，分别调拨给15个重点地区，用以加强队伍重型装备建设。进入秋防后，省防火办公室调拨分配一批应急扑火物资，包括风力灭火机291台、油锯79台、阻燃扑火服2200套、灭火水枪570支、二号工具3000把、对讲机134台、灭火水泵3套等，给23个县（市、区）。三是组织编制森林火险预警监测系统、粤北地区国家级森林防火物资储备建设和清远市、河源市、梅州市森林重点火险区综合治理等4个项目可行性研究报告，上报国家林业局审批。组织编制惠河片森林重点火险区综合治理工程建设项目初步设计方案，并组织实施。抓好在建项目实施，分别对粤东和粤北森林重点火险区综合治理建设项目进行验收和预验收。四是做好航空护林站建设项目调研工作，2月底组织人员赴珠海市对交通部南海第一救助飞行队的职责和现有的设施设备、功能进行调研，并就加强资源共享、加强应急处置和联防机制进行探讨和交流。3月中旬，组织有关单位赴国家林业局西南航空护林总站和江西、河南两省进行航空护林调研，编制项目可行性研究报告。此外，与省政府飞行服务队就开展森林消防航空护林合作进行协商，并开展航空巡护起降点选点调研。五是做好2009年生物防火林带建设项目计划下达工作，及2010年生物防火工程林建设任务预下达工作。

### 5. 加强调度指挥，及时处置森林火灾

各地严格执行24小时值班和领导带班制度，确保政令畅通，掌握火情动态，及时处置各种火情信息。各级森林防火指挥部及时启动应急预案，科学、安全、有效处置森林火灾，确保应急处置森林火灾有序、高效运转。在2009年肇庆市鼎湖区“1.12”森林火灾、珠海市香洲区“1.30”森林火灾和英德市“11.2”森林火灾过程中，当地县（市、区）、市森林防火指挥部以及省林业局及时启动应急预案，全力开展扑火救灾工作。省林业局局长张育文、副局长陈亚广、副局长陈俊光坐镇指挥，加强调度，跨区调动省森林消防机动队支援扑救行动，并分别派出陈亚广和副巡视员苏荣春率领赴火场工作组和灭火专家组，赶赴山火现场协助和指导扑救森林火灾。在各级党政高度重视下，各级森林防火指挥部精心组织，科学调度指挥，森林消防专业队伍发挥主力军作用，科学、安全、有效地扑灭了这3起较大森林火灾。

## 【林业有害生物防治措施】

### 1. 加强组织领导，明确防治责任

●充分发挥各级政府和部门防控重大疫情作用

5月21日，省政府办公厅发出《关于加强薇甘菊防治工作的通知》。8月21日，省政府召开全省松材线虫病防治工作会议，与各地级市政府签订《2009－2010年松材线虫病防治目标责任书》，明确各市防治目标和责任，推动全省林业有害生物防治工作。各级党委、政府高度重视，将松材线虫病和薇甘菊防治纳入重要议事日程。省林业局认真贯彻全国松材线虫病防治工

作会议精神和省领导批示精神，积极发挥市、县政府在重大植物疫病防治中的主导作用，落实政府目标管理责任制，统筹协调防治工作，主持举办省直有关部门和单位负责人参加的松材线虫病防治联席会议，联合省农业厅、水利厅、建设厅、交通厅和广州铁路集团在增城、东莞和深圳等地举办薇甘菊除治现场检查活动，并设立松材线虫病和薇甘菊防治工作联系人制度，加强对防控工作各个环节的监督和检查，积极推进松材线虫病、薇甘菊防治。

●组织重大有害生物治理的规划编制

省林业局组织编制《广东省薇甘菊防治总体规划（2009—2011 年）》和《广东省松材线虫病防治总体规划（2009—2030 年）》，明确规划期内松材线虫病和薇甘菊防治目标、措施和计划。市、县林业主管部门结合本地实际，制定松材线虫病防治分阶段实施规划和薇甘菊除治实施方案。

●强化林业有害生物防治目标责任制

省林业局向市县下达 2009 年松材线虫病、薇甘菊、椰心叶甲、刺桐姬小蜂等主要有害生物防治任务。各地将森防目标管理指标纳入当地政府森林资源保护和发展目标责任书。全省林业有害生物成灾率、无公害防治率、测报准确率和种苗产地检疫率均达到国家林业局下达的管理目标指标。组织各地林业部门开展林业有害生物防治监测、检疫、防治工作质量和效率绩效考核。4 月，省林业局通报市县 2008 年度林业有害生物防治工作检查考核结果。

### 2. 加强监测预报工作，提高灾害测报水平

●全面加强病虫情监测调查，开展发生趋势预测

省林业局布置下达林业有害生物应施监测面积任务，进一步落实《林业有害生物监测预报工作方案》，完善松材线虫病等主要林业有害生物调查监测方法。增加监测网点密度、监测强度及预报频次，开展全面调查和组织专项调查，及时掌握主要害虫虫情和发生动态。应用林业有害生物发生趋势预测模型，向当地政府、林木经营者发布短期生产性预警信息，开展中、长期发生趋势预报。省、市、县森防检疫站不定期刊发本辖区林业有害生物发生情况简报，及时发出通报和上报有害生物发生与防治信息，指导各地开展防治。

●大力推广应用监测预报新技术

省森防检疫总站开展林业有害生物监测、预报管理系统研究，大力推广应用昆虫性信息素监测技术、灯诱技术，在全省 27 个县（市、区）布设智能型虫情测报灯和使用手持 PDA 技术。开展重点林分新害虫种类本底调查，摸索桉树尺蠖发生期预测。在珠海、湛江等地开展刺桐姬小蜂疫情动态、防治检疫措施等研究。在罗定、德庆等 8 县（市）推广应用松毛虫性信息素监测松毛虫发生期和预测发生量，为准确预测虫情提供可靠依据。

●规范国家级中心测报点管理

省森防检疫总站加强全省 43 个国家级中心测报点管理和人员培训，国家级中心测报点运行规范有序，较全面掌握虫情动态。对月内发生危险性和突发性林业有害生物事件实行“零报告”制度，按时向国家林业局测报中心直报信息。全年上报虫情动态 89 份（次），较好地提供了测报基础数据。

### 3. 加强检疫管理，严密防范有害生物入侵与扩散

●强化林业植物检疫管理

各地林业主管部门强化危险性林业有害生物源头检疫，认真落实林木种苗繁育单位和生产、

经营、使用松木及其制品单位（个人）登记制度，将经营单位（企业）登记造册、备案。各地森防检疫机构全面落实计算机签发《植物检疫证书》、网络传送检疫信息制度，严格凭《产地检疫合格证》签发《植物检疫证书》，对无《产地检疫合格证》货物实施现场抽检，凭现场检疫合格证明签发《植物检疫证书》。同时，参加并完成国家网络版检疫信息管理软件设计测试、软件的总体框架和流程设计及运行测试。

●强化进口林木种子苗木检疫审批和监管

省林业局严格执行进口植物隔离试种规定，建立引种企业引种台账制度，将进口植物名称、数量、时间，进口国家名称及国内销售情况登记造册。对可能携带危险性有害生物的进口植物按隔离试种规定进行封闭观察。由省森防检疫总站发出委托监管通知书，所在地县级检疫机构实施监管，做到每批次进口植物均进行隔离试种。

●强化松材线虫病疫木管理

省林业局加强松材线虫病疫区松木采伐和疫木安全利用监管，严格松材线虫病发生区内松林采伐（含皆伐和择伐）审批。各地森防检疫机构强化松林采伐过程监管，大力推行疫木就地切片，扩大疫木安全利用渠道，做到每批采伐松木的采伐审批、除害处理、流向都有记录档案。疫木安全利用企业采取限期处理疫木和严格检验措施，建立木材进出台账，完善报检、承诺、台账等检疫监管长效机制，严防重大疫情扩散蔓延。

●强化检疫执法

各级森防检疫部门联合森林公安、林政等部门开展专项检疫执法行动，加强对木材加工、经营企业的监管和使用单位的检疫检查，对疫木经营加工企业进行查处，打击违法、违规调运应施检疫物品行为。年内全省实施疫木检疫检查专项活动共计407次，出动2096人次，查获违规事件23宗，处理违规人员20人，查获疫木50立方米。全省调运检疫和复检截获疫情1批次，除害处理1批次，查处违章案件40批次。

**4. 加大除治力度，控制重大病虫灾情**

●综合控制松材线虫病疫情

4月29日，省林业局发出《关于下达2009年度松材线虫病除治任务的通知》，部署2009年度各地松材线虫病预防和除治工作。设立疫情监测普查组，加强疫情监测普查，全省实施监测普查面积251.01万公顷，发现枯死树24.98万株。采取清理病死树、挂放诱捕器、设置诱木、打孔注药等综合治理措施，全省实施防治作业面积9.04万公顷次，大部分疫情发生县（市、区）病死树率控制在万分之三以下。结合林分改造工程项目和沿海防护林建设项目等造林绿化重点工程，实施疫区松林更新改造，加快压缩疫区发生面积。广州市花都区、从化市，韶关市武江区，梅州市梅江区、梅县以及省直属龙眼洞林场实行除治工程年度绩效承包制，常年对辖区内松材线虫病实行全面治理。

●加大重要外来有害生物除治力度

省林业局下达2009年松突圆蚧、薇甘菊、椰心叶甲和刺桐姬小蜂防治任务。各地积极贯彻落实省政府办公厅《关于加强薇甘菊防治工作的通知》和省领导指示精神，按照“条块结合、以块为主、属地负责、统筹实施”原则，联合农业、水利、建设、交通、铁路等部门，在薇甘菊发生区组织开展大规模薇甘菊除治工作，实施防治作业面积2.24万公顷。进一步推广应用本土寄生蜂防治松突圆蚧，在信宜等10县（市、区）应用本土寄生蜂防治松突圆蚧3.22万公顷。各地采取统一防治措施，推广先进适用的防治方法，开展椰心叶甲、刺桐姬小蜂等检疫性虫害防治，在广州、珠海等市的22个县级行政区实施防治椰心叶甲71.0万株（棕榈科植物）；在深圳等市的19个县级行政区实施防治刺桐姬小蜂5.24万株（刺桐属植物）。梅州、清远、韶关等市实施防治萧氏松茎象3413.3公顷。

●大力控制食叶性害虫灾情

各地采取预防和无公害防治措施控制马尾松毛虫、竹蝗、尺蠖等食叶性害虫危害，食叶性害虫成灾面积控制在较小范围。全省完成马尾松毛虫防治作业面积3.61万公顷次、竹林害虫防治作业面积1.46万公顷次、尺蠖等阔叶树害虫防治作业面积4.09万公顷次。

●积极推行防治社会化服务机制

为适应集体林权制度改革需要，各地积极推行和完善由专业公司、专业施工队承包防治工程的机制，实行防治工程公开招投标。广州市萝岗区建立政府、林业部门、承包公司责、权、利明晰的松材线虫病承包治理模式，工程质量实行项目法人负责、施工单位保证、监理控制、政府部门监督相结合的管理体系，进一步探索重大林业有害生物灾害防治工程项目社会化服务机制。

### 5. 积极应对灾害突发事件，加强灾害应急管理

●对新入侵的桉树枝瘿姬小蜂采取紧急扑杀措施

省林业局落实国家林业局《警惕外来有害生物——桉树枝瘿姬小蜂》警示通报精神，迅速组织各地林业部门开展桉树枝瘿姬小蜂疫情监测、检疫和防控工作，并将桉树枝瘿姬小蜂列为补充检疫性有害生物；组织华南农业大学、广东省林科院和广东南海绿宝生化技术研究所等单位开展应急防治技术方法研究和试验，筛选出高效复配药剂进行林间扩大试验，达到可以推广应用阶段。

●做好应急防控物资调拨和储备

省林业局通过政府采购，集中购置白僵菌粉60吨、病毒制剂4万亩用量、灭幼脲增效粉剂2吨、苏阿维粉剂2吨、苯氧威乳油1.5吨、烟碱苦参碱乳油1.5吨、虫线清乳油3吨、灭虫药包1000个、森草净1吨、灭薇净2吨等药剂和烟雾机30台、喷雾喷粉机40台、便携式布撒器10台、车载式布撒器2台，根据各地应急防治需求调拨市县使用，提高林业有害生物灾情防控主动性和有效性。

### 6. 大力推进基础设施建设，提高防治控灾能力

在省森防检疫总站、21个地级以上市森防站及110个县级森防站内，全面实施国家林业局批复的预防体系和重点区域防控体系基础设施建设项目，进一步加大全省林业有害生物监测预警系统、检疫检验和除害处理系统、应急防控系统和信息传输处理系统等基础设施设备建设水平，提升全省林业有害生物防控能力。

### 7. 加强防治项目管理，提高防治专项资金使用绩效

●加强和规范防治项目管理

省森防检疫总站建立省级专项资金项目申报、项目管理和绩效评价工作制度，从项目申报、资金安排、方案审批、项目实施、总结验收到绩效评价实施全过程管理。认真做好市县申报项目评审工作，严格审核项目实施方案，指导各地认真按批准的方案实施，加强防治质量和效率监督管理。

●开展专项资金使用绩效评价

选用林业有害生物成灾率、监测覆盖率、防治率、无公害防治率、测报准确率和种苗产地检疫率等6个指标评价省级林业有害生物防治专项资金绩效。8月，省财政厅和省林业局对2007年度中央和省级林业有害生物防治专项资金使用绩效进行抽查。结果表明，各项目实施单位较好地完成了项目绩效指标。

### 8. 大力开展新技术培训和推广应用

●组织开展多种形式培训

年内全省各地共举办森防检疫培训班69期，培训人员3831人。省森防检疫总站在梅州市丰顺县、清远市英德市、河源市紫金县、惠州市惠东县、湛江市廉江市、揭阳市揭西县举办国家级中心测报点技术骨干技术骨干培训班，共培训412人；组织部分市、县共60人参加中国林业经济学会举办的林业有害生物防治技术培训班。珠海、汕头、佛山、河源、梅州、惠州、江门、阳江、茂名、潮州等10市分别举办森林病虫害测报、防治、检疫技术培训班，培训技术骨干613人。有42个县（市、区）举办乡村森防员培训班，共计举办47期，培训乡村森防员2806人。

●研究和推广应用新技术

省森防检疫总站组织开展刺桐姬小蜂、薇甘菊、桉树枝瘿姬小蜂防控技术开发与应用，推广本土寄生蜂防治松突圆蚧和森林健康示范林等技术项目，建立松材线虫病、萧氏松茎象、椰心叶甲、刺桐姬小蜂、桉树枝瘿姬小蜂防治示范点，推广先进实用新技术、新方法、新药械和无公害防治技术。

### 9. 开展专项宣传活动，营造森防检疫工作社会氛围

●组织开展“防灾减灾日”和“森防宣传月”宣传活动

省森防检疫总站贯彻省减灾委《转发国家减灾委员会关于做好“防灾减灾日”有关工作的通知》精神，制定“防灾减灾日”和“森防宣传月”活动实施方案，在重点市、县派发林业有害生物法律法规和防控知识宣传手册，展示检疫性有害生物防控大型图片，在广东电视台播发公益宣传广告，组织森防法律法规知识竞赛等系列活动，进一步增强社会各界对林业有害生物防治工作的关注和重视程度。

●抓好舆论导向，推动森防检疫工作

各地林业部门注重做好宣传，积极争取广大群众对森防检疫工作的理解和支持。各地通过电视、广播、报刊等新闻媒体刊播有关资料、制作DVD宣传片、印发和张贴宣传资料、在防治区显著位置张贴宣传标语、上门派发防治小册子和资料等多种形式，广泛宣传松材线虫病、松突圆蚧、薇甘菊、椰心叶甲、刺桐姬小蜂的危害性、除治必要性和除治措施方法，提高各界人士防范意识，营造良好防治氛围。广州、深圳、珠海、惠州、江门、潮州、增城、蕉岭、惠阳、封开等市（县、区）新闻媒体积极配合重大林业有害生物除治行动，并进行跟踪报道。

# 广东省水利厅

## 【水土保持措施】

### 1. 开展面上水土流失治理

2009年广东省共治理水土流失面积454平方公里，其中建设基本农田23平方公里，种植水保林47平方公里，种植经济林53平方公里，种草27平方公里，封育治理285平方公里，其他措施治理19平方公里，建造塘、坝、池等小型水保工程434座，当年竣工小流域26条，共投入经费20826万元。经治理，共减少土壤流失量3165万吨，增加降水有效利用量6158万立方米，受益人口达618万人。

### 2. 推动小流域综合治理工作

广东省是水、旱、风灾害和地质灾害频发省份，随着城市防洪减灾工程实施，大江大河防洪减灾能力逐步提高。但由于投入不足等原因，位于大江大河上游的山区中小河流普遍存在河岸坍塌、水土流失、河道淤积和山洪地质灾害等问题，每年洪灾造成的人员伤亡和财产损失中，中小河流域地区约占八成。对此，省委、省政府高度重视，省水利厅决定将小流域综合治理作为今后一段时期全省水利工作的重要内容，力争在十年时间内，将全省近千条小流域治理好，并确定以规划为抓手，以试点作带动，以政府领导、行业协作、群众参与为保障，逐步推动小流域综合治理全面开展的工作思路。2009年通过重点开展三方面工作，使全省小流域综合治理取得重要进展：一是继续抓好小流域综合治理省级试点工作，推动市级试点工作；二是全力推进全省小流域综合治理规划编制；三是推进小流域综合治理省级补助资金竞争性分配工作。

### 3. 加强水土流失预防监督工作

2009年省水利厅共组织审批开发建设项目水土保持方案223宗，另由水利部组织审查审批项目16宗，共核定水土流失防治责任范围320平方公里，水土保持总投资37亿元。

全年有7宗工程通过省水利厅组织的水土保持设施专项验收，另有6宗工程通过水利部组织的水土保持设施专项验收。

# 广东省卫生厅

## 【救灾防病工作】

据不完全统计，2009 年受热带气旋、暴雨洪涝等自然灾害影响，广东省卫生系统倒塌房屋 80 多间，计 1500 平方米；造成危房 123 间，计 2400 平方米；损坏药械 348 万元，共计直接损失 773.8 万元。全省卫生系统完善救灾防病措施，确保灾害影响降到最低限度。

**1. 领导重视，及早部署**

根据 2008 年省卫生厅与省气象局签订的《应对气象条件引发公共卫生安全问题合作协议》，省气象局及时通报相关灾害天气信息，卫生系统尽早部署防范应对措施，有针对性地做好汛期救灾防病准备。6 月 18 日，省卫生厅转发《卫生部办公厅关于做好自然灾害卫生应急工作的紧急通知》，要求各地、各单位高度重视做好汛期洪涝灾害的卫生应对准备，切实加强领导，认真落实工作部署，合理调配人员，做好相关工作安排，确保组织、人员、物资、措施到位。

**2. 完善预案，应对有序**

2009 年省卫生厅组织专家修订、完善《洪涝灾害卫生应急工作指引》、《低温冷冻天气卫生应急预案》等一系列指引文件，规范卫生系统突发事件应急处置程序。

**3. 组派队伍，加强指导**

全省共出动医疗防疫队伍 30 多支，医疗卫生工作人员 300 多人次，发放消杀药械价值 20 多万元，治疗病人 100 多人次，环境消毒面积达 6 万平方米，发放防病宣传资料 1 万多份。

**4. 加强储备，强化应对**

省级储备价值 300 多万元的消杀药械等物资，各地按照卫生应急物资储备目录，根据实际需要储备有一定数量的应急物资。省级物资储备库向各地调拨部分消杀器械，充实当地卫生应急储备，用于洪涝灾害应对处置。

年内全省卫生系统积极参与安全生产事故医疗救援，组织队伍第一时间赶赴事故现场救护伤病员。据不完全统计，全省卫生系统参与各种安全生产事故救援 8026 起，出动医疗救援人员 48274 人次，出动救援车辆 13647 次，共救援安全生产事故伤员 40997 人次。

## 【甲型 H1N1 流感防控及救治】

甲型 H1N1 流感疫情发生后，省委、省政府高度重视防治工作。中共中央政治局委员、省委书记汪洋，省长黄华华，副省长雷于蓝多次批示，省政府多次召开防治工作会议。按照省委、省政府部署，省卫生厅迅速制订应对甲型H1N1流感大流行的防控措施和医疗救治方案，果断采取有效防治措施，及时调整防控策略，使疫情得到有效控制，受到国务院和卫生部充分肯定。

1．及时建立联防联控工作机制

根据省政府部署，由省卫生厅牵头，建立有32个部门参与的联防联控工作机制，成立9个工作组和临床、防控、病原学3个专家组。充分发挥联防联控工作机制牵头作用，各部门协调、顺畅、有效开展防控工作。加强与港澳及相关省市交流与合作，第一时间向港澳和相关省市通报病例信息。组织临床、防控专家与香港、澳门专家进行技术交流。

2．切实做好监测和重症救治工作

省政府安排资金加强抗病毒药物等物资储备，装备全省各级相关实验室，加强监测工作。加大投入补助经济欠发达地区救护车、儿童呼吸机等设备。按梯队组建省市两级甲型H1N1流感医疗队，落实预检分诊制度，合理分流病人，分类救治甲型H1N1流感患者。重点加强重症救治工作，成立专门救治专家小组，及时组织专家会诊，对每一例重症病例均制定针对性综合治疗方案，尽可能减少死亡病例发生。至12月31日，全省共确诊甲型H1N1流感病例9896例，重症及危重症483例，死亡35例。

3．有序推进疫苗接种工作

制订甲型H1N1流感疫苗接种工作方案，明确疫苗分配、接种时间和优先人群。切实做好关键岗位公共服务和中小学生等重点人群甲型H1N1流感疫苗接种工作，加强不良反应监测。至12月31日，全省累计在重点人群接种268万多人。

4．防控策略调整及时、科学高效

在防控初期，坚持外堵输入、内防扩散等重点环节防控工作。随着疫情发展，及时将防控重点调整为“强化预防措施，严控社区传播，加强重症救治，减少疫情危害”。加强学校、托幼机构、医院等重点场所、重点人群防控，全省各地认真落实8月7日由广东省卫生厅、广东省教育厅联合下发的《广东省学校及托幼机构2009学年甲型H1N1流感防控工作指引》有关措施，及时高效处置学校聚集性病例，适时采取科学有度的学校停课措施，保证防控工作开展，维护学校教学秩序。

5．做好普及知识，坚持透明防控

印发《广东省流感大流行防控应急预案》、出版《甲型H1N1流感防控手册》，印发甲型H1N1流感宣传材料30万份。组织专家答疑解惑，广泛宣传防控知识，第一时间向社会公布防治工作状况，提高群众自我防护意识，形成良好舆论氛围，维护社会稳定。同时，积极做好重大活动保障工作，制定重大活动防控甲型H1N1流感预案，确保广交会、国庆酒会、国际客家大会、省长国际咨询会、国际潮团联谊年会等重大活动顺利举办。

加强手足口病监测和医疗救治。结合广东实际，制定医疗救治临床指引，充分发挥专家组作用，重点加强重症救治，做到早发现、早诊断、早干预、早治疗，切实提高抢救成功率，降低病死率。至12月31日，全省报告手足口病92760例，重症306例，死亡23例，病死率

0.25‰，重症抢救成功率92.5%，医疗救治水平较2008年明显提高。

## 【支援汶川灾后卫生重建工作】

### 1. 支援四川汶川医疗卫生服务体系恢复重建

根据省委、省政府指示，支援汶川县重建以县医院为龙头、乡镇卫生院和村卫生室为基础的农村医疗卫生服务网络，重建公共卫生服务机构设施，以构建安全和适度超前的汶川医疗卫生服务网络。参照《医疗卫生机构建设和装备标准》，医疗卫生机构重建适度超前，统筹城乡发展、服务能力及服务人口等综合因素，统一卫生机构建设及装备标准，整合卫生及计生服务资源，统筹建设乡镇卫生院与乡镇计划生育服务机构，实现公共卫生资源服务均衡化。

至2009年底，广东对口援建汶川县医疗卫生、计生服务机构18个，建设总规模为60094平方米，总床位数462床，总投资26914万元，其中医疗设备装备6034万元，总建筑面积比震前20所医疗卫生机构总计扩大19552平方米，病床增加134张，另增配一批先进医疗设备。援建项目包括：5个县级医疗卫生机构，1个县级计生服务中心，3所中心卫生院，8所一般乡镇卫生院及106所村卫生站。除映秀中心卫生院未竣工及县中医院、计生服务中心由汶川县负责建设外，其他所有医疗卫生项目均已竣工交付使用。其中，县人民医院为阿坝州最先进的综合医院，按二级甲等综合医院标准建设，建设规模为200床，设有5个洁净手术室，配置16排CT、DR、800毫安X光机、彩色B超、高压氧舱等医疗设施设备及医疗信息系统。

### 2. 继续做好全方位卫生对口技术帮扶工作

继续按“一地级以上市支援一乡镇”原则，从厅直属有关单位和13个地级以上市向汶川地区组派对口支援医疗卫生人员，在当地卫生行政部门统筹和统一指挥下，参与当地医疗救治、卫生防疫、卫生监督等业务，协助汶川卫生机构开展业务指导和技术培训，提高当地医疗卫生服务水平。全年累计派出医疗卫生人员290人次，为村民体检2500多人次，培训乡村医生80多人次，在岗培训县乡医疗机构卫生技术人员135人次。通过恢复重建和技术支援，汶川县医疗卫生服务条件和能力超过灾前水平。

# 广东省海上搜寻救助中心

## 【海上救助措施】

### 1．海上人命救助

2009年省海上搜救中心共接报有关海上安全事件486宗，其中海难事故287宗。协调组织内地参救船舶1060艘次（其中专业救助船舶102艘次，公务船舶300艘次，军队、公安边防船艇31艘次，其他船舶627艘次）、直升机24架次；协调利用香港救援船舶12艘次、直升机14架次、固定翼飞机14架次；协调利用台湾船舶4艘次；协调澳门救援船舶5艘次；协调外籍船舶1艘次。救起遇险生还者1838人，其中内地1249人，香港、澳门、台湾地区536人，外国籍1人。

3月1~21日，省海上搜救中心组织15名海上搜救协调员赴日本参加海上防热带气旋应急管理培训。

7月9日，省海上搜救中心与南海舰队联合举行珠江口军地海上联合搜救演习。

8月12日，根据粤港、粤澳应急管理联动机制专责小组第一次会议精神，组建以海上搜救中心为粤方组长单位，以省政府应急办、省海洋与渔业局、省公安边防总队、南海救助局、广东海事局、民航中南管理局为成员单位的粤港、粤澳共同应对区域突发事件专题工作小组。9月25日和10月23日，分别在广州、澳门召开粤港、粤澳共同应对区域突发事件专题工作小组第一次会议，共同研究对策，探讨开展应对区域突发事件的新合作计划，提高应对突发事件水平。

12月10~12日，省海上搜救中心组织湛江、中山、惠州、汕头等海上搜救分中心，省渔政总队和广东海事局等单位有关人员赴海南省海口市，参加华南四省（区）海上搜救联席会议，加强与福建、海南、广西等周边省（区）搜救机构的交流与合作。

完成国际海事组织自愿审核机制审查准备。为迎接11月国际海事组织对中国海上搜救工作的审核，省海上搜救中心组织广东海事局和深圳海事局共同成立迎审工作小组。迎审工作小组主要开展以下几项工作：一是根据应对国际海事组织自愿审核机制迎检方案的要求起草迎审文件；二是整理近3年搜救档案；三是整理一批典型搜救案例；四是与广东省航行港澳的高速客船签订《客船与搜救中心合作计划》；五是统计辖区内搜救力量资料；六是配齐值班室必要的文具和图书资料；七是做好搜救协调员培训及发证工作。

### 2．协调海上船舶、港口防抗热带气旋

4月10日，省海上搜救中心印发《关于做好2009年我省海上船舶海港防热带气旋工作的通知》，要求各海上监管单位、船舶单位和沿海各市（县）政府有关部门做好2009年防抗热带气旋工作，把防抗措施落到实处。同日，省海上搜救中心发出《关于印发2009年我省有关单位海

上防热带气旋指挥机构情况的通知》。

4月15~16日，省海上搜救中心在江门市召开2009年广东省海上船舶海港防热带气旋工作会议，总结2008年防热带气旋工作经验，提出2009年防热带气旋工作要求。

全力做好遇险人员救援工作。在热带气旋影响海域期间，省海上搜救中心共接获9艘船舶遇险事件报告，遇险人员共65人，3艘遇险船舶沉没。因措施得当，救助及时，遇险的65人全部成功获救。

### 3. 海上搜救合作与交流

2009年省海上搜救中心与香港地区搜救合作76次，与澳门地区搜救合作7次，与台湾地区搜救合作1次，与广西、海南、福建三省（区）搜救合作共38次。

5月20~21日，由香港特区政府保安局助理秘书长陈兆君带领的特区政府访问团一行10人访问省海上搜救中心，双方就进一步加强海上搜救合作相关问题进行探讨。

8月19日，澳门特区政府港务局、海关和民航局组成的工作访问团一行8人访问省海上搜救中心。双方就加强海上搜救合作、与往来粤澳之间的客船签订《客船与搜救中心合作计划》及粤澳海上搜救合作协议框架等问题进行深入探讨。

# 中国人民解放军广东省军区

## 【防灾减灾工作】

### 1. 抗洪救灾

2009年入汛以后，广东省先后遭遇“莲花”、“浪卡”、“莫拉菲”、“巨爵”等热带气旋袭击，造成严重洪涝灾害。灾情发生后，省军区部队和民兵预备役官兵紧急动员，按照总政治部、广州军区和省委、省政府统一部署，积极投入抗洪抢险。省军区司令员辛荣国、政委蔡多文等各级领导精心组织，靠前指挥，各有关单位密切配合，协调作战，发扬不怕苦累、连续作战、英勇顽强的战斗作风，全力协助地方抢险救灾，最大限度地减少群众生命财产损失，为取得抗洪抢险阶段性胜利作出了突出贡献。

●完善救灾预案

省军区结合上级指示和实际，进一步修订完善《驻粤部队支援北江大堤抗洪抢险方案》和《驻粤部队支援西江景丰联围抗洪抢险方案》。6月，省军区在佛山市三水区牵头组织召开驻粤部队支援北江大堤和西江景丰联围抗洪抢险工作会议，传达北江大堤防汛工作会议主要精神，部署抗洪抢险任务。担负支援北江大堤和西江景丰联围抗洪抢险任务的陆海空军和武警的20个团以上单位，省三防总指挥部、省公安厅交管局、省北江流域管理局、景丰联围管理局等负责人参加会议。会后，各单位分组进行现地勘察，明确任务，熟悉方案。省军区在完善救灾方案同时，及时向所属单位调拨下发救生衣、锹镐等物资，协调省政府有关部门为民兵轻舟机动大队配备冲锋舟等器材，确保遇有险情能立即出动，圆满完成任务。

●抓好专业训练

为应对频繁的洪涝灾害，全面提高民兵轻舟机动队伍遂行抢险救灾任务能力，5月24～27日，省军区会同省防总在佛山南海。组织近三年在粤中、粤东、粤西、粤北、粤东北地区组建的省属5支民兵轻舟机动大队的85名专业骨干进行专业技能竞赛和综合演练。此次竞赛和综合演练按照突出专业技能的应用性和实战性原则，在下着暴雨、近似实战的恶劣气候条件下，进行冲锋舟安装与操作、翘机航行、蛇形航行、360度旋转和解救落水群众等5个课目的竞赛和表演，全面锻炼和提高5支队伍的专业技能和实战水平，达到以赛促训、以赛促全面建设的目的。在省军区协调下，6月中旬，驻粤部队陆、海、空三军200多名指战员奔赴北江大堤以及西江景丰联围演练抗洪抢险，提高部队救灾抗洪实战应急能力。

●奋勇抢险救灾

5月下旬至10月中旬，粤西、粤北和珠三角部分地区因暴雨洪涝和热带气旋受灾严重。灾情发生后，省军区迅速启动救灾预案，加强与省三防、气象、水文等部门联系，及时掌握汛（灾）情动态，有针对性地采取安全防范措施。梅州、江门、阳江、茂名、湛江、佛山、清远、河源、潮州、揭阳、肇庆、云浮等军分区（警备区）和驻粤部队各级领导率先垂范，身先士卒，既当指挥员又当战斗员，自始至终指挥在一线，抢险在一线；部队和民兵预备役人员坚决贯彻执行上级指示，全力以赴投入抗灾救灾，谱写我军听党指挥、服务人民、英勇善战新篇章。6月14日和22日，梅州平远县连续两次发生百年一遇特大洪灾，造成9万多人受灾。平远县人武部组织民兵应急分队、协调驻区部队迅速出动，连续作战，安全转移受困群众300多户，解救受困师生近千人，抢救转移物资价值数十万元，发挥了突击队和生力军作用。9月15～16日，受台风“巨爵”影响，阳江5县、40镇、98.8万人和茂名6县、84镇、14.8万人受灾，江门台山、恩平灾害损失近4亿元。阳江军分区司令员王瑞海、政委雷正金，茂名军分区政委熊高华，江门军分区司令员张桐柏、政委谢迎春，云浮军分区司令员赵学良、政委谢社光等军政主官率民兵应急分队到一线抢险抗洪。省军区全年共协调驻粤部队官兵、组织民兵预备役人员9万多人次参加抢险救灾，出动车辆6000多台次、舟艇2000多艘次，调拨救生衣1500多件，抢救遇险群众近3万人，转移受灾群众23万人，抢运救灾物资500多吨，围堵管涌50多处，加固堤坝2千米。

●协助生产自救

灾害发生后，省军区各级所属干部职工、驻地部队和民兵预备役人员全力协助地方救灾复产。在协助地方灾后生产自救中，省军区先后出动部队和民兵预备役官兵1万多人次、车辆2000多台次，修整水毁场地30多万平方米、道路200多千米，修补塌方2000多处，清理垃圾17万多吨，清扫街道800多千米，收割水稻5000多亩，搭建简易民房2500多间。省军区各级向灾区人民捐款数十万元、捐物1万多件（套），支援群众灾后恢复生产生活，再现军民鱼水情动人场面。

### 2. 扑救山火

2009年省军区各级先后协调组织部队和民兵预备役人员1万多人次，参加扑救森林火灾50多起，圆满完成救火任务。

●珠海警备区组织民兵扑灭山火

1月30日下午4时35分，珠海市香洲区南屏镇将军山突发山火，火势借风力迅速蔓延，火线最大时段绵延数千米。珠海警备区接到地方求助电话后，迅速组织香洲区民兵应急分队200人全力扑救，将明火扑灭。31日下午，山火死灰复燃。珠海警备区迅速组织金湾区、珠海高新区、横琴经济开发区民兵850多人前往增援，但火势猛烈，难以控制。2月1日5时，珠海警备区副司令员张文裕带领122名现役官兵协助灭火救灾。在军地共同努力下，2月2日11时30分，山火全部被扑灭。此次火灾过火面积达2500亩，无人员伤亡。

●清远英德市人武部组织协调军民扑灭山火

11月2日上午9时40分，清远英德市北部的清远国营长江坝林场因高压电线短路引发火灾。省、市和英德各级部门和驻区部队高度重视，英德市人武部组织驻区部队、协调应急分队民兵800多人前往扑火。由于当日正值冷空气南下，风大火猛，加上林场海拔较高、地形复杂，给扑火带来很大困难。至4日下午，火情基本得到控制。此次火灾过火面积3000多亩，无人员伤亡。

●肇庆高要市人武部组织民兵扑灭山火

11月10日下午2时，肇庆高要市蚬岗镇的广肇高速北面江肇高速公路G11工程段西边发生山火。高要市人武部迅即抽调200多名民兵前往扑救。至次日凌晨2时，山火得到控制。此次火灾过火面积超过百亩，无人员伤亡。

●广州警备区协助地方做好白云山重阳节防火工作

10月26日是一年一度的“重阳节”。为协助广州市做好白云山防火工作，确保登高群众安全，根据广州市政府要求，广州警备区成立白云山防火指挥部，组织250名民兵携带灭火工具，于25日14时前进驻白云山各执勤点。警备区司令员颜小明带队组织，各执勤点任务明确，人员、器材落实。至26日7时30分，登山群众达30万人，整个活动安全过程稳定，群众登山秩序井然，没有出现森林火情。广州警备区执勤民兵于27日14时撤回。

### 3. 抗击低温冰冻灾害演练

1月22日上午，在省防总指挥中心和韶关乳源县举行全省防御低温冰冻灾害综合演练，省防总成员单位及电力、交通、公安、水利、民政、民兵等专业抢险分队共256人参加演练。省军区组织韶关军分区乳源县民兵应急连、乐昌民兵应急连共50人参加除冰保交通和运送分发救援物资2个科目演练。参演的韶关乳源民兵应急连组织严密，动作到位，士气高昂，作风严明，表现出较高素质和良好精神面貌，受到地方党委、政府高度评价。

# 中国人民武装警察部队广东省总队

## 【防灾减灾工作】

### 1. 参加灭火战斗

1月10日上午8时，河源市源城县埔前镇突发森林火灾，风助火势，顷刻吞噬山林300多亩，并顺势向国家四A级风景区桂山风景区蔓延，情况十分紧急。火灾发生后，省武警总队河源市支队视灾情为命令，立即派出100多名官兵投入灭火战斗。经过6个多小时连续奋战，扑灭山火100多处，在桂山风景区一线筑起一条长1000多米、宽8米的隔离带，控制了火势，最大限度减少了损失。

1月12日15时30分，肇庆市鼎湖区沙浦镇发生特大山火。省武警总队肇庆市支队接到肇庆市森林防火办公室请求支援的电话后，立即启动应急预案，派出130多名官兵参加灭火战斗。参战官兵根据风向、地势和火情，采取“拦头截尾，全线控制”战法，通过“控”、“割”、“灭”、“扫”等扑救方法，连续奋战48小时，扑灭明火8处，清理火线300多米，开辟防火隔离带2500多米，扑灭了山火。

1月30日18时40分，珠海市南屏水库将军山突发山火，火线延绵4千米，火舌最高处达20多米，严重危及湾仔蛇底坑水库旁大量居民的生命财产安全。根据珠海市政府命令，省武警总队珠海市支队紧急抽调350多名官兵投入灭火战斗。参战官兵分成开路、投弹、灭火、清理、隔离等5个组，连续奋战72小时，扑灭了山火。

### 2. 抗洪救灾

6月14~22日，梅州市出现强降雨天气，平远县城受浸被淹，群众被洪水围困，部分房屋倒塌，道路塌方，通信中断，交通严重受阻，灾情严重。省武警总队梅州市支队视灾情为命令，积极组织部队配合当地党委、政府和有关部门抗洪抢险。期间，共派出官兵170名、车辆20多台次、冲锋舟9艘，解救被洪水围困群众1100多人，抢救伤员30多人，挖掘出遇难群众尸体1具，抢修道路7千米，搬运沙包1200多个，抢运重要物资4.5吨，圆满完成抢险救灾任务，受到地方党委政府和群众高度赞扬。

### 3. 交通事故抢险

3月1日凌晨5时28分，一辆由河南省南阳市镇平县开往东莞市的大客车，行至京珠高速公路乳源段，从高859米的竹川特大桥翻落桥底，40多名乘客生命危在旦夕。根据乳源县公安局命令，省武警总队韶关市支队乳源县中队立即派出16名官兵，仅用11分钟就赶到事发现场，并迅速展开抢救及输送转移受伤旅客、维护现场秩序、寻找失散人员和散落物品等救援工作。

官兵们先后救出受伤群众41名，找到遇难者尸体4具，清理现场散落的手机、皮包、饰物等贵重物品110多件，圆满完成救援任务。

#### 4. 民房倒塌抢险

8月24日18时30分，肇庆市怀集县连麦镇凤凰村一在建民房突然倒塌，14名施工人员被埋。省武警总队肇庆市支队立即派出30名官兵参加抢险战斗，经过5个多小时连续奋战，救出伤员12名，挖掘出遇难者尸体2具。

#### 5. 甲型H1N1流感防控

年内，部分地区出现甲型H1N1流感疫情蔓延，严重威胁部队官兵身体健康和生命安全。面对严峻防控形势，省武警总队认真贯彻上级指示要求，站在讲政治、讲大局高度，全力做好防控工作：一是制订落实防控方案，建立健全防控领导、部队防控和技术保障“三个体系”和医疗防疫、信息报知、支援地方疫情处置、专家指导“四支队伍”；二是采取网上专题辅导和印发《防护知识手册》等方法，广泛宣传防护知识；三是严格落实24小时值班、疫情分析、疫情“零”报告、沟通联系、工作讲评等制度，组织不定期督查，及时为官兵接种疫苗。通过采取一系列措施，实现“无扩散、无蔓延、无亡人”目标，取得防控工作重大胜利。

#### 6. 应急抢险训练和比武

为进一步提高官兵抗洪抢险救灾能力，5月省武警总队组织开展抗洪抢险救灾训练，通过以冲锋舟驾驶维护、利用冲锋舟实施救援、陆地模拟救援为重点内容的训练，培养官兵熟练掌握驾艇技能和复杂环境下驾艇救援能力，树立官兵居安思危的忧患意识和抢大险、救大灾的责任意识，为圆满完成抢险救灾任务奠定坚实基础。

4月25~29日，省武警总队组织各支队级单位选派的150名军事训练尖子在二支队开展比武活动。比武分干部、战士两个层次进行，设射击、攀越障碍、越野、攀登、战术、综合演练和指挥技能等7个科目，经激烈角逐，评出优胜单位3个，干部、战士“军事训练标兵”各10名，促进了过硬“处突”、反恐特战人才培养和部队整体训练水平提升。

# 广东省公安消防总队

## 【防火减灾措施】

2009年在全省各级党委、政府和公安机关正确领导下，全省公安消防部队以预防和遏制重特大火灾为目标，不断提升消防监督执法和灭火救援能力，圆满完成各项消防安全保卫任务，确保了全省火灾形势持续稳定。经过全省公安机关消防机构、各部门和社会单位共同努力，全省火灾起数、人员伤亡数均比2008年有较大幅度下降，开创了近17年火灾亡人最少、火灾形势最稳定局面，为顺利完成经济社会发展目标作出了贡献。

**1. 大力宣贯新《消防法》，稳步推进依法治火进程**

大力宣传贯彻第十一届全国人大常委会第五次会议修订的《中华人民共和国消防法》，将其纳入县级以上领导干部教育培训体系，并将广东省实施《中华人民共和国消防法》办法列入2010年立法修订计划。省人大将消防工作纳入年度监督检查内容，省政府与各地级以上市签订消防安全工作目标管理责任书，开展消防安全责任制考评。21个地级以上市成立消防安全委员会。省公安、文化、工商、安全监管部门明确“五项制度”（联席会议、联合执法、联合监管、信息通报和报告制度）和监管责任，共同整治公众聚集场所消防安全。省公安消防总队联合省建设厅明确加强新建、改建工程建筑施工消防安全21条措施。同时，扎实推进城乡公共消防设施建设，县级以上城市、重点镇（中心镇）消防规划编制率分别达到100%和90.5%，县级以上城市消火栓达标率达98%，8个地市建成消防远程监控系统，社区和农村消防工作“五个基本建设”（基本组织、基本制度、基本队伍、基本设施、基本教育）进一步落实，新建专职消防队31个，新增合同制消防员1219名，消防重点单位连续8年实现火灾“零死亡”。进一步落实“三分三定”（分部门、分区域、分重点，定人、定岗、定量）监管，完善监督执法制度，在全国率先开通“消防网上办事大厅”系统，为民服务水平稳步提升，16个支队实现消防执法“零投诉”。积极完善“一报一刊一栏一网一站一讯”（人民公安报、安全生产期刊、“聚焦119”电视栏目、广东消防网、开放消防站、消防移动资讯平台）六大宣传阵地，深入推进“四个专项整治”（公众聚集场所、高层和地下建筑、全省30个火灾隐患重点地区、“三小”场所整治），扎实开展“五个专项检查”（消防控制室、中小学校舍、社会福利机构、文物古建筑、灭火器维修单位专项检查），积极筹备2010年广州亚运会和2011年深圳世界大运会消防安保工作，出色完成国庆60周年消防安保任务。

**2. 积极整治火灾隐患，全面优化社会消防安全环境**

2009年全省公安消防部门充分发挥职能作用，全警动员，全力以赴，持续推进公众聚集场所易燃可燃装修材料、高层和地下建筑、全省30个火灾隐患重点地区消防安全专项整治，排查整改一大批火灾隐患，有效遏制了火灾事故多发势头。

省公安消防总队抽调全省25名消防监督业务骨干，协助汕头市开展为期100天的谷饶镇生产性场所集中整治，对3528家生产性场所逐家制订方案落实整改。30个重点地区共组织整治工作人员91万多人次，排查社会单位18万家，整改火灾隐患26万处，投入整治资金13.2亿元。经省消防联席会议成员单位联合验收合格，省政府专门通报予以摘牌。加强公众聚集场所易燃可燃装修材料专项整治，省、市、县四部门分别派出督导组和检查组分阶段检查验收公众聚集场所，省级督导组抽查1516家，占总数的10.6%；市级督导组抽查单位3107家，占总数的20.4%。全省共排查公共娱乐场所15054家，拆除易燃可燃装修装饰材料50万平方米，占全国的23.9%。公共娱乐场所实现火灾“零死亡”。此外，省公安消防总队还投入20万元，建立以高层和地下建筑、公众聚集场所和消防控制室为主要内容的“消防安全专项整治信息系统”。总队防火部和各支队共督导检查消防控制室2572个。全省排查高层建筑20174栋、地下建筑339栋、消防控制室单位7967家，排查中小学校16580所、社会福利机构973家，检查消防产品使用单位3603家、灭火器维修单位220家，查处消防产品违法案件19起。全省共发现整改火灾隐患44万余处，责令停产停业3409家，吊销证照、查封、取缔1221家，罚款3213.7万元，拘留717人，55个政府挂牌督办重大火灾隐患单位按期完成整改。

### 3. 全面打造南粤公安消防铁军，不断增强部队灭火救援攻坚能力

扎实推进灭火救援专业攻坚队伍建设，在全国首创“队组结合”攻坚力量组建模式，建立117支专业攻坚队和262个攻坚组，先后3次在公安部和部局相关会议上介绍经验。全面深化执勤岗位练兵和科技练兵，广泛开展“信息化警官”达标活动，建立健全全勤指挥体系，顺利完成重大危险源火灾风险及灾害评估信息录入，全面建立四级数字化应急预案体系，扎实开展“两个专项”整治灭火救援准备工作，大力加强“防消联勤”和实战演练，稳步推进省级灭火救援指挥中心建设，部队灭火救援实战能力显著增强。全年共接警出动3.4万起，解救遇险群众6236人，抢救保护财产价值89.7亿元。成功扑救和处置广州“2.20”富力盈泰广场高层建筑火灾和茂名“6.3”乙烯厂石油化工火灾，出色完成云浮“9.16”抗洪抢险任务。

消防工作成果得到上级领导充分肯定。公安部副部长刘金国指出：“广东是我国经济强省，工业化、城镇化进程最快，给消防工作带来诸多挑战。公安消防部门不失时机地抓消防现代化建设，整体工作有了长足进步，未发生群死群伤恶性火灾事故，非常不容易”。省委常委、政法委书记、省公安厅厅长梁伟发高度赞扬全省消防工作和队伍建设“措施得力，很有针对性”。

# 部分市防灾减灾工作

# 各市灾情

## 【潮州市】

### 1. 雨情、水情、风情

2009年潮州市气候特点是：汛期无汛，风季无风，雨季少雨，气温偏高，秋冬连旱。全年降雨总量偏少，且降雨时空分布不均匀，台风雨不明显。至12月底，全市平均累计降雨量1024毫米，比多年同期减少37%。其中1~5月雨量282.7毫米，比多年同期减少52%；8~10月194毫米，比多年同期减少60%。主要降雨时段集中在六七月，该时段雨量464毫米，占全年雨量45%。

由于降雨偏少，强度偏小，造成山塘水库蓄水严重不足。至12月底，全市山塘水库蓄水量1.2亿立方米，比多年同期减少59%，可用水量7760万立方米；96宗小型水库、127宗山塘干涸，其余小水库和山塘水位大多接近死水位。饶平县汤溪水库（大型）蓄水量7229万立方米，比2008年同期减少蓄水量9725万立方米。由于韩江上游汛期来水偏少，韩江年最高水位仅12.47米（4月7日），最大流量1600立方米/秒（6月23日），平时水位基本保持在12米左右，出现汛期无汛现象。

年内潮州气温偏高，蒸发量大，干旱发生持续时间长，影响范围广。在2008年冬旱状况下又发生春旱，秋旱也较严重，并向冬季延续，部分地区发生人畜饮水困难。

2009年潮州市防御的热带气旋主要有“莲花”、“莫拉克”、“浪卡”、“巨爵”和“莫拉菲”。上述热带气旋初期移向都对该市构成较大影响，但后期移向均偏离或远离该市，对该市未造成明显影响。

### 2. 灾情

受第0908号台风“莫拉克”外围环流影响，潮州市北部山区出现较强降水，部分村庄房屋倒塌或损坏，农作物受灾。全市受灾人口5326人，房屋倒塌31间，农作物受灾2540公顷，直接经济损失453万元。

受春旱及秋冬连旱影响，全市作物受旱面积2.571万公顷（其中重旱4230公顷，轻旱2.139万公顷），林业受旱面积0.37万公顷，因旱饮水困难7.47万人、水产养殖减产10482吨、减少发电1.7亿度。旱情主要发生在饶平县北部、中部和沿海地区和潮安县的北部、东部地区。

## 【云浮市】

### 1. 雨情、水情、风情

2009年云浮市降雨量正常，降雨强度不均。1~12月全市累计降雨量为1493毫米，较多年同期（1518毫米）略少。最大日降雨量为罗定市船步镇山垌村委的312.0毫米。

2009年西江云浮市境内各站最高洪峰水位分别为：郁南县都城站7日16时18.60米，超警戒水位1.6米；罗旁站7日17时17.86米，超警戒水位0.86米；云安县蓬远河堤13.73米（警戒水位16米），云城区大冲河堤12.15米（警戒水位15米），均在超警戒水位以下。罗定江官良水文站9月16日出现最高洪峰水位32.36米，新兴江腰古站8月6日出现最高洪峰水位13.68米。

年内影响云浮市的热带气旋主要是强热带风暴“莲花”、台风“莫拉菲”、强热带风暴“天鹅”和台风“巨爵”。其中第0915号台风“巨爵”对云浮市影响最大，14日8时至17日8时，云浮市平均降雨量152.9毫米，最大降雨量为云浮市罗定市船步镇山垌站的446毫米。罗定市船步镇一带出现1小时降雨106毫米、3小时降雨164毫米和6小时降雨264毫米的特大暴雨。据云浮市气象站记录，14日08时到16日17时，全市47个测站有46个降雨在50毫米以上，大于100毫米以上有26个站，其中罗定市船步镇降雨量达410.0毫米。全市出现7~8级大风（阵风9~10级），其中罗定罗镜镇录得全市最大风力31.0米/秒（11级）。

2. **灾情**

2009年全市有云城、罗定、新兴、郁南、云安5个县（市、区），60个镇（街）共23万人受灾，倒塌房屋2616间，因灾死亡5人，失踪1人，农作物受灾面积2.78万公顷、成灾面积0.76万公顷、绝收面积0.11万公顷，减产粮食2.68万吨，水产养殖损失1.98万吨；中断公路9条次，中断供电线路39条次、通讯线路8条次，损坏镇乡村小河坝圳基26处计3.047千米，损坏小型渠道灌溉设施903处，造成直接经济总损失7.93亿元，其中农林牧渔业损失1.533亿元，水利设施损失1.0295亿元。受“巨爵”影响，全市有5个县（市、区）、41个镇、16.89万人不同程度受灾，被洪水围困人口2万多人，死亡4人，失踪1人，受灾农作物面积1.645万公顷，崩塌房屋2036间，损坏水利设施一批，全市受灾损失7.21亿元，其中水利设施损坏0.805亿元。

## 【中山市】

2009年中山市于3月5日开汛，较常年平均提早一个多月。降雨时空分布不均，1~9月，全市累计降雨量1894.6毫米，比2008年同期偏少92.8毫米，其中4~9月雨量1759.1毫米，占总降雨量的93%。

入汛以后，暴雨、短时强降雨和雷雨大风等强对流天气频繁发生。5月17日17时20分左右，受高空短波槽及切变线共同影响，黄圃镇吴栏村发生强对流天气，这次强对流过程时间短、风力大、范围小，阵风风力达到8~11级。

年内江河水势较平稳，莺哥咀水位站最高水位3.29米，出现在7月8日12时57分。年内先后受到“浪卡”、“莫拉菲”、“天鹅”、“巨爵”等多个热带气旋影响。9月15日，台风“巨爵”掠过中山市，其时正值天文潮高潮期，引发风暴潮。当日4~5时，横门、灯笼山、小隐、大涌口、三宝、东河、西河、苏埒等8个潮位站全部超警戒水位。其中，灯笼山最高洪潮水位达2.32米，超30年一遇；东河2.39米，超20年一遇；西河2.38米，达30年一遇；黄圃苏埒2.68米，超20年一遇。

2009年因热带气旋和暴雨洪涝灾害影响，全市农业生产受损面积共5.558万亩，直接经济损失2348万元，全市无人员伤亡，水利、市政工程安全运行。

## 【揭阳市】

### 1. 雨情、水情

2009年揭阳市降雨量和蓄水量比常年明显偏少。1月1日至11月2日，全市平均降雨量1152毫米，比2008年同期减少1347毫米，比多年同期减少688.5毫米，其中榕城区1251.4毫米、揭东县1305.2毫米、揭西县1222.5毫米、普宁市1007.9毫米、惠来县972.9毫米。全市蓄水量23541万立方米，比2008年同期减少56.5%，比多年同期减少50.4%。

### 2. 灾情

2009年揭阳市局部暴雨少，洪涝灾害损失较轻。年内全市受灾直接经济总损失450万元，有22个乡镇（办事处）受灾，受灾人口3.1万人，损坏堤防17处计3.53千米，损坏护岸15处、水闸15座、灌溉设施68处。

## 【珠海市】

2009年珠海市汛期降雨量为1720.4毫米，与多年同期持平，其中7月降雨量为386.1毫米，比多年平均偏多20%。进入汛期末，珠江流域及珠海市基本无降水，加之西江干流流量锐减，咸潮上溯动能加强，珠海市各取水口受咸潮影响程度均比历年同期严重。8月30日，挂定角和广昌取水口开始出现咸潮，较常年提前40天；9月29日，平岗泵站开始受咸潮影响，较往年提前约2个月，对珠海、澳门枯水期供水安全构成严重威胁。

年内影响珠海市的热带气旋总量偏多，自6月起，“莲花”、“浪卡”、“莫拉菲”、“天鹅”、“彩虹”、“巨爵”、“凯萨娜”、“芭玛”等热带气旋相继影响珠海市。7月，受连日强降水影响，西、北江干流水位持续急剧上涨，7日傍晚西江高要站出现5年一遇洪水，并下泄经过珠海市。

受热带气旋、西江洪水和强降水侵袭，全年因灾造成直接经济损失3.36亿元，死亡1人。其中，年内影响最为严重的台风“巨爵”造成珠海市直接经济损失3.27亿元。

## 【佛山市】

2009年佛山市开汛较早，降雨较历史同期偏少，汛期西、北江平均水位偏低，流量较少，热带气旋频繁来袭。

3月5日，佛山市普降大雨，局部降暴雨。至10月，全年累计降雨量约为1200~1400毫米，其中前汛期（4~6月）雨量533~708毫米，后汛期（7~9月）雨量600~750毫米（主要集中在8月中旬）。至10月中旬，全市共发出暴雨预警信号10次、雷雨大风预警信号5次、热带气旋预警信号4次。

“龙舟水”期间（5月21日至6月20日），佛山市累积降水量为357.7毫米，比常年平均多93.7毫米，偏多三成以上。受热带扰动降水云团影响，5月22日傍晚至25日清晨，全市各地普降大暴雨，其中23日8时到24日8时，有4个自动站降雨超过100毫米；24日8时到25日8时，有23个自动站降雨100毫米以上，87个站降雨50毫米以上。此次暴雨过程造成全市经济损失1920万元。

6~8月，受高空槽和切变线共同影响，佛山市出现多次强降水过程。6月3日8时到4日8时，全市有71个自动站录得50毫米以上暴雨降水，其中3日降雨强度最大，有22个自动站雨量超过50毫米。

8月11日8时至12日8时，佛山市普降暴雨、局部大暴雨，雨量50~150毫米，全市58个自动站降雨50毫米以上，其中24个站雨量在100毫米以上。

2009年佛山市为平水偏枯年，西江、北江来水较2008年少，汛期江河水位偏低。5~7月，受强降水和热带气旋影响，西江、北江水位出现几次较明显涨幅。年内最高水位出现在7月。7月上旬，西江流域主要支流柳江和桂江上游普降大到暴雨、局部特大暴雨，致使西江干流水位上涨，形成“09.7”洪水。自7月3日起，西北江水位连续上涨，7日17时30分，马口水文站洪峰水位5.6米，相应流量3.14万立方米/秒；三水水文站洪峰水位5.28米，相应流量9380立方米/秒。两站水位、流量均未达到5年一遇，属于常遇小洪水。9~10日，西江、北江流域大部分地区无雨，主要江河控制站水位缓慢回落。

7月中旬到10月中旬，佛山市平均降雨量较常年同期偏少，马口站、三水站持续低水位，平均水位均不到2米。

2009年佛山市主要受到“莲花”、“浪卡”、“莫拉菲”、“天鹅”、“莫拉克”、“巨爵”和“凯萨娜”等7个热带气旋影响，全市启动防风Ⅳ级应急响应两次、防风Ⅲ级应急响应一次。强热带风暴“天鹅”影响期间，禅城区内部分地势低畦处受水浸1~2小时，其中石湾镇街道水深约30~40厘米。全区受浸厂房约2700平方米，受浸房屋约70间，直接经济损失共约10万元。

## 【阳江市】

### 1. 雨情、水情

2009年全市累计平均降雨2618毫米，比多年同期平均增加641毫米，增幅达32.4%，降雨主要集中在5~9月。12月全市有灌溉任务的水库蓄水总量50285万立方米，比多年同期平均增加6881万立方米，增幅达15.8%，农业灌溉可用水量24291万立方米。8月6日，漠阳江双捷拦河坝最高水位6.58米（警戒水位6.83米）；9月16日10时，阳春潭水荆山水位站最高水位22.61米，超警戒水位1.5米。

### 2. 灾情

2009年汛期，阳江市先后受热带风暴“浪卡”、强热带风暴“天鹅”、台风“巨爵”或其外围环流影响，并于5月下旬和6月上旬出现暴雨洪涝，损失较严重。年内阳春、阳东、阳西、江城、海陵、高新区等6县（市、区）、1798687人次受灾，倒塌房屋2067户、3989间，死亡4人，失踪1人，直接经济损失11.1亿元。其中，农作物受灾面积5.938万公顷（其中粮食作物24267公顷）、成灾面积9040公顷（其中粮食作物4340公顷）、绝收面积750公顷（其中粮食作物面积140公顷），死亡大牲畜780头，水产养殖损失6167公顷、4.045万吨，农林牧渔业直接经济损失7.73亿元；停产工矿企业457个，中断公路26条次、供电线路82条次、通讯线路7条次，工业交通运输业直接经济损失0.813亿元；损坏中型水库1座、小型水库10座，损坏堤防173处计54.3千米，堤防决口87处计3465米，损坏护岸83处、水闸108座，冲毁塘坝10处，损坏灌溉设施899处、水文测站1个、小水电站52座，水利设施直接损失1.827亿元。

# 抗灾救灾

## 【潮州市】

### 1. 未雨绸缪，做好防汛准备

●及早部署，落实措施

2月中旬起，根据市三防指挥部通知，各县区、各工程管理单位组织检查组开展防汛安全大检查，对检查中发现的险情和工程隐患落实安全度汛措施。2月下旬，市三防办组织复查和抽查。4月2日，市委书记骆文智、市长汤锡坤带领检查组对重点防洪工程进行检查，并召开全市水利与三防工作会议，全面部署市水利与三防工作。

●调整机构，落实责任

汛前，市、县（区）三防部门及时充实调整三防指挥机构组成人员和防汛责任人，并于4月9日在《潮州日报》上公布全市重点防洪工程防汛责任人名单，接受社会监督。同时，市、县（区）、镇、村层层签订防洪安全责任书，做到层层领导有分工，宗宗工程有人管。全市345宗堤防和水库工程全部签订责任书。按照省防总、省水利厅要求，相关水电站也逐座落实防汛责任人。2月下旬，市三防指挥部建立潮州市三防应急专家库（成员18名），成立三防应急专家组（成员14名），潮安、饶平两县也在3月中旬完成三防应急专家库组建，并成立三防应急专家组，为防汛抢险决策提供技术支持。

●充实物资，修编预案

全市共储备防汛袋64.4万条、块石3.23万立方米、碎石砂4.29万立方米，土工布（膜）2.0万平方米、救生衣5747件、抢险救生舟（艇）55艘，小型抢险机具一大批。年初，在潮州水利信息网增设“应急管理”模块，分设“应急预案”（包括专项应急预案、分项应急预案、工程预案、部门预案以及镇村预案台账）和“一网五库”（应急工作联络网和法规库、抢险队伍库、抢险物资库、专家库、典型案例库）两个专栏，同时，结合栏目设置组织对预案台账进行修编、分类、整理、存档，建立三防预案库。此外，组织编写并印发《潮州市城市防洪应急预案》，进一步规范城市防洪工作。

●开展宣传，加强演练

“5.12”防灾减灾日期间，潮州市采用现场咨询、发放宣传手册和防台风（山洪灾害）VCD光盘、进学校举办防灾减灾知识讲座、悬挂防灾减灾宣传标语、张贴宣传画、水利门户网站开辟《防汛防风和减灾知识》专栏等多种形式开展防灾减灾宣传活动。5月16日，市三防指挥部与潮州军分区联合举行为期1周的民兵防汛抢险培训及演练，参加培训人员30多人；同时组建潮州市民兵抗洪抢险应急分队，队员330名。各县区三防指挥部也分别举行抗洪抢险演练和冲锋舟、橡皮艇操作培训，为抗洪抢险救灾工作打下良好基础。

●筹资投劳，清除障碍

汛前，潮安县政府拨出清障补助款50万元，在内洋六镇建立8支专业队伍共109人，清理水浮莲110万平方米，拆除鹅鸭寮400个，阻水域网400个，废物垃圾1140吨，淤泥1.2万立方米，保障内洋河道排涝通畅。饶平县政府拨出清理水浮莲补助款20万元，落实专人清理、打捞黄冈河下游段和航道干渠的水浮莲及漂浮物，有效改善水环境。

**2.“以人为本、防避结合”，做好热带气旋防御**

在防风过程中，年内全市出海作业船只995艘次100%按时回港避风；船上人员4975人次和海上养殖人员5316人次100%安全撤离上岸；转移居住在危房、危险和低洼地带人员6326人次。全年共发出防风通知4个、紧急通知2个，启动防风Ⅲ级应急响应2次、Ⅳ级应急响应3次。各县区也相应启动防台风应急响应，及时落实各项防御措施。

**3. 积极应对，减少旱灾影响和损失**

面对严重旱情，潮州市各级党委、政府和各有关部门统一认识，加强领导，多方筹资，通力合作，率领旱区群众切实做好抗旱工作，帮助解决实际困难。8月24日，市三防指挥部发出通知，对全市防旱抗旱工作进行部署。9月29日和10月14日，先后召开会议通报旱情，就防旱抗旱进行再动员、再部署。10月21日，市领导骆文智、黄俊潮、陈央、张益群带领市财政、水利、农业、气象等部门领导到饶平县了解旱情，检查指导抗旱工作；市长汤锡坤对抗旱安全工作提出具体要求。11月5日，市三防指挥部发出紧急通知，全面部署冬春防旱抗旱工作。饶平、潮安两县分别在灾情严重的地方召开抗旱工作现场会，并落实县、镇领导分片包干，帮助旱区群众解决困难。

充分发挥近年建成的110多宗农村饮水工程作用，保障大部分农村群众生活用水需要。积极发动群众自救，采取多种措施挖掘水源或就近取水，同时加强山塘水库用水管理和调度，及时调整农业种植结构，有效减少旱灾损失。全市日累计投入抗旱人数14.03万人次，出动机动抗旱设备2123台套、装机容量0.7178万千瓦，投入抗旱资金1801.8万元。其中，省财政补助320万元，市财政投入106万元，县财政投入285万元，群众自筹1090.8万元。抗旱浇灌面积9253公顷，通过抗旱临时解决7.47万人饮水困难。

**4. 迅速行动，多方筹资实施工程应急除险**

全市实施应急度汛工程除险投入资金738万元，其中中央、省补助280万元，市投入40万元，县级以下自筹418万元。

**5. 强化管理，积极推进三防指挥系统建设**

结合汛前防汛通信检查，对三防自动测报系统、计算机网络系统、视频会议系统、卫星云图接收系统、无线电通信等全面进行检查调试，及时排除故障，更换部分设备，确保系统运行正常。改造市三防会商室，配置投影仪、液晶电视机、LED屏和会议系统等设备，工程于3月18日通过验收投入使用。升级改造市三防指挥系统，为三防指挥决策提供较好工作平台。

## 【云浮市】

**1. 立足防大洪、抗大灾，做好各项准备**

一是抓好防汛安全责任制落实，抓好水利工程防汛安全责任书签订，在《云浮日报》刊登各重点工程防汛责任人名单；二是抓好防汛应急预案落实，全市应编防汛应急预案226宗全部完成，各县（市、区）三防预案录入三防办公系统，同时做好市专家库组建工作；三是抓好防汛安全检查，对有安全隐患的79宗水利工程通报整改、督促跟踪，确保水利工程安全度汛；四是抓好防汛物资、队伍落实，及时补充储备各类防汛物资；五是抓好工程汛期管理，对闸门控制泄洪未能配备备用电源水库和无值班管护人员、无通讯设施、无管护经费来源水利工程在汛前尽快落实有关措施，对重大隐患和病险又无人管理水库工程限制蓄水或放空度汛；六是抓好应急管理体系建设，包括应急组织责任体系、应急指挥体系（基础设施、应急会商机制）、应急预案体系、应急抢救体系建设。市防总储备防洪包30万只、钢筋笼300只、土工膜（布）16捆共3400平方米、救生衣4500件、橡皮艇18艘等，各地储备的主要防洪物资有防洪包63万只、大石15778立方米、砂16493立方米。七是抓好安全督办落实，完成新兴县天堂镇五二水库险情处理督办工作，要求有严重安全隐患的大台水库低水位运行，并将泄水状况、水库防洪应急预案及汛期（每年4月15日至10月15日）每天8时水位状况报云城区三防办公室备案。九是做好“5.12防灾减灾日”宣传活动。制订宣传活动计划，制作宣传横幅标语，印制《防灾减灾宣传手册》、《山洪灾害防御常识》和《中小学生自护自救安全常识问答》等宣传资料共1万多份发放到各县（市、区），向群众派发《山洪灾害防御常识》、《水库垮坝警示录》VCD。12日上午，在青少年宫门前举行首个“防灾减灾日”现场咨询活动，向市民宣传防灾减灾有关知识。

#### 2. 充分发挥各部门作用，做好预测、预报、预警

全市各级职能部门按照市防总防汛工作要求，各司其职，各尽其责。市气象局认真抓好天气预测、预报、预警信息发布工作，汛期各级气象部门共发布各类突发气象灾害预警信号168次，其中台风预警信号18次、暴雨预警信号60次、雷雨大风预警信号32次、高温预警信号49次、大雾预警信号3次，发布《重大气象信息专报》13期、《重大气象信息快报》92期、《天气报告》15期，启动气象灾害内部应急响应3次（台风Ⅲ级2次、暴雨Ⅱ级1次），免费发送决策气象服务手机短信17.6万人次。市公安局指挥中心110报警台接报涉及风、雨、水、火等灾情的各类报警及求助共343宗，其中因风、雨、水引发的山泥倾泻、水浸、路桥屋树倒塌等报警9宗，同时在第一时间指令相关警种出警处置，并及时将情况通报相关部门到场处置。市国土资源局做好地质灾害监测工作，查明全市248处大、较大地质灾害隐患点，设立警示标志牌372块，组织发放“防灾明白卡”304份和“避灾明白卡”3793份，监测发布地质灾害预报预警信息13次，发布市级地质灾害预报预警信息5次。省水文局肇庆水文分局及时发布水情、雨情信息，为云浮市防汛抗灾提供科学依据。水务、农业、民政、卫生、教育、消防、通信、交通、电力、畜牧、建设、宣传等30多个市防总成员单位和部门发挥成员单位职能作用，认真做好防汛抗灾工作。

#### 3. 做好重大灾害防灾抗灾工作

●防御西江洪水

7月4日10时，市三防办收到省水文局肇庆分局当日水情综合分析短信，并随即进行防洪部署。当日13时发出通知，要求沿江三县区切实做好防御西江洪水工作。各地加强值班，加强沿江防洪工程安全检查，及时上报和科学处置险情，转移低洼、危险地区人员和物资，抢收成熟农作物，并及时防御和处置积涝，使防御西江洪水工作顺利完成。

●防御热带气旋

2009年云浮市成功抗击影响该市的4个主要热带气旋，包括强热带风暴“莲花”、台风“莫拉菲”、强热带风暴“天鹅”和台风“巨爵”。

9月15日7时，台风“巨爵”在台山市北陡镇登陆。14日8时，云浮市启动防风Ⅳ级应急响应。受“巨爵”影响，罗定市船步、围底等镇出现严重灾害，市三防指挥部迅速组织协调相关成员单位，调拨防汛抢险救援设备和物资送达灾区，市防总和相关成员单位派出工作组到灾区现场指挥和参加救灾。省领导梁伟发、李容根，省水利厅厅长黄柏青分别作出指示，并电话询问罗定灾情。省水利厅立即安排水利工程专款，派出工作组，由省三防办副主任庄稼苗带队奔赴罗定指导救灾。云浮市委书记、市人大常委会主任王蒙徽，市委副书记、市长黄强等分别指示罗定市委、市政府和云浮市市直有关职能部门迅速行动，做好救灾工作。黄强和云浮市委常委、常务副市长招炳德，市委常委、云浮军分区政委谢社光及市委常委黄达辉迅速赶到罗定市指挥抢险救灾。云浮市派出由市委办、市政府办、应急办、国土资源、水务、三防、农业、民政、卫生、教育、公安、消防等部门组成的救灾工作组，赶赴罗定灾区组织救灾。罗定市委书记陈敏及该市其他领导深入灾情严重地区和挂钩乡镇组织救灾，罗定各镇各部门紧急组织广大干部群众投入抢险救灾，力争将台风损失减至最低。

“巨爵”影响期间，云浮市迅速组织、投入9艘冲锋舟及大批救灾物资到现场救灾，6批次到船步、罗平、围底救人，出动救灾人数3500多人，解救被洪水围困人口2万多人（其中船步镇解救被洪水围困1.8万多人，围底镇渡头四和村和下垌村解救被洪水围困2000多人），并予以妥善安置。为减轻山垌水库下游防洪压力，适时进行防洪调度，拦蓄洪量1120万立方米，在62个小时内共泄洪930万立方米，舒缓了下游船步、围底等镇防洪压力。各地抓好水利设施隐患排查，重点抓好全市12宗中型水库、4宗万亩堤围防汛安全；全面排查地质灾害隐患点，及时做好人员转移工作；组织专家技术人员深入灾区，指导救灾复产；加强值班，确保信息及时报送。各部门协调联动，共同做好救灾工作。

灾后，在云浮市委、市政府领导下，广大干群全力以赴投入抢险救灾和恢复生产工作。罗定市成立抗灾复产指挥部，由市委书记陈敏任总指挥，市长陈作权、副书记肖达新任副总指挥，下设12个工作组，分别负责指挥船步、罗平、素龙、围底、华石、双东等6个受灾镇救灾工作。工作组分别组织市镇两级派出干部1576人，分成37个组进驻全市37个受灾村开展工作。民政部门做好灾民救济安置和因灾受伤群众及死者家属慰问安抚等工作。至9月18日12时，罗定市共投入救灾复产人力11.2万人次、救灾资金550多万元；向灾区群众发放大米25吨、饼干5000多箱、矿泉水8000箱、其他物资一批。供电部门派出120多人、30多辆工作车，分成15个组到全市抢修供电线路；供水部门出动28人分成5个组抢修；市水务、建设、通信、交通、公路等有关部门组织技术工人850多人，运输车辆、勾机、铲车等工程器械300多台以及价值130多万元抢修物资，加紧抢修公路和通信线路；市建设局、城管局调集清扫工具和120多名工人到船步镇帮助清理水浸现场；市卫生防疫部门出动135人，分成8个组到全市各受灾镇协同行动，清理消毒，严防灾后疫情发生；市水务、农业、国土、教育等部门同心协力，共同做好救灾工作。同时，云浮市、罗定市及时编制水毁农田、水利、公路修复方案，加强与上级业务部门联系，争取资金支持。

#### 4. 抓好蓄水防旱

云浮市坚持防汛防旱两手抓。在工程安全运行基础上，充分发挥现有水利工程作用，加强蓄水、用水管理。市人影办抓住有利时机，在云城区、罗定市分别实施人工增雨作业，共发射人工增雨火箭12枚；利用台风“巨爵”降雨时机，使全市山塘水库蓄水量达35409万立方米，比多年同期增加3085.2万立方米。搞好水库用水调度，做到生产用水服从生活用水，发电用水服从灌溉用水，保证群众生活、生产用水需要。

## 【中山市】

### 1. 未雨绸缪，做好防汛准备

●及时开展汛前检查，落实防汛责任制

按照省、市三防工作会议要求，中山市积极进行防汛备汛，做到“早部署、早检查、早落实”，做好防大汛、抗大灾、抢大险充分准备，及早进入防汛防旱防风备战状态。2月6日，市三防指挥部印发通知，组织开展2009年汛前防汛安全大检查。全省三防工作会议召开后，及时传达会议精神，部署防汛工作。9月底前，全面完成城乡水利防灾减灾工程建设。全年市防汛抗旱经费总投入为1008万元，其中市财政485万元。

在《中山政报》及市政府官方网站公布各镇（区）防汛安全责任人及技术责任人名单，接受社会监督。完善应急预案体系，重点细化大堤外小围及围垦人员转移预案。继续完善三防指挥系统数据库建设，将应用系统延伸到各镇（区），充分发挥指挥调度决策支持作用。同时，利用该数据库加强对河流禁采区、水源保护区、工程险段以及重点工程监控。构建市、镇村、厂企三级抢险队伍，市级抢险队伍以中山军分区、公安边防、武警支队、预备役以及民兵应急分队为主，全市共有抢险人员3.56万人。落实气象协管人员，协调气象部门建立气象协管员队伍，有效加强汛情监测预警。

●加快水利防灾减灾工程建设

一是抓好中央扩大内需投资项目工程建设。市政府成立由分管副市长任组长的中央新增预算内水利投资任务领导小组，加强工程质量、进度和建设资金管理、监管，确保工程按质按量完成。二是抓好城乡水利防灾减灾工程建设。2009年度投入3.5亿元，重建水闸6座、新建排涝泵站3座、重建水库1座、大堤砌石灌浆34.5千米，开展5项水利工程前期工作及电排技改等项目，各项工程进展顺利。

●落实防汛物料储备

一是加强全市防汛抢险物资管理，逐步形成市镇分级储备、分级保管、分级补充、统一调度管理体系，并组织专项小组督查落实。全市防汛物料储备数量充裕，共备有砂7.7万立方米、块石5.6万立方米、松杉桩4.3万条、土工布（膜）8.87万平方米、编织袋157万个、救生衣2732件，以及钢管、电缆等各种防洪抢险物资一大批。同时，根据库存状况查漏补缺，更换残旧老化物资，补充储备新的防汛物料。二是落实各镇（区）、联围、有关单位防洪抢险运输船只、车辆，除三防成员单位外，与23个单位签订车船使用调度协议。全市备有指挥船2艘、货船34艘（装载量10950吨）、冲锋舟39艘、橡皮舟9艘、平底舟8艘、客车20辆、吊车1辆（装载量20吨）、铲车21辆、各类运输车辆221辆（装载量1105吨）、推土机3台、挖掘机14台、勾机9台。

●全面掌握河道河床变化

汛前中山市委托佛山水文分局对桂洲水道、黄沙沥水道、鸡鸦水道、小榄水道局部河道开展多波束水下地形测量。通过测量和对比，及时准确掌握河道河床变化趋势和河面、堤围稳定性及冲淤变化量，全面了解市内主要河道险段分布及险段整治效果，为有效开展堤防安全监控和险段整治加固提供依据。

●抓好防洪抢险知识培训

年内分别举办全市水文遥测系统维护管理培训班，地质灾害突发公共事件应急管理培训班，联合军分区举办民兵轻舟队骨干集训和中山军分区首长机关带全市专武干部培训等，共有近千人次参加有关防汛抢险知识培训。为进一步完善市、镇、村三级防控体系，市三防部门积极开展企业防汛知识培训，对广东海粤集团南区总部和神湾奥康光通器件（中山）公司进行防汛抢险知识授课，详细讲解防灾减灾知识和台风、暴雨、洪水等灾害防御措施及预案启动运作等，播放《防御台风灾害》电教片，现场派发《中山市防洪防风知识及防御措施手册》，有效提高民营企业防灾减灾意识。

●加强防灾减灾宣传

根据省减灾委员会和市政府统一部署，认真开展“防灾减灾日”宣传周活动，制定专门方案，围绕防灾减灾知识专题，多措并举，组织开展防灾减灾知识宣传系列活动。在主要办公场所及水利工程所在地的显要位置悬挂宣传标语，张贴“防灾减灾日”活动周宣传版画；共印制38万份《中山市防洪防风知识及防御措施手册》和《防灾减灾宣传知识卡》，并派发至各学校、社区群众手中；利用网络、电视、电台等媒体多渠道传播防灾减灾知识，以气象灾害防御措施为切入点，联合气象局、地震办等部门在电视媒体上作专题报道，参加中山网现场视频直播“对话”节目，介绍防汛防旱防风知识，突出中山市防灾减灾工作特点、亮点，增强各部门互动；参与举办“防灾减灾日”宣传周现场宣传活动，围绕“加强防灾减灾，构建和谐中山”主题，通过“防灾减灾”知识有奖问答和文艺表演等形式，向市民宣传地质灾害、三防水利、地震及防震、气象灾害、灾后救济等相关知识和防御信息，增强全社会应急避险和防洪防风能力。

**2. 全力以赴，做好防汛抗洪工作**

中山市三防部门严阵以待，加强值班，密切监视水雨风情变化，强化各项防御措施落实，积极有序应对风雨灾害。根据汛情轻重缓急，市三防指挥部先后启动防汛防风Ⅳ级以上应急响应5次，确保各项防御工作有条不紊、科学有序。在防御热带气旋和暴雨工作期间，市委书记陈根楷、副市长司徒伟湛等高度关注水雨风情，坐镇三防指挥调度中心部署指挥，及时组织水利、三防、气象等部门会商，并赶赴前线察看汛情灾情，指导防御工作。各镇区加强值班，密切监视汛情，加强对地质灾害易发点等处监控，做好江河、水库水位科学调节。市三防办及时转发国家防总和省防总紧急通知，贯彻落实中央和省领导批示，切实做好防御工作。市气象部门准确预测天气，及时发布台风暴雨及雷雨大风预警信号。根据汛情发展变化，市三防指挥部及时通知各地各部门落实相关措施：一是强化防汛责任制落实，加强值班，密切监视天气变化，落实各项防御措施，加强水利工程及在建工程检查和加固防范，对易超防限水位运行水库做好库容调节，严格按照防限水位运行；二是各沿江窦闸及内河水闸充分利用低潮机会，开闸排水，电排及城区排涝泵站做好预排，及时开启泵站排涝，确保交通顺畅；三是对易发生山地灾害处加强巡查，做好危险区域人员撤离，强化山洪灾害监测和预警，发生灾情及时报告；四是各镇区水利所及有关部门坚守岗位，加强防范。各级各部门按照市委、市政府要求，根据市三防指挥部统一部署，依照预案，密切配合，通力协作，形成防汛抗台工作合力，全力做好相关工作。市水利局、三防办、农业局、海洋与渔业局、建设局、国土局等部门组织工作组，深入受影响地区及在建水利工程和城区等地现场指导，协助开展抗灾救灾，及时采取有力措施，全力以赴做好防汛抗洪各项工作。各镇区按照上级部署，迅速行动，精心组织，科学调度，按照预案做到领导到位、指挥到位、责任到位、措施到位、人员到位，牢牢把握防汛主动权，确保防汛抗洪和抢险救灾各项措施有效实施，为夺取抗洪救灾胜利奠定基础。

## 【揭阳市】

### 1. 抓好防汛工作责任制落实

2009年揭阳市和9个县（市、区）防汛指挥机构全部重新调整充实。全市20宗大中型水库、91宗小（一）型水库、299宗小（二）型水库、24条万亩以上堤围、35宗大中型水闸全部重新落实防汛责任人。对小（二）型以上水库、大中型水闸、捍卫面积5000亩以上堤防检查结果逐宗填报，由相关人员签名，以县（市、区）为单位装订成册并建立电子档案，做到级级分工明确，层层责任落实。

### 2. 进一步完善和充实防洪预案

按照“横向到边，纵向到底”要求，重点抓好防御超强台风预案制订和大中小型水库防洪预案，制订完善市、县、镇、村防灾减灾避险四级应急预案台账。根据省防总“一库一预案”要求，全市各地积极开展预案编制，揭东、惠来、榕城、东山、普侨等地大中小型水库预案编制率达100%，揭阳市防御超强台风工作预案于8月经市政府审批印发。

### 3. 做好汛前防汛安全大检查

3月12～14日，市三防指挥部组织有关负责人和专业技术人员分成6个检查组，对各县（市、区）、市直水利工程单位汛前防洪工作落实状况进行抽查，市委常委、副市长黄水利及市三防副指挥、水利局长郭斯良带领市水利局、市三防办有关人员到市管龙颈水库、横江水库、北山水库、三洲水闸、北河水闸检查。5月11～12日，市三防指挥部、市水利局再次组织有关领导和专业技术人员分成6个检查组，对防汛抗灾准备和隐患问题处置工作进行检查，确保安全度汛。

### 4. 抓好病险工程安全措施落实

汛前检查中，共查出有安全隐患的水利工程535宗（处），其中山塘水库231宗、堤防117处、涵闸184宗、小水电站3宗。对此，揭阳市认真进行分类排队，登记造册，逐项逐宗落实处置措施、制订抢修计划，妥善处置工程隐患。因有较大安全隐患而降低水位运行的山塘水库共147宗，其中中型水库5宗、小（一）型水库34宗、小（二）型水库39宗、山塘69宗；腾空库容的山塘水库33宗，其中小（一）型水库4宗、小（二）型水库22宗、山塘7宗。

### 5. 做好防汛物资储备，落实防汛抢险队伍

市三防、水利局结合汛前检查，把防汛物资储备状况作为检查主要内容。全市水库堤防储备防洪砂34122立方米、石料29161立方米、防汛袋85.37万只。同时各地根据实际，在工程附近乡村落实防汛抢险队伍，并登记造册，全市共落实抢险队伍225596人。市龙颈水库、横江水库分别与驻揭部队挂钩，落实部队抢险队伍1500人、汽车50辆。

### 6. 抓好防风抗洪工作，尽量减少灾害损失

一是高度重视，及早部署。二是加强领导，落实责任。三是强化转移避险措施，认真落实各项转移责任制，确保出险时转移群众时工作有条不紊。四是科学防御，做好基础设施安全防

护。五是加强宣传，提高群众防灾意识。

7. 切实推进三防信息化和防汛指挥系统建设

围绕防灾减灾、公共服务和应急管理等关键业务，切实推进三防信息化和防汛指挥系统建设，做好汛期防汛通信保障，抓好设备保养、维护，确保设备正常运行。

8. 管好用好防汛抗旱经费，确保资金落实到位

2009年揭阳市共投入防汛抗旱、应急度汛、修复水毁工程资金3030万元，其中防汛经费2097万元（省级170万元、县级117万元、群众自筹1810万元）、抗旱经费933万元。在争取防汛抗旱资金同时，市三防部门主动与市财政局联系，争取资金落实到位，确保资金及时下拨，并专款专用于防汛抗旱、修复水毁工程。

## 【珠海市】

1. 领导高度重视，确保防风准备落实到位

汛期，市委书记甘霖、市长钟世坚多次召集市人大、政协等领导班子成员调研检查三防工作。在防风、防洪关键时刻，市三防总指挥、常务副市长霍荣荫和市三防常务副总指挥、副市长金展扬坐镇市三防办指挥，赶赴一线指挥防风抗洪。各区党委和政府主要领导和各级防汛责任人牢固树立大局观念，组织和带领广大群众、抢险队伍转移营救遇险百姓，为保障防风抗洪工作胜利奠定坚实基础。

2. 及早开展防御准备，排除安全隐患

坚持早部署、早检查、早安排、早落实。根据省防总统一部署，3月2日下发汛前安全大检查通知，3月3~6日，在各区自查基础上，市、区、镇三级组成18个工作小组，重点针对思想认识、队伍落实、工程隐患、物资储备、措施预案五方面开展检查。对全市重点山塘水库、堤围险工险段、排洪渠和排洪泵站等度汛工程及设施开展“拉网式”安全大检查，及时对安全度汛隐患工程和排洪渠安排资金进行除险加固和清淤，对防汛非工程措施督促跟踪落实。

5月中旬，根据2009年全国水库安全度汛电视电话会议精神，组织开展对全市水库“查工程隐患、查责任制度、查防汛物资、查预案落实”和防汛责任人“三到场”活动，逐宗督促各区对小二型以下水库山塘签订防汛责任书，并落实专人管理和执行汛期安全旬报制度，以保障小型水库和山塘安全度汛。

在汛中和台风、暴雨影响期间有针对性开展重点抽查，对个别水库仍存在的安全隐患做到“三不放过”，即隐患不消除不放过，整改措施不落实不放过，度汛思想认识不到位不放过。在5月11日开展的基层防汛责任人落实责任制突击检查中，发现个别基层防汛责任人责任意识淡薄，存在思想轻、行动缓、意识淡现象，便立即通知相关区自我纠查，及时整改，以进一步督促防汛责任人尽职尽责。

3. 全面落实各项防汛责任制

对全市重点防洪工程、在建水利工程、山洪灾害防御、万亩以上堤围和病险水库，全部落实防汛行政责任人和技术责任人，并签订防汛责任书，全市共签订《地区防洪责任书》32份、

《水利工程防汛责任书》220份。另将小（一）型以上水库和万亩堤围防汛责任人在《珠海特区报》上向社会公布，以强化防汛责任人责任意识。各级防汛责任人在平时防汛检查和风、雨、洪灾害影响时，本着“以人为本”的工作理念，组织水利工程管理单位对管辖工程进行严格检查，并带头上岗值班，履行防汛职责。

#### 4. 坚持以人为本的方针，确保群众生命财产安全

2009年先后有8个热带气旋影响珠海市。全市共启动7次应急响应，转移群众8.84万人次，动员船舶避风2.39万艘次。在防御台风“巨爵”工作中，全市各级党委、政府和有关部门根据防御台风正面登陆要求，全力以赴做好防风工作。全市8121艘船只全部回港避风，共转移上岸28273人（其中船上人员1.83万人），转移低洼地、临海居住、海上作业、受风暴潮影响等危险区域人员9973人，实现把损失减至最低限度的防风工作目标。

#### 5. 不断建立和完善应急反应机制，确保防灾减灾有序进行

为强化各级领导防灾减灾工作责任，消除防风工作难点，进一步提高三防工作效率，珠海市先后制定和下发《防风期间珠海市政府领导分工检查工作机制》、《珠海市防风期间渔船群众转移专项预案》和《珠海市台风、暴雨预警信号联动发布机制》。年内，制定《防汛物资中心仓库管理制度》，重新对原《三防工作预案》中的防汛预案进行细化和修改，并报市政府审批。此外，还制定防风应急指挥手册，以清晰、简化防风工作指挥程序。

#### 6. 积极筹措资金，落实度汛隐患工程除险加固和灾后复产

汛期，珠海市多次组织责任单位对水库、堤防和易发生山体滑坡或泥石流地段进行全面检查，对存在安全隐患的重点度汛工程，责成各区、各单位尽快筹措资金，按照“轻重缓急”原则进行加固处理，争取在台风影响珠海市之前排除安全隐患。市区两级筹措1.5亿元资金，对63宗隐患工程和因第0814号强台风“黑格比”造成的125宗水毁工程及市政设施实施除险加固和抢修，为安全度汛打下坚实基础。

#### 7. 建立应急抢险机制，做好突击应急队伍建设

汛期，珠海市三防办按照有关规定，组织驻珠军警部队召开年度度汛准备情况通报会，为与会人员介绍前期气象特征、水利工程现状、位置和抢险路线，并对全市重点防风工程进行实地察看和熟悉地形，协同采购价值70多万元的防灾抢险物资。珠海市还及时为防汛中心仓库补充150多万元物资，为防御气象灾害提供物资保障。

各区成立民兵预备役为主的应急抢险队伍，并于汛前组织抢险训练。7月21日，市三防指挥部组织武警珠海市支队抢险队伍、市防汛抢险冲锋舟中队、香洲区防汛抢险专业队伍、斗门区防汛抢险专业队伍、金湾区抢险专业队伍、市水政监察支队、市防汛抢险专家组共268人，在斗门区白藤湖举行防汛抢险专业技能综合演练，以确保三防抢险工作高效有序进行。

#### 8. 做好调水抢淡工作，保障珠澳两地供水安全

为确保珠、澳两地供水安全，珠海市按照相关工作预案，邀请珠委等单位水文专家共同进行咸情会商，并及时制定切实可行的枯水期供水预案，利用潮汐望朔客观条件以及中珠联围进行蓄水抢淡。在枯水期咸潮影响期间，组织枯水期值班，做好取水、蓄水、供水等信息上报，为珠委等上级部门枯水期水资源调度提供信息保障。

## 【佛山市】

### 1. 落实防汛责任人

根据工作变动状况，及时调整各级三防机构领导人名单，落实各类防洪工程行政责任人和技术责任人，全市共签订责任书272份。市三防指挥部于4月15日在佛山日报公布全市万亩以上堤围、小（一）型以上水库防汛行政责任人及技术负责人名单，接受社会监督。

### 2. 加强水利工程设施安全检查

2月初，各区政府由主管领导组织在建水利工程（河涌、山塘水库、窦闸等）安全度汛检查。3月初，市三防办领导会同三防专家及市水利局机电、水政科人员到各区开展汛前安全检查，听取汇报，并实地检查部分在建度汛工程现场。4月市长陈云贤带队组织防汛检查，对部分在建防汛工程进行检查指导。

### 3. 完善三防预案及管理制度

年内，市三防办根据省防总要求，结合市防汛工作实际，制订《佛山市三防值班规定》和《佛山市三防值班方案》，并于4月15日正式实施。市三防办把主要三防预案汇编成册，印制《佛山市三防防灾减灾预案选编》，并将相关预案印发成单行本，方便查阅。

6月中旬，为提高预案实用性和可操作性，市三防办结合抗洪抢险形势，重新修订《佛山市水利局抗洪抢险预案》并印发至各科室。为加强三防信息报送工作，依据《广东省三防信息报送管理规定》、《水旱灾害统计报表制度》、《佛山市三防值班规定》、《佛山市水利工程出险处理程序》等有关要求，制定《佛山市三防信息报送管理规定》。

### 4. 强化防汛抢险物资储备管理

汛前，落实全市防汛抢险物资并清点在册。全市落实的防汛物料主要有砂23万立方米、石31万立方米、编织袋214万只，其他物料还有钢网笼、钢铲、帆布、土工布、救生衣、橡皮艇、冲锋舟、木桩等。

重点加强防汛物资中心仓库建设，全市有防汛物资中心仓库18个（其中市1个、南海3个、顺德区（含镇）12个、三水1个、高明1个），在建2个（市1个、三水1个），规划1个（禅城）。仓库建设起点高、储备物资品种多，南海储备有5000千瓦的大型移动发电机和浮潜排水泵，顺德区建设有40亩地防汛石料储备场，储备混凝土四面体5000块，基本满足抢大险需要。

### 5. 加强防汛抢险队伍建设

全市防汛抢险队伍在册人数27.8万人，专业抢险队主要有防汛民兵轻舟大队、抢险潜水队和市防汛抢险突击队等。5月下旬，省属防汛抢险民兵轻舟机动大队专业技能竞赛在佛山市南海区丹灶镇仙湖水库举行。佛山市民兵轻舟大队分别获得团体第一名和两个单项第一名。

年内组织高明西坑水库下游群众安全转移演练，模拟西坑水库遭遇连续暴雨导致水库水位上涨并可能出现溃坝险情，紧急转移水库下游受威胁的290名群众至庇护中心的过程。轻舟机动一大队部分队员参加市海事局组织的轻舟驾驶证考试，取得驾驶员合格证。

市、区两级三防指挥部设立三防专家组，聘用专家23人。每年定期举办全市行政首长防汛知识培训班，聘请三防专家对区、镇级行政首长和技术骨干就进行培训，提高各级三防指挥部门处理突发灾害事件能力。

6. 加强防灾避险宣传

年内结合"佛山市防灾减灾日"活动，在市减灾委员会统一部署下，联合市民政、国土、建设等部门，开展多种形式的三防知识普及宣传，增强市民防灾避灾意识。通过新闻媒体，及时发布各类气象预警、防风防汛应急响应以及抗旱信息，提醒市民做好防御措施。

## 【阳江市】

1. 全体动员，做好防洪抗洪工作

在防汛抗洪工作中，市委书记林少春、市长魏宏广、副市长李日芳等领导对防风抗洪工作多次作出指示，市、县（市、区）、镇多次召开防风防洪工作会议进行紧急部署。市三防指挥部多次召集气象、水文、水利等部门进行会商，分析风情、雨情、水情，先后启动防风防洪Ⅱ级应急响应1次、Ⅲ级应急响应4次、Ⅳ级应急响应6次，并及时通过媒体向社会发布相关信息。各县（市、区）三防指挥部根据当地实际，及时启动防风防洪应急预案。市三防指挥部、市水利局多次派出工作组深入各县（市、区），重点检查水库、江海堤围防洪安全和工程防汛责任人上岗到位状况。对超防限水位水库加大排洪流量，确保安全。各水利工程防汛责任人按照要求上岗到位，加强工程巡查。在防御台风"巨爵"过程中，市委书记林少春、市长魏宏广、副市长李日芳等市领导多次深入防风抗洪一线，检查指导防风防洪工作，指挥转移围困群众。全市共转移危险地域人员59304人。市海事、海洋与渔业等有关部门加强检查落实渔船避风状况，做好海上救助准备工作，每次热带气旋防抗过程中，阳江市6923艘渔船均全部回港或就近港口避风，尽最大限度减少人员伤亡。

2. 全力以赴，搞好救灾复产

市委、市政府主要领导深入一线，靠前指挥，指导和帮助灾区开展救灾复产工作。9月中旬，阳春县永宁镇受台风"巨爵"影响，灾情严重。市委书记林少春、市长魏宏广、副市长李日芳等领导立即赶赴永宁镇召开救灾复产工作现场会，指挥救灾复产；市委、市政府派出市民政、交通、水利、卫生、农业、国土、建设、经贸等8个部门工作组进驻永宁镇，市三防指挥部及时发出通知，指导当地救灾复产，重建家园。

省、市、县全力妥善安置灾民，在省财政每户补助5000元基础上，市财政再补助5000元，县（市、区）财政配套补助3000元，确保全倒户在2010年春节前入住。省民政厅拨出帐篷200顶、迷彩服1000套和毛毯1000床等救灾物资，市民政局和市慈善总会紧急采购20吨救灾大米发给灾民。

灾情发生后，全市各有关部门团结协作，做好救灾复产工作。水利部门及时组织工作组深入阳春永宁镇，对当地水利基础设施受灾状况进行认真核实、登记，制定修复水毁工作计划。同时，加强水库安全检查。9月17～18日，各县（市、区）水利部门开展自查，19日市水利局成立4个工作组，分别由副局长带队，到各县（市、区）大中型水库进行抽查。交通部门及时组织人力、物力抢通阳春永宁主干道路，共出动钩机10台、铲车1台、抢险救灾车辆22辆，经过10多个小时奋战，于9月17日下午3时抢通道路，恢复通车。市卫生部门组织卫生防疫、医疗救护小分队深入阳春永宁镇受灾严重的村开展灾后卫生防疫，对当地饮用水源、被浸房屋及餐饮单位、学校食堂等进行消毒，共对9条自然村、10间中小学等地进行消毒，发放漂白粉5吨、漂精片1800瓶、消佳净200包、杀虫剂10箱等消毒物资，同时对16名乡村医生进行相关知识培训。9月18日7时，组织医疗救护队60人赴灾区开展医疗救护和送医送药义诊活动。4个医疗点共诊治和接受咨询1200多人，免费发放药物1.5万元。同时，要求乡村医生密切注意当地群众病情动态，做到每日一报告。农业部门迅速组织技术人员深入灾区一线，针对当地不同农作物受灾状况制订切实可行的抢救措施，工作小组与阳春市农业局编印2000多份救灾复产技术措施发至农户手中。市国土部门组织省、市专家技术人员赶到山体滑坡现场进行调查和应急处理，工程技术人员对永宁镇山体滑坡进行全面排查，指导排险。市建设部门成立抢险专家组，察看永宁中学山体滑坡现场及学校广场受损现场，分析灾害原因和次生灾害发生的可能性，并提出初步处理意见，并协助当地教育、建设部门对受灾中小学校舍开展安全检查鉴定。经贸部门做好应急抢险物资保障供应，确保抗灾抢险工作用油供应。此外，市供电、供水、通讯、教育、旅游等有关部门组织多个行动小组，加快受损设施抢修，使之尽快恢复正常运行；市工商、供销部门加强市场物价监控，依法打击哄抬物价、扰乱市场秩序行为；市公安部门进一步加强社会治安工作，灾区没有发生重大案件，全社会保持和谐稳定。

### 3. 未雨绸缪，做好三防工作

健全机构，落实防汛工作责任制。按照省防总要求，每一宗工程都落实行政责任人和技术责任人，成立防洪安全指挥机构。大中小型水库、江海堤围和水闸等防洪工程责任人名单在5月7日《阳江日报》上刊登，接受社会监督。在各县（市、区）自查基础上，3月19~20日，市三防指挥部组织5个工作组分赴各县（市、区）和市直工程单位进行抽查。5月5日下午，召开全市水库安全度汛工作电视电话会议，市三防指挥部副指挥、市政府副秘书长冯方亮传达贯彻全国、全省电视电话会议精神，并作出具体部署。会后，各地各工程管理单位再次开展对水库工程安全专项检查。

加大防汛物料贮备力度，市政府投入10万元，增加市三防仓库贮备编织袋6万条以及一批抢险工具。中央和省下达市防汛工程应急处理资金、水毁工程修复资金、中央特大防汛经费等合计830万元，全部安排到各县（市、区）和各水利工程单位进行度汛应急工程处理、水毁工程修复等。

加强工程管理，确保水利工程效益正常发挥。全市2座大型水库、18座中型水库、192座小型水库共拦蓄洪水30890万立方米，特别是9月受台风“巨爵”影响期间，在阳春市永宁、八甲、三甲等镇局部地区大暴雨到特大暴雨过程中，大河水库共拦蓄洪水多达1亿立方米，最大限度减轻了下游防洪压力。

加强市三防指挥系统建设。汛前对指挥系统进行全面、细致检查，对部分系统进行升级，更换出现问题设备，以保证系统更高效地运行。

# 附　录

# 防灾减灾工作管理规定和通知

## 广东省人民政府令

第 134 号

《珠江三角洲大气污染防治办法》已经 2009 年 2 月 27 日人民政府第十一届 27 次常务会议通过，现予发布，自 2009 年 5 月 1 日起施行。

省长：黄华华

二〇〇九年三月三十日

# 珠江三角洲大气污染防治办法

**第一条** 为保护和改善珠江三角洲区域大气环境，防治区域性、复合型大气污染，保障人体健康，根据《中华人民共和国大气污染防治法》及有关法律、法规的规定，制定本办法。

**第二条** 本办法适用于珠江三角洲区域大气污染防治。本办法涉及的单位和个人，是指珠江三角洲区域内的单位和个人。

珠江三角洲区域（以下简称区域）的范围按照《珠江三角洲经济区现代化建设规划纲要》的规定确定。

**第三条** 省人民政府制定区域大气污染防治规划，有计划地控制或削减各地方主要大气污染物的排放总量。

县级以上人民政府对改善本行政区域大气环境质量负责，制定规划，采取措施，使本行政区域的大气环境质量达到规定的标准。

**第四条** 各级人民政府环境保护主管部门对大气污染防治实施统一监督管理，统一发布大气环境质量信息。

经济综合宏观调控部门制定有利于大气污染防治的产业政策；公安、交通、渔业、海事管理部门根据各自职责，对机动车、机动船大气污染防治实施监督管理。

其他有关主管部门在各自职责范围内，对大气污染防治实施监督管理。

各级人民政府监察机关依法对各有关行政主管部门及其工作人员履行大气污染防治工作职责进行监督检查，及时查处不依法履行职责的行为。

**第五条** 省人民政府建立区域大气污染防治联防联控监督协作机制，采取以下措施对区域内大气污染防治实施监督：

（一）检查区域内大气污染防治规划实施情况，组织考核区域内各级人民政府大气污染防治工作；

（二）定期通报区域内大气污染防治规划实施进展、大气环境质量、重大建设项目等情况；

（三）协调解决跨地市行政区域大气污染纠纷；

（四）协调各地、各部门建立区域统一的环境保护政策。

**第六条** 省人民政府环境保护主管部门应当建立符合区域大气污染特征的大气环境质量监测评价体系，建设区域大气环境质量监测网络体系，监测点位应当覆盖城市区域、城市道路两侧和清洁背景地区。

地级以上市环境保护主管部门应当按照国家和省的规定建立和完善大气环境监测网络，设立大气环境质量和大气污染源自动在线监测系统。

省人民政府气象主管部门应当开展对影响大气污染物输送、扩散和变化的天气气候条件现状的评估，建立区域灰霾天气监测、预测、预警体系。

**第七条**　任何单位和个人都有保护大气环境的义务，并有权对污染大气环境的单位和个人进行检举和控告。

各级人民政府环境保护主管部门应当根据当地实际情况设立大气污染、机动车污染有奖举报制度或者聘任“社会监督员”，协助开展大气污染防治监督管理工作。

各级人民政府可以对提前或超指标完成污染物排放总量控制任务的企业以及其他在大气污染防治中有突出贡献的单位和个人进行表彰和奖励。

**第八条**　省人民政府对区域内排放二氧化硫、氮氧化物、挥发性有机物、可吸入颗粒物等主要大气污染物实施总量控制制度。

县级以上人民政府应当按照省人民政府的规定，削减和控制本行政区域的主要大气污染物排放总量。

排放大气污染物的，不得超过国家或者地方规定的大气污染物排放标准和主要大气污染物排放总量控制指标。

对超过主要大气污染物排放总量控制指标、且环境无容量的地区，政府环境保护主管部门应当暂停审批新增主要大气污染物排放总量的建设项目的环境影响评价文件。

禁止发展和使用大气污染物排放量大的产业和产品；推进企业节能降耗，促进清洁生产。

**第九条**　地级以上市人民政府应当对公交车、出租车、公务车新车登记提前执行国家下一阶段机动车排放标准，配套淘汰国家第二阶段排放标准以下在用公交车、出租车的经济补偿政策；鼓励其他车辆新车登记提前执行国家下一阶段机动车排放标准。

对机动车实行环保标志管理。禁止大气污染物排放超标的机动车上路行驶。

机动船行驶时不得超过国家规定的排放标准。

**第十条**　油品供应企业应当在2009年12月31日前向区域内所有加油站供应符合国家现阶段机动车排放标准的车用成品油，并加快推广供应符合国家下一阶段机动车排放标准的车用成品油。

新建油库、加油站及新登记油罐车应当完成油气回收系统安装后才能投入使用；已建油库、加油站及在用油罐车应当在2010年底前完成油气回收综合治理设施。

**第十一条**　区域内不再规划布点新建燃煤燃油电厂。

燃煤、燃油电厂及使用工业锅炉、窑炉的单位应当按照国家和省的规定采取脱硫、固硫、除尘、脱氮或低氮燃烧技术，燃煤、燃油电厂及额定蒸发量大于65蒸吨的锅炉、窑炉应当安装大气污染物排放自动在线监测装置，与当地人民政府环境保护主管部门联网，并保证其正常运行。

安装脱硫设施的燃煤机组，安装脱氮设施的燃煤、燃油、燃气机组，按规定享受上网电价加价政策。在同等能耗水平下，安装脱硫、脱氮设施的发电机组实行优先上网。

地级以上市人民政府应当根据本行政区内大气污染防治的需要淘汰高能耗、重污染的工业锅炉、窑炉，积极发展低能耗、轻污染或无污染的工业锅炉、窑炉；制订燃煤锅炉、窑炉改用清洁能源实施范围、期限和补贴政策，减少燃煤污染。

地级以上市人民政府应当根据大气污染防治的需要划定行政区域内燃料限制区，限制区内禁止新建普通燃煤、燃油锅炉。

**第十二条** 淘汰挥发性有机物含量高的油漆、涂料产品；鼓励生产和销售挥发性有机物含量低的杀虫气雾剂、洗涤剂、胶粘剂、发胶等产品。

汽车制造、汽车维修、石化、家具制造加工、制鞋、印刷、电子、服装干洗等行业应当按照有关技术规范治理无组织排放挥发性有机物。

**第十三条** 城市饮食服务业经营者排放油烟、烟尘不得超过规定的标准，油烟应当通过专门的烟道排放，禁止向城市地下管网排放油烟。

新建的饮食服务经营场所，应当使用电、天然气、液化石油气等清洁能源；已建的饮食服务经营场所应当按照各地级以上市人民政府的要求限期改用清洁能源。

**第十四条** 禁止将废弃沥青、油毡、橡胶、塑料、皮革及其他焚烧后能产生有毒有害烟尘和恶臭气体的物质作为燃料使用；禁止以露天焚烧方式回收金属。

**第十五条** 市区闲置或裸露的土地具备绿化条件的，应当建设临时绿地。

贮存、堆放煤炭、煤矸石、煤渣、煤灰、砂石、灰土等易产生扬尘物料的，应当采取围挡、遮盖等防治扬尘污染的措施。

建设施工场地应当采取围挡、遮盖等防治扬尘污染的措施；施工车辆进出施工场地，应当采取喷淋或者冲洗等措施。

装卸、运输、贮存能够散发有毒有害气体或者粉尘物质的，应当配备专用密闭装置或者采取其他防尘措施。

在道路、广场和其他公共场所进行清扫保洁作业的，应当采取防治扬尘污染的措施。

**第十六条** 各级人民政府应当建立大气污染事故预报预警系统和应急预案。当污染水平达到相应预警级别时，应当采取下列应急措施：

（一）及时通报可能受污染危害的单位和居民；

（二）对特定污染源实施禁止排放；

（三）禁止或限制高排放机动车行驶；

（四）采取减轻或者消除污染的其他有效措施。

**第十七条** 违反本办法第八条第三款规定，排污单位排放污染物超过国家或者地方规定的大气污染物排放标准的，由县级以上人民政府环境保护主管部门依法责令限期治理，处1万元以上10万元以下罚款；超过国家或者地方规定的大气污染物总量控制指标的，由县级以上人民政府环境保护主管部门责令限期治理，处1万元以上3万元以下罚款。

限期治理期间，由人民政府环境保护主管部门责令限制生产、限制排放或者停产整治。限期治理的期限最长不超过1年，逾期未完成治理任务的，报请同级人民政府责令停业、关闭。

**第十八条** 违反本办法第九条第二款规定，大气污染物排放超标的机动车上路行驶的，由公安机关依法进行处罚。

违反本办法第九条第三款规定，机动船行驶时超过规定的排放标准的，由海事、交通、渔业等依法行使监督管理权的部门依法进行处罚。

**第十九条** 违反本办法第十条第二款规定的，由县级以上人民政府环境保护主管部门责令限期改正，并处3000元以上3万元以下罚款。

**第二十条** 违反本办法第十一条第二款规定的，由县级以上人民政府环境保护主管部门责令限期改正；逾期不改正的，处1万元以上3万元以下的罚款。

**第二十一条** 违反本办法第十三条第一款、第十五条第三款规定的，由县级以上人民政府环境保护主管部门或者其他依法行使监督管理权的部门依法责令停止违法行为，限期改正，可以处5000元以上5万元以下罚款。

**第二十二条** 违反本办法第十四条规定的，由县级以上人民政府环境保护主管部门依法责令停止违法行为，处2000元以上2万元以下罚款。

**第二十三条** 违反本办法第十五条第一款、第二款、第四款规定，在城市市区进行建设施工或者从事其他产生扬尘污染的活动，未采取有效扬尘防治措施，致使大气环境受到污染的，依法责令限期整改，处2000元以上2万元以下罚款；对逾期仍未达到当地环境保护规定要求的，可以责令其停工整顿。

前款规定的对因建设施工造成扬尘污染的处罚，由县级以上人民政府建设行政主管部门决定；对其他造成扬尘污染的处罚，由县级以上人民政府指定的有关主管部门决定。

**第二十四条** 从事大气污染防治监测、监督执法管理的工作人员滥用职权、徇私舞弊、玩忽职守、行政不作为者，给予行政处分；构成犯罪的，依法追究刑事责任。

**第二十五条** 本办法自2009年5月1日起施行。

# 广东省人民政府办公厅文件

粤府办〔2009〕48号

## 关于进一步加强气象台站探测环境保护工作的意见

各地级以上市人民政府，各县（市、区）人民政府，省政府各部门、各直属机构：

为认真贯彻落实《中华人民共和国气象法》等法律法规和有关规定，促进我省气象探测事业科学发展，经省人民政府同意，现就进一步加强气象台站探测环境保护工作提出如下意见：

### 一、充分认识做好气象台站探测环境保护工作的重要性和紧迫性

气象探测是气象工作的重要基础。气象观测站（场）周边环境和设施保护直接关系气候预测预报以及气象服务的准确性和连续性。近年来，随着我省经济社会的快速发展，各地城乡建设与气象探测环境保护之间的矛盾日益突出，气象探测环境和设施受破坏的事件时有发生，直接影响了我省气象探测工作的正常开展，也直接影响全省应对极端气候事件的处置能力。对此，各地、各有关部门务必高度重视，要根据当地城乡建设规划和气象探测环境保护的要求，尽快组织开展气象台站探测环境保护专项规划编制工作，并纳入城乡规划共同实施；对气象探测环境已遭受破坏的地方，应尽快改善和恢复，对确需迁建的，应落实划拨建设用地。

### 二、认真执行气象探测环境保护行政许可制度

各地、各有关部门要按照《中华人民共和国气象法》等法律法规要求，认真执行气象探测环境保护行政许可制度。对可能影响已建气象台站探测环境的城乡发展规划修改和拟建工程项目，应按规定事先征求气象部门意见，并取得气象主管部门对新建、扩建、改建工程避免危害气象探测环境的审批许可；对确需迁移气象台站的，应事先征得省级以上气象主管部门同意。新的气象台站站址要统筹规划，合理布局，实现城乡建设与气象探测环境保护协调发展。

### 三、依法查处各种破坏气象探测环境的行为

各地要尽快建立和完善气象部门与地方政府之间的协作沟通机制，共同做好气象探测环境

和设施保护工作。气象、建设、规划、国土资源等部门要认真履行职责，开展专项检查，依法查处违反气象探测环境和设施保护规定的行为。对在气象探测环境保护范围内设置障碍物的个人和单位，气象部门要及时予以制止。对气象探测环境遭受较严重破坏的地区，要提请当地政府开展专项执法检查，制订解决方案。

**四、加大对探测环境保护工作的宣传力度**

各地、各有关部门要采取多种形式，加大宣传力度，提高社会公众对保护气象探测环境工作重要性的认识，营造全社会共同保护气象探测环境的良好氛围。各级气象部门要及时公布气象探测环境保护的范围和标准，并由当地人民政府在气象观测场外设置警示牌，明确保护范围，防止破坏气象探测环境和设施行为的发生。

广东省人民政府办公厅

二〇〇九年七月十七日

# 广东省人民政府办公厅文件

粤府办〔2009〕76号

## 印发广东省中小学校舍安全工程实施方案的通知

各地级以上市人民政府，各县（市、区）人民政府，省政府各部门、各直属机构：

《广东省中小学校舍安全工程实施方案》业经省人民政府同意，现印发给你们，请认真贯彻执行。执行中遇到的问题，请径向省教育厅反映。

广东省人民政府办公厅

二〇〇九年八月二十日

# 广东省中小学校舍安全工程实施方案

实施中小学校舍安全工程（以下简称校舍安全工程），把学校建成“最安全、家长最放心”的地方，是各级政府的重大责任，也是当前促进义务教育均衡发展的重要任务。2007 年我省组织实施了全省中小学危房改造工程，基本消除了当年在册的中小学危房；2008 年，建立起农村中小学校舍维修改造长效机制，从制度上保证了每年新增加的 C、D 级校舍危房及时得到改造，全省中小学校尤其是农村中小学校抵御自然灾害能力不断提高，但仍有一部分校舍达不到抗震设防等防灾标准和设计规范。为进一步搞好全省中小学校舍安全工程建设，根据《国务院办公厅关于印发全国中小学校舍安全工程实施方案的通知》（国办发〔2009〕34 号）精神，结合我省实际，特制订本实施方案。

## 一、目标、任务和范围

（一）目标。通过开展全省中小学校舍抗震加固和综合防灾能力建设，使学校校舍达到重点设防类抗震设防标准，并符合对山体滑坡、崩塌、泥石流、地面塌陷和洪水、台风、火灾、雷击等灾害的防灾避险安全要求，确保学校师生生命财产安全。

（二）任务。从 2009 年开始，用 3 年时间，对地震重点监视防御区、七度以上地震高烈度区、洪涝灾害易发地区、山体滑坡和泥石流等地质灾害易发地区（以下称灾害易发地区）的各级各类城乡中小学存在安全隐患的校舍进行抗震加固、迁移避险，提高综合防灾能力。其他地区按抗震加固、综合防灾的要求，集中重建整体出现险情的 D 级危房、改造加固局部出现险情的 C 级校舍，消除安全隐患。

（三）范围。校舍安全工程覆盖全省城市和农村、公立和民办、教育系统和非教育系统的所有中小学。

## 二、实施步骤和要求

（一）全面排查鉴定中小学校舍。各地级以上市、县（市、区）人民政府要按照《全国中小学校舍安全工程技术指南》及相关文件明确的规定和标准，组织对本地区中小学校舍场址和校舍建筑（不含在建项目）逐一进行排查鉴定，不得遗漏本行政区域内任何一所中小学、任何一幢校舍。2008 年 5 月以后已经排查并形成鉴定报告的，可不再重新鉴定。排查鉴定中发现的 D 级危房校舍应立即停止使用。对受地质灾害威胁的中小学校舍，要切实做好汛期地质灾害防治工作，确保安全度汛。

各地级以上市人民政府要统筹调配本地区专业技术力量，指导和督促各县（市、区）开展排查鉴定工作。各县（市、区）人民政府要组织教育、公安消防、国土资源、建设、水利、地震等部门组成校舍安全排查队伍，逐一排查所有中小学的校舍场址和校舍建筑，并形成排查结论。对校舍场址，要提出是否需要迁移避险和专门处置的意见；对校舍建筑，要提出是否需要进行鉴定和专门处置的意见。对经排查需要鉴定的校舍，各县（市、区）人民政府应组织、委托具有相应资质的机构进行鉴定，出具鉴定报告，明确校舍是否需要加固改造或拆除重建。排查结论和鉴定报告要妥善保管和使用，建立完整的校舍安全档案和校舍信息管理系统。

（二）科学制订校舍安全工程实施规划和方案。编制中小学校布局规划。在开展校舍排查鉴定工作的同时，各地要根据经济社会发展状况、城镇化发展和人口流动变化的趋势，编制本地区2010年至2015年中小学校布局规划，确保中小学布局合理、结构优化，有利于义务教育均衡发展。涉及农村中小学布局调整的，要深入调查研究并广泛听取群众意见。

制订校舍改造方案。各地要根据中小学校布局规划和校舍排查结论、鉴定报告，对存在安全隐患的校舍制订迁移避险、拆除重建或加固改造方案。其中，灾害易发地区应对存在安全隐患的校舍进行迁移避险、抗震加固或拆除重建，提高综合防灾能力；其他地区应对C、D级危房进行改造，消除安全隐患。改造方案应包括具体的实施项目、质量目标、投资额及其资金来源、计划开工和竣工时间等内容。

制订总体规划和年度实施计划。各地要以校舍改造方案为基础，统筹本地区的中小学布局调整、规范化学校建设、“三室一场五有”工程以及创建教育强市、强县、强镇等工作，按照2009年完成3年工作量的30%、2010年完成60%、2011年完成10%的总体进度要求，制订校舍安全工程3年总体规划和年度实施计划。

（三）分类、分步实施校舍安全工程。各地要区分情况，突出重点，按照3年总体规划和年度实施计划切实推进校舍安全工程。要严格执行《全国中小学校安全工程技术指南》及相关文件明确的规定和标准，对灾害易发地区校舍要进行地质灾害危险性评估和地震安全性评估，需迁移避险的要实行避险；对经鉴定不符合要求、不具备维修加固条件的校舍，要按重点设防类抗震设防标准和建设工程强制性标准重建；对通过维修加固可以达到抗震设防标准的校舍，按照重点设防类抗震设防标准改造加固。严格执行国家校舍防火、防雷等综合防灾标准。对根据中小学校布局规划确应废弃的危房校舍不再改造，但必须确保拆除，不再使用。要完善中小学校舍维修改造长效机制，加强校舍日常维护、维修和管理，确保当年新增危房当年消除。

新建校舍必须按照重点设防类抗震设防标准进行建设，校址选择应符合工程建设强制性标准和国家有关部门发布的《汶川地震灾后重建学校规划建筑设计导则》规定，避开有隐患的淤地坝、蓄水池、尾矿库、储灰库等建筑物下游易致灾区。

校舍安全工程实行项目管理，严格执行国家有关规定和基本建设程序，建立项目法人责任制、招投标制、工程监理制和合同管理制，坚持先勘察、后设计、再施工。项目勘察、设计、施工、监理单位必须具有相应资质或资格，并依法采取招标方式确定。建设单位不得分解发包工程，施工单位不得转包或者违法分包工程，工程监理单位不得转让工程监理业务。

## 三、资金安排和管理

校舍安全工程所需资金实行省级统筹，市县负责。省财政根据中小学校舍排查鉴定进度安排奖补资金，对按时完成排查鉴定任务、校舍安全档案符合要求、排查鉴定结论准确误差率低的经济欠发达地区的县（市、区）进行奖补。2009年至2011年，省财政根据校舍改造资金需求和省财政收支情况，分年安排校舍改造补助资金，并根据工程实施难度、工作进度和实施效果等因素，对经济欠发达地区的县（市、区）进行奖补。具体办法另行制订。

各地要准确核实工程投资规模，切实加大政府投入，并列入财政预算，确保资金及时到位。2008年至2011年度的农村中小学校舍维修改造长效机制资金优先安排用于校舍安全工程。鼓励社会各界捐资支持校舍安全工程。民办、外资、企（事）业所办中小学的校舍安全改造由投资方和本单位负责，当地政府给予指导、支持并实施监管。校舍安全工程不得向群众集资，防止学校出现新的债务。

校舍安全工程资金实行分账核算，专款专用，不能顶替原有投入，不得用于偿还过去拖欠的工程款和其他债务。资金拨付按照财政国库管理制度有关规定执行。严禁挤占、挪用、克扣、截留、套取工程专款。要保证按工程进度拨款，不得拖欠工程款。校舍安全工程涉及的行政事业性收费和政府基金均予以免收，涉及的经营服务性收费属于政府定价和政府指导价并且有浮动的，一律按低限收费；属于市场定价的，通过服务双方协商予以适当减收或免收。

**四、工作机制**

（一）加强组织领导。省人民政府成立省中小学校舍安全工程领导小组（以下简称省领导小组），统一组织和协调全省校舍安全工程的实施，办公室设在省教育厅。省领导小组各成员单位要在省领导小组的统一领导下，各司其职，各负其责，共同做好校舍安全工程相关工作。各地要参照省的做法，建立协调机制，统一组织和实施本地区校舍安全工程，并指定专门部门负责。

（二）明确工作职责。各地级以上市、县（市、区）人民政府具体负责实施校舍安全工程，对本地区校舍安全负总责。各地级以上市人民政府负责审定各县（市、区）中小学校布局规划、校舍安全工程总体规划和年度实施计划并汇总上报省领导小组办公室备案，及时足额落实本级政府应承担的资金，监督资金管理和使用情况，检查督促工程进度和质量。各县（市、区）人民政府全面负责工程的实施和管理，组织对中小学校舍的排查鉴定，科学制订并组织实施中小学布局规划、校舍改造方案、校舍安全工程总体规划和年度实施计划，统筹落实除上级补助资金外工程实施所需资金，加强工程监管，组织人员对工程进度和质量进行现场验收，定期向上级报告工程进展情况。

（三）规范验收考核。建立校舍安全工程进度月报制度。2009 年 9 月至 2011 年 12 月间，各县（市、区）应于每月 5 日前向各地级以上市教育主管部门报告本地区工程进展情况，汇总后由地级以上市人民政府于每月 10 日前上报省领导小组办公室。省领导小组办公室要及时向省人民政府和全国中小学校舍安全工程领导小组办公室报告工程进展情况，并向社会公布相关信息。省领导小组办公室将采取定期和不定期的方式对全省校舍安全工程进展情况组织督查与评估，分别在 2009 年底和 2010 年底对各地校舍安全工程进行年度验收考核，2011 年底进行项目总体验收考核。

（四）严格责任追究。建立校舍安全工程目标责任制，省人民政府与各地级以上市人民政府签订校舍安全工程目标责任书，各地级以上市政府与各县（市、区）人民政府签订校舍安全工程目标责任书，层层落实责任。地方各级人民政府主要负责人是校舍安全工程第一责任人，分管校舍安全工程的负责人是直接责任人，其他负责人根据其分管工作负管理责任。对发生因学校危房倒塌和其他因防范不力造成安全事故导致师生伤亡的，要依法追究当地政府主要负责人的责任。改造后的校舍如因选址不当或建筑质量问题遇灾垮塌致人伤亡，要依法追究校舍改造期间当地政府主要负责人的责任；建设、评估鉴定、勘察、设计、施工与工程监理单位及相关负责人员对项目依法承担相应责任。对挤占、挪用、克扣、截留、套取工程专项资金、违规乱收费或减少本地政府投入以及疏于管理影响工程目标实现的，要依法追究相关责任人的责任。

# 防灾减灾花絮

## 党群连心共织雨后彩虹
### ——平远县党员干部“6.14”抗洪救灾纪实

6月13日8时至14日13时，平远县出现强降雨，局部地区受特大暴雨袭击，其中泗水镇3小时内降雨231毫米。百年一遇的洪灾造成该镇3人死亡、3人受伤，直接损失达1.78亿元。面对突如其来的灾难，全县各级党组织和广大党员干部身先士卒，奋力抗洪救灾，率领灾区群众一道战洪魔、保家园，用实际行动诠释了党的先进性，奏响了一曲抗洪凯歌。

### 未雨绸缪防洪灾，筑起一道“防护墙”

泗水村是此次洪灾受灾群众最多、损毁最严重的村之一，但在洪灾中却创造了一个奇迹：全村150多户依山建房户中，16户为全倒户，27户为受损户，但无一人伤亡，均安全脱险。据了解，6月13日，泗水村支书王满秀接到镇党委发布的气象信息，立即把信息发给其他4名村干部，要求村干部及时通知村民小组长，按照分片包干的办法，挨家挨户电话通知或发放地质灾害防灾避险明白卡。14日早上6时，她发现雨势越来越大，当即要求村干部赶快通知各村民小组，让村民尽快撤离，并告诫村民“宁可被雨淋，不要被屋砸”，防止地质次生灾害发生，并将通知情况一一做好笔录，确保不漏一家，全部撤离。

家在泗水镇大兴村黄塘竹的泗水镇财政所干部黄禄敏，是一位年近60岁的老党员，6月14日凌晨，他感到原来淅淅沥沥下着的小雨突然变成倾盆大雨，经验告诉他，洪水可能引发山体滑坡、房屋倒塌。于是他迅速起床穿上雨衣，打着手电筒，挨家挨户叫醒周围20多户正在酣睡中的村民，及时组织青壮年疏散村民。

党员带头把县、镇两级灾情预警信息及时转告群众，是泗水镇在这次灾情中把损失减至最小的根本措施。

### 众志成城抗洪魔，党在家园在

灾情就是命令。灾情发生后，一个党员就是一面旗帜。

泗水镇木联村支部书记余国运在灾害发生前因病在当地卫生站输液。14日早上，他带病通知村委会成员赶快给各家各户打电话尽快撤离。灾情发生后，他从家中冒雨出发步行10多公里山路，赶到人员失踪的地方，连续工作30多小时。三天两夜，他没合过一次眼，第三天他病了。下乡工作组长把他送到镇卫生院输液，打完两瓶吊针后他又回到村里查灾核灾，直到妻子打电话来，他才想到自己三天没跟家里联系过一次。

洪灾过后，最怕的是地质次生灾害。大兴村支书余新运白天忙着安置灾民，晚上忙着巡查村舍，17 日晚，他打着电筒巡查村民房屋、山坡，不小心掉进齐脖子的河水中，等他挣扎着爬上岸，脚却扭歪了，但他忍着疼痛一拐一瘸坚持巡查完每处重点监测点，发现没有异样才放心回家。

泗水镇文贵村是“6.14 洪灾”中受灾最严重的村。面对突如其来的洪灾，文贵村两委班子坚守一线，冲锋在前，以群众生命财产安全为己任，积极组织沿岸群众撤离、转移，实现全村人员零受伤。村两委干部一边组织转移，一边安慰村民，并逐家逐户了解情况，第一时间向上级报告，号召灾民群众开展互助与自救。

灾情牵动着各级党员领导干部的心。泗水镇领导干部迅速赶赴挂钩村，带领镇村党员干部开展抢险救灾工作。他们一边组织人员抢救被埋压的群众，一边排查地质灾害隐患，组织群众转移，并妥善安置受灾群众。

平远县委立即启动应急预案，成立防汛救灾指挥部。县委书记肖文浩、县长张映平等县领导立即赶赴泗水镇、上举镇等重灾区，慰问受灾群众，现场指导抢险救灾，并要求全体党员干部全力以赴确保群众生命财产安全，尽力把洪灾损失减至最低限度。

县公安局 50 多名公安民警与武警、消防官兵一起，冒着生命危险，急行军 4 个多小时，率先进入救援中心区木联村，随后迅速展开救援，寻找被埋或失踪村民。木联村李美珍被泥石流掩埋后受伤，浑身疼痛不能动弹，急需到医院治疗，可是所有的道路中断，情况非常危急。消防官兵赶到现场后，立即做了一副简易的担架，3 名士兵抬着她绕着山路去医院，经过 2 小时才把病人送到大新码头，再乘船转到蕉岭县人民医院治疗。一名受伤妇女被倒塌的房屋砸成重伤。时间就是生命，为让其得到及时治疗，4 名武警战士连滚带爬，扛着受伤的妇女，在 10 公里长的泥泞山路上展开了一场接力赛，3 个小时后将该名妇女成功送到蕉岭县医院。

山洪中断了泗水镇各村的交通、电力和通讯，县交通、公路、电力、电信等部门迅速行动，青年党员突击队在党组织负责人带领下奔赴灾区抢修通讯线路。在灾区，到处可见南方电网的党员职工，顶着灾后炎炎烈日，带着面包干粮，艰苦奋战，抢修线路。

## 全力以赴抗灾复产，重建家园

这次洪灾是对党员干部的一次磨砺。而党群连心，风雨过后是彩虹。

“6.14”灾情发生后，平远县一手抓抗灾，一手抓自救，广大党员干部与群众一起迅速行动，全力以赴做好抗灾复产工作。由于此次洪灾破坏性极大，农业、水利、道路、供电、电讯等基础设施及群众财产损失巨大，要确保灾区恢复到灾前水平，任务还相当艰巨。县委、县政府把救灾复产作为当前头等大事来抓，集中人力、物力、财力，全力以赴投入救灾复产工作，尽快恢复灾区正常的生产生活秩序、重建家园。县里建立了救灾复产会商机制，由县委领导统筹、指挥、协调救灾复产工作，确保各项工作有序开展，同时制订了“6.14 洪灾”救灾复产帮扶工作方案，以县领导、县三防指挥部成员单位和县直有关单位为主，组成 8 个救灾复产帮扶工作组，负责做好灾区卫生防疫、灾情核实、救灾物资发放、制订灾后重建方案以及道路交通安全工作，组织灾民开展生产自救。6 月 16 日，灾后第三天，8 个救灾复产帮扶工作组分别奔赴泗水文贵、木联等 8 个村，开展“一对一”帮扶救助工作，帮助灾区尽快开展救灾复产、重建家园工作。

受灾镇也在积极开展生产自救、抗灾复产工作，尽可能挽回损失。泗水镇党委政府连夜召开班子会，认真研究部署家园重建、道路抢修、农田复产等灾后工作，全体党员干部食宿在镇，以下乡工作组为基础，分成8个救灾复产工作组，抓好各项工作的落实。受灾群众也在积极复产自救，清理屋中淤泥，清洗家具，采摘田中的剩余烟叶和地里的西红柿，努力把灾害损失降到最低。

至6月21日，县到镇、镇到村公路全部恢复通车，通信损坏用户95%已修通，已完成通讯、供电线路整个主干线修复工程。45户共186位灾民被转移安置到村小学或亲友家中，一批大米、食用油、棉被等救灾物资已全部发放至灾民手中。灾区卫生防疫工作也在有条不紊地开展，确保大灾之后不发生疫情。县农业技术人员已深入到田头，指导农户进行水稻、仙人草等农作物的灾后管理。

一方有难，八方支援。严重的洪涝灾害牵动着着社会各界人士的心。平远县慈善会在发出《平远“6.14洪灾”抗洪救灾募捐倡议书》后，得到广大在外乡贤、企业代表、干部职工等积极响应，目前，募捐活动共收到爱心善款177万多元。

（2009年6月25日平远党建网 作者：平远县委实践办）

# 广东重阵严防甲型H1N1流感

## 粤首例甲流疑似病例确诊，三级预警启动

昨天（5月19日——编者注）上午，省政府召开应对甲型H1N1流感联防联控工作机制联席会议。副省长雷于蓝指出，我省目前已经发生首例病例，境内外疫情的发展不排除今后陆续有病例出现，防控工作处在关键时期，既要立足打好“歼灭战”，又要做好打“持久战”的充足准备，坚决防止甲型H1N1流感在广东流行，力争实现患者零死亡、医院内病人零交叉感染、医护人员零感染。

卫生部通报确诊后，省卫生厅、广东出入境检验检疫局和广州市卫生局随即联合召开新闻发布会。省卫生厅副厅长黄飞宣布，广东已启动流感大流行卫生应急预案，进入三级响应黄色预警阶段，卫生部门按照二级响应加紧备战。目前，省政府已拨出3400万元应急储备专款，用于购买20万人份“达菲”，以及一批防护用品、消杀器械。

59岁的患者杨先生目前在广州市第八人民医院隔离治疗，病情稳定，无呼吸困难，昨天体温正常，精神状态良好。该患者密切接触者共93人，截至昨天21时已追踪查找到79人，卫生部门已按规定对密切接触者进行了隔离医学观察。目前，已追踪到的密切接触者未发现不适症状。省卫生厅已将有关情况通报香港、澳门卫生部门。

## 甲流监测哨点将覆盖21市

昨天（5月21日，下同——编者注），全省没有报告新的甲型H1N1流感病例。截至昨天下午5时30分，我省首例确诊患者的93名密切接触者已跟踪到86人，在我省隔离医学观察的有76人，其中广州66人、佛山8人、肇庆2人，均无发现特殊情况。

## 患者情况：病情好转出院时间未定

省卫生厅昨晚通报，目前，我省首例甲型H1N1流感确诊病例病情进一步好转，体温正常。

笔者了解到，59岁的患者杨先生目前仍在广州市第八人民医院接受隔离治疗。昨天，咽痛、咳嗽等症状消失，全身肌肉酸痛已经缓解，双肺呼吸音清，未闻及干湿性罗音，血常规、肝肾功能、血气分析正常。

昨天有媒体报道称，杨先生将于今日出院。省卫生厅新闻发言人余德文澄清说，“还没这么快，目前出院时间还没定。”

余德文表示，按照卫生部的出院标准，确诊患者必须流感症状消失3天、再连续2天做核酸检测为阴性，才能出院。而杨先生19日晚的咽拭子甲型H1N1流感病毒核酸检测仍为阳性，尚

未符合出院标准。

## 重点防控：新增6个国家网络实验室

昨日下午，省卫生厅副厅长黄飞在省疾控中心主持召开甲型H1N1流感防控专家组会议，分析研判我省当前防控形势，研究部署进一步防控措施。专家认为，广东国际交往频繁，加上口岸体温检测无法发现尚处潜伏期、尚未发烧的感染者，所以近期我省仍有发现输入性病例的可能，发生本地传染二代病例的风险较大。为此，省卫生厅昨天紧急下发《甲型H1N1流感监测方案（第一版）》。

目前我省在13市有52个流感监测哨点，分布在社区门诊部、学校、综合医院，每周每个哨点上报的流感样病例标本约为5~10份。按照新监测方案，近期新增13个监测哨点，使哨点达到65个，覆盖全省21地市，每周要求上报的流感病例标本增加到20~30份。另外，新增6个国家网络实验室，实现检测试剂统一、标准统一，快速反应。

## 市民反应：的士乘客要求不开空调

笔者昨天走访广州街头药店和医院发现，市民反应相当平静，很少人戴口罩上街。不少市民的卫生意识有所提高，对专家提出的“勤洗手、多通风”策略认真执行。零售商店的洗手液生意相当红火，不少出租车司机向笔者反映：“虽然天气闷热，但多数乘客都要求开窗通风，别开空调!”

（2009年5月20日、21日南方日报　作者：陈枫　粤卫信）

# 东莞市将在3年内提高全市校舍综合防灾能力

## 32镇街签“责任书”保校舍安全

“学校不能出问题。关乎老师、学生安全的事，都是头等大事，半点不能马虎。”2009年9月11日，在全市中小学校舍及医疗卫生机构用房安全工程工作动员大会上，32个镇街的负责人与副市长吴道闻签下《校舍安全工程责任书》。吴道闻一再强调，必须保证校舍符合各项安全标准，3年内校舍抗震工作必须“达标”，提高综合防灾能力。

## 全面排查中小学校舍

据了解，本次校舍安全工程的实施步骤与规划是：从2009年起，用3年时间，对地震重点监视防御区、七度以上地震高烈度区、洪涝灾害易发地区、山体滑坡和泥石流等地质灾害易发地区的各级各类城乡中小学存在安全隐患的校舍进行抗震加固、迁移避险，提高综合防灾能力，使学校校舍达到重点设防类抗震设防标准。

“我们不能遗漏区内任何一所小学、任何一幢校舍。”吴道闻表示，校舍排查鉴定要严格执行《全国中小学校舍安全工程技术指南》的标准，如发现D级危房校舍，必须立刻停止使用。对受地质灾害威胁的中小学校舍，要特别注意保证汛期地质灾害发生时对学校的影响。

## 民办学校安全监督是“难点”

吴道闻提出，对民办学校安全排查以及安全整改，是这次校舍安全工作的难点所在。因为民办中小学的校舍安全改造是由投资方负责的，政府只指导、支持和监管。所以，民办学校必须具有“自觉性”。因为民办学校的特殊性，使之成为了整个校舍安全工作的监督“难点”。

（2009年9月14日广州日报网络版　作者：未详）

# 江门市夯实水利基础，创建文明城市

江门市濒临南海且海岸线较长，受陆地和海洋影响，气候复杂多变，台风、暴雨、暴潮、咸潮等自然灾害时有发生。为了做好防灾减灾工作，江门市委、市政府高度重视水利建设，认为水利是国民经济和社会发展的基础，是功在当代、利在千秋的民心工程，并把建设水利防洪工程放在重要议事日程。市领导陈继兴、王南健、聂党权等经常到水利一线检查指导工作，指挥防洪抢险。

在市委、市政府领导下，江门市水务局和各级水利部门切实履行水利防灾减灾职责。一是深入贯彻落实科学发展观，大力弘扬“忠诚、为民、科学、务实”的广东水利人精神，迎难而上，努力做好水库、水闸、堤围、排涝设施等水利防洪工程建设和管理工作。二是始终坚持“安全第一、常备不懈、以防为主、全力抢险”的三防工作方针，加强领导，落实责任，多方筹资，严格程序，规范管理。三是采取积极有效措施，稳步推进城乡水利防灾减灾、水库除险加固、农村饮水安全工程和市区天沙河引水增流工程等水利基础设施建设。四是加强水资源统一管理，推动珠中江供水合作，致力改善侨乡的水利环境和生态环境，营造良好的宜居环境和投资环境，保障侨乡经济社会发展和人民生命财产安全。

经过不懈的努力，江门市三防工作取得了突出成就。2009 年 12 月，江门市水务局获得了“全国水利系统先进集体”的荣誉称号，为创建全国文明城市打下了坚实的基础。

（作者：江门市水务局）

# 编　后　记

《广东省防灾减灾年鉴》是根据1994年12月省政府的批示组织编写的，从1995年起，每年出版一卷，本卷是第十六部。这是省直部分单位通力合作、编写人员努力工作，为广东防灾减灾事业所做出的一份贡献。广东由于自然地理环境特殊，经济社会相对比较发达，防灾减灾工作更为重要，任重道远，对《年鉴》的要求也越来越高。希望全社会都来关心它、培育它，让它枝繁叶茂，果实累累。我们将继续以高昂的热情，尽最大的努力，逐年提高《年鉴》编纂质量，推动全省防灾减灾工作，为建设经济强省、文化大省、法治社会、和谐广东，实现全省人民的富裕安康做出积极贡献，为广东率先基本实现现代化服务。

本卷编辑工作从2010年3月开始。主要组织工作由省政府地方志办公室、省气象局负责。各有关编纂单位的领导给予极大的关心和支持，编写人员为此付出了艰辛的劳动。在此，对各有关单位领导和编写人员的支持和参与，对所有关心和协助本《年鉴》编写、出版、发行工作的单位和人员，谨致以衷心的感谢！

为了不断提高《年鉴》质量，充分发挥其社会功能，不足之处，敬请读者批评指正。

广东省防灾减灾年鉴编辑部

2010年7月

# 鸣 谢

珠海市人民政府

江门市人民政府

珠海市民政局

江门市水利局

英德市北江防护体系建设管理局

西南涌·芦苞涌三水段综合整治工程建设指挥部

省立中山图书馆

中山盛兴股份有限公司

（排名不分先后）